Siga Diepold (Hrsg.)

Die Fundgrube für Klassenlehrer
Das Nachschlagewerk für jeden Tag

Cornelsen online http://www.cornelsen.de

Gedruckt auf chlorfrei gebleichtem Papier
ohne Dioxinbelastung der Gewässer.

Die Deutsche Bibliothek – CIP-Einheitsaufnahme

Die **Fundgrube für Klassenlehrer:**
das Nachschlagewerk für jeden Tag / Siga Diepold (Hrsg.).–
Berlin: Cornelsen Scriptor, 1999
ISBN 3-589-21227-6

Dieses Werk berücksichtigt die Regeln der reformierten Rechtschreibung und Zeichensetzung.

5.	4.	3.	2.	1. ✔	Die letzten Ziffern bezeichnen
03	02	01	2000	99	Zahl und Jahr des Drucks.

© 1999 Cornelsen Verlag Scriptor GmbH & Co. KG, Berlin
Das Werk und seine Teile sind urheberrechtlich geschützt. Jede Verwertung in anderen als den gesetzlich zugelassenen Fällen bedarf der vorherigen schriftlichen Einwilligung des Verlags.
Redaktion: Maria Bley, Vaterstetten
Herstellung und Satz: Hans Reichert, Oberursel
Umschlagentwurf: Bauer + Möhring, Berlin,
unter Verwendung einer Zeichnung von Klaus Puth
Zeichnungen: Roland Beier, Berlin
Druck und Bindearbeiten: Clausen & Bosse, Leck
Printed in Germany
ISBN 3-589-21227-6
Bestellnummer 212276

Inhalt

Einführung 9

1 Eine Klasse findet sich 11
   A Kennenlerntage zu Beginn des Schuljahres 11
      1. Unsicherheiten überwinden – Gemeinschaft herstellen 11
      2. Wer trägt Verantwortung? 12
      3. Gestaltung der Kennenlerntage 13
   B Vom Ich zum Wir – ein langer Weg 20
      1. Die erfolgreiche Gruppe 20
      2. Übungen zur Unterstützung der Gruppenentwicklung 23
      3. Übungen zum positiven Feedback 28
      4. Kommunikationshilfen für die Klasse 29
   C Rechte und Pflichten der Klasse 36
      1. Aufgaben und Wahl des Klassensprechers 37
      2. Schüler übernehmen Dienste und Verantwortung 38
      3. Der Klassenrat 38
      4. Die Klasse gestaltet ihren Raum 39
   D Feste feiern 42
      1. Spiel- und Sportnachmittage 43
      2. Feste zu jahreszeitlichen Anlässen 43
      3. Feste zu besonderen Anlässen 46
      4. Außergewöhnliche Erlebnisse 47
      5. Klassenbeiträge zu schulischen Festanlässen 48

2 Als Klassenlehrer Integrationshilfen geben 51
   A Jungen- und Mädchenarbeit: Nur gemeinsam sind wir stark 52
      1. Äußerer Rahmen für Koedukation 53
      2. Inhaltlich-methodische Ebene der Koedukation 61
   B Interkulturelle Erziehung: Rassismus, nein danke! 65
   C Behinderte Mitschüler: Nobody is perfect 68
   D Neue Mitschüler: Hey, wer bist du? 70

3 Das Lernen lernbar machen – Hilfe zur Selbsthilfe 74
   A Jeder lernt anders, aber alle lernen mit allen Sinnen 75
      1. Eine Reise in das Innere unseres Gehirns 75
      2. Welcher Lerntyp bin ich? 80

B Der Schüler muss Methode haben 84
   1. Erstellen einer Mind Map 85
   2. Stufenmodell zum systematischen Lesen 87
   3. Ein Spickzettel entsteht 88
   4. Lernplakate einsetzen 90
   5. W-Fragen-Katalog erstellen 91
   6. Spielend wiederholen 93

C Entspannungs- und Konzentrationsübungen tun allen gut 94
   1. Hinweise für den Einstieg 96
   2. Minutenübungen 97
   3. Mein persönlicher Merksatz 99
   4. Fantasiereise 101

4 Konflikte nicht unter den Teppich kehren 104

A Konflikte als Chance 105
   1. Die Inflation des Konfliktbegriffs 105
   2. „Ich habe kein Problem!" oder: Was ist überhaupt ein Konflikt? 108
   3. Was ist konstruktive Konfliktbearbeitung? 110
   4. Voraussetzungen für konstruktive Konfliktlösung 112
   5. Konstruktive Konfliktbearbeitung: alter Wein in neuen Schläuchen? .. 112

B Übungen zum konstruktiven Konfliktverhalten 113
   1. Wege aus der Eskalationsspirale –
      Vom Umgang mit Wut und Hilflosigkeit 113
   2. „Ich kann dich einfach nicht verstehn!" –
      Stärkung des Einfühlungsvermögens 116
   3. Konstruktive Kritik üben und annehmen können 123

C Körpersprachliche Signale in gewaltträchtigen Situationen 124

D Mediation, ein Weg zu mehr Verantwortung in der Schule 130
   1. Die Methode der Mediation 131
   2. Einwände gegen Mediation in der Schule 132
   3. Peer-Mediation – Konfliktschlichtung unter Schülern 133
   4. Einrichtung schulischer Konfliktschlichtungs-Programme 134
   5. Einwände gegen Peer-Mediation in der Schule 134

5 Störungen im Unterricht 136

A Störungen sind Botschaften, die entschlüsselt werden müssen 137

B Störungen bearbeiten 139
   1. Wie kann ich auf Störungen angemessen reagieren? 139
   2. Wie lassen sich Störungen präventiv bearbeiten? 143
   3. Wie lassen sich Konflikte als Störungen konstruktiv bearbeiten? 144

C Umgang mit Ordnungsmaßnahmen 154
1. Was ist eine Ordnungsmaßnahme? 154
2. Wann können Ordnungsmaßnahmen sinnvoll sein? 155
3. Warum Strafen in der Schule nur sehr bedingt greifen 155
4. Wie lassen sich Ordnungsmaßnahmen pädagogisch sinnvoll einsetzen? 156

6 Leben und lernen außerhalb der Schule 158

A Bestandsaufnahme: Außerschulische Unternehmungen heute 158
1. Thesen für die eigene Standortfindung 159
2. Zielsetzung: Anderes und anders lernen 160
3. Freiräume suchen und nutzen 161
4. Schulfahrten heute: Blick auf eine heterogene Wirklichkeit 162

B Klassenfahrten 166
1. Das Verhältnis von Unterricht und Klassenfahrt 166
2. Grundsatzentscheidungen 167
3. Klassenfahrten sind Gruppenfahrten 167
4. Die Planung ist das Ziel 169
5. Pädagogisch schwierige Situationen 172
6. Navigationshilfe für die Organisation von Klassenfahrten 174

C Weitere außerschulische Unternehmungen 175
1. Ideenbörse 175
2. Exkursionen 177
3. Wandertage 178
4. Spiele – wichtiger Bestandteil außerschulischer Veranstaltungen 178

7 Mit Eltern arbeiten – Eltern arbeiten mit 181

A Gestaltung eines Klassenelternabends 181
1. Planung 181
2. Durchführung 186
3. Themen formulieren 188
4. Kennenlernspiele 190

B Informieren und beraten 192
1. Elternsprechtag: Der Nächste bitte! 192
2. Beratende Elterngespräche 194

C Eltern arbeiten in der Schule mit 199

D Juristische und formale Grundlagen zur Elternarbeit 201
1. Elternsprechstunden 201
2. Sorgerecht und Volljährigkeit 203
3. Vorsprechen von Eltern gegen Schuljahresende 203
4. Probleme im Elternhaus 204

8 Meine Rolle als Klassenlehrer 206
  A Das Bild von meiner Klasse 206
    1. Mind Map „Meine Klasse" 206
    2. Wie nehme ich das Klima in meiner Klasse wahr? 207
    3. Schüler geben dem Klassenlehrer Feedback 208
  B Mit Fachlehrern zusammenarbeiten 211
    1. Das Bild, das ich von mir habe 211
    2. Stärken und Schwächen analysieren 213
    3. Die Arbeit im Team 214
    4. Supervision und kollegiale Beratung 216
  C Leistungen beurteilen und zensieren 221
    1. Die Funktion von Beurteilung und Bewertung 221
    2. Möglichkeiten der Selbsteinschätzung und -beurteilung durch Schüler 224
    3. Gerechtigkeit bei Schülerbeurteilungen 226
  D Verwaltungsaufgaben des Klassenlehrers 227

Stichwortverzeichnis 230

Einführung

Klassenlehrern fällt heute im Hinblick auf die sozialerzieherischen Aufgaben der Schule eine Schlüsselrolle zu und die Anforderungen an ihre kommunikativen und sozialen Kompetenzen wachsen stetig. Dies ist eine Reaktion auf die heutige Schulrealität, die zunehmend bestimmt wird von Problemen wie fehlende Lernmotivation, Leistungsversagen, mangelnde Konzentrationsfähigkeit, Unterrichtsstörungen, Gewalt, Suchtverhalten, Störungen im sozialen Umfeld usw.

Schule und Unterricht haben sich hierdurch zwangsläufig verändert, Formen des offenen Unterrichts wie Projektlernen, Stationenlernen, Wochenplanarbeit oder Freiarbeit sind bestimmende Elemente geworden. Diese Unterrichtsformen finden gerade bei Klassenlehrern (mancherorts auch Klassenleiter genannt) eine hohe Akzeptanz. Sie bieten ihnen verbesserte Rahmenbedingungen, um dem Anspruch gerecht zu werden, neben der Vermittlung von Sach- und Fachkompetenzen auch die Sozial- und Selbstkompetenz zu fördern. Diese immer größere Vernetzung von Vermittlungsfunktionen in Schule und Unterricht führt gerade bei den jüngeren Kollegen zunehmend zu dem Wunsch, als Klassenlehrer eingesetzt zu werden. Gleichzeitig wächst auch die Bereitschaft, im Team zu arbeiten.

„Die Fundgrube für Klassenlehrer" will Hilfen geben für die täglichen Herausforderungen, die die Klassenlehrerrolle heute mit sich bringt. Die Themen orientieren sich am breiten Spektrum der Aufgaben. Der Bereich des sozialen Lernens hat dabei eine exponierte Stellung, denn soziale Kompetenz wird immer mehr als grundlegende Voraussetzung für die Entwicklung von Leistungsfähigkeit und ein offenes und selbstbewusstes Herangehen an Aufgaben gesehen.

Gemäß der Fundgruben-Konzeption „Aus der Praxis – für die Praxis" werden in den acht Kapiteln vielfältige Erfahrungen, Ideen, Tipps, Anregungen, Übungen und Verfahren vorgestellt. Das erste Kapitel zeigt Möglichkeiten auf, die den Entwicklungsprozess hin zu einer Klassengemeinschaft, in der sich alle wohl fühlen, unterstützen können. Anschließend berichtet ein Klassenlehrerteam sehr anschaulich aus seiner Praxis und stellt Strategien vor, die das Ziel verfolgen, den vielfältigen Integrationsansprüchen in der Klasse gerecht zu werden. Im Kapitel „Das Lernen lernbar machen" finden sich Anregungen dazu, wie Schüler ihr Lernen besser organisieren können und damit zur eigenen Entlastung beitragen. Auch das Folgekapitel enthält Anregungen für den direkten Einsatz im Unterricht. Hier finden sich Vorschläge dazu, wie Schüler lernen können ihre Konflikte bewusster wahrzunehmen und konstruktiv zu bearbeiten. Im Kapitel „Störungen im Unterricht" geht es u. a. um die Frage nach den verborgenen Botschaften von Störungen und um die verantwortungsvolle Handhabung rechtlicher Rahmenbedingungen. Das Kapitel „Leben und lernen außerhalb der Schule" enthält ein facettenreiches Angebot an Tipps und Ideen, um Klassenfahrten und andere Unternehmungen zu einem positiven Erlebnis für Schüler und Lehrer werden zu lassen. Auf den wichtigen Bereich der Zusammenarbeit mit den Eltern wird im folgenden Kapitel eingegangen.

Detaillierte Anregungen unterstützen die Planung und Durchführung eines Elternabends, geben Hilfen für das Elterngespräch und den Umgang mit vermuteten Problemen im Elternhaus. Zum Schluss richtet sich der Blick auf das Rollenverständnis des Klassenlehrers und Perspektiven für ein neues Selbstverständnis.

Alle Kapitel bieten Einstiegshilfen in die jeweiligen Themenfelder. Sie wollen neugierig machen, zum Ausprobieren ermutigen und die Diskussion über Chancen, aber auch Grenzen der Klassenlehrerrolle im Kollegium fördern. Sie wollen Anregungen dafür geben, wie im Sozialisationsfeld Schule besser miteinander geredet, gelernt, gehandelt und gelebt werden kann. Dies erscheint auch deshalb wichtig, weil in der Lehrerausbildung kaum Angebote zu finden sind, die sich auf die besonderen Aufgaben des Klassenlehrers beziehen.

Zum Schluss noch eine Anmerkung zur gewählten Anrede: Wo immer in diesem Buch von Klassenlehrern und Schülern die Rede ist, sind Klassenlehrerinnen und Schülerinnen ausdrücklich mit gemeint.

Siga Diepold

Kapitel 1

Eine Klasse findet sich

A Kennenlerntage zu Beginn des Schuljahres

1. Unsicherheit überwinden – Gemeinschaft herstellen

Zu Beginn eines jeden neuen Schuljahres sind Schüler, Lehrer und auch Eltern sehr gespannt darauf, mit wem sie es nun wieder ein ganzes (Schul-)Jahr lang zu tun haben werden. Bleibt die Zusammensetzung einer Klasse erhalten und unterrichten dieselben Lehrer in der Klasse weiter, so ist das für viele ein eher beruhigendes Gefühl: mit der Sicherheit des Gewohnten im Rücken hofft man auch manche Unstimmigkeiten leichter ertragen zu können. Aber wenn vieles oder sogar – wie beim Übertritt in eine neue Schule – alles neu ist, dann ist es hilfreich, durch eine bewusst gestaltete Kennenlernphase aus dem unsicheren Unbekannten nach und nach Bekanntes zu machen.

Damit das gegenseitige Kennenlernen und das Erkunden einer neuen Schule nicht nur zufällig geschieht und dabei vielleicht Prozesse ablaufen, die das Klassenklima nachhaltig ungünstig beeinflussen (wie Cliquenbildung oder Ausgrenzungen), lohnt es sich, die Phase des Zusammenfindens gemeinsam mit den Schülern der jeweiligen Klasse – vielleicht auch unter Mitarbeit der Eltern – zu planen und zu gestalten. Natürlich ist damit nicht die Garantie verbunden, dass es in einer solchen Klasse keine Probleme geben wird. Es wird jedoch eine erste Grundlage dafür geschaffen, auftretende Schwierigkeiten produktiv anzugehen und zu einer „erfolgreichen Klassengruppe" zusammenzuwachsen (s. S. 20 ff.).

Sich gegenseitig in der Klasse besser kennen zu lernen bedeutet dabei auch, *sich selbst* besser kennen zu lernen. Nur wer sich selbst gut kennt und weiß, was in ihr oder ihm steckt, kann auch auf die eigenen Fähigkeiten bauen und sich selbst als kompetent erfahren.

Wie auch die Kennenlerntage konkret gestaltet werden – immer ist es wichtig, hierbei auf das *gemeinsame* Tun Wert zu legen. Dadurch wird von Beginn an verdeutlicht, dass ein gutes Klassenklima, Verständnis füreinander und auch effektives Lernen und Arbeiten in der Klasse nicht in der alleinigen Verantwortung der Lehrer liegt, sondern von allen in der Klasse mitgetragen und mitgestaltet werden muss.

Die *Klasse* kann dadurch lernen, sich als Gruppe zu begreifen. Die *einzelnen Schüler* können erfahren, dass sie Verantwortung für sich und für die gesamte Klasse haben und als Teil der Klasse auch jeweils einen wichtigen Beitrag für die Gruppe leisten können. Sie können feststellen,

- wie sie Kontakte knüpfen können,
- wie sie soziale Prozesse wirksam beeinflussen können und
- wie sie ihre (Lern-)Umwelt mitgestalten können.

Die Aufgabe des *Klassenlehrers* bei der Steuerung des Kennenlernprozesses ist es,
- geeignete Schritte vorzuschlagen, anzuleiten, den Prozess in Gang zu halten,
- über Unsicherheiten hinwegzuhelfen,
- Konflikte klären zu helfen (s. Kapitel 4),
- Beispiel zu geben für adäquate Kommunikation, Wertschätzung und Selbstsicherheit.

Aufgabe des Klassenlehrers ist es außerdem, auch die Eltern der neuen Klassen zusammenzuführen, bei ihnen Verständnis zu wecken für die Besonderheiten der Schule und über mögliche Probleme in Übergangssituationen zu informieren.

2. Wer trägt Verantwortung?

Verantwortung für die Gestaltung der Kennenlerntage tragen neben der Klasse und ihrem Klassenlehrer:

Schulleitung und Lehrer mit besonderen pädagogischen Aufgabenbereichen (z.B. Klassenstufenbetreuer). Sie sind zuständig für die Koordination der Vorhaben. Dazu gehört auch die Bereitstellung eines besonderen Rahmens, der den Klassen Zeit gibt für die pädagogisch äußerst wichtige Kennenlernphase und diese Zeit von fachlichem oder terminlichem Druck freihält.

Tutoren. An vielen Schulen arbeiten ältere Schüler als Tutoren für die „Neuen", um ihnen die Eingewöhnung in der neuen Schule zu erleichtern. Diese Tutoren können ebenfalls in die Kennenlernphasen einbezogen werden. Sie sind Fachleute für die Sichtweisen, die Jugendliche voneinander und von der Schule haben, und können bei der Gestaltung dazu beitragen, die Bedürfnisse der Schüler optimal zu treffen. Darüber hinaus ist es sinnvoll, die neuen Schüler gleich zu Beginn mit diesen Ansprechpartnern bekannt zu machen. Für die Tutoren selbst bedeutet ihre Mitverantwortung bei der Gestaltung der Kennenlernphase einer neuen Klasse eine Aufwertung ihrer Aufgaben.

Eltern. Auch wenn die Eltern nicht unmittelbar sichtbar in den schulischen (Tages-)Ablauf eingebunden sind, spielen sie doch eine wichtige Rolle im schulischen Leben und können viel zur Gestaltung einer guten Klassen- und Schulatmosphäre beitragen. Die Eltern in die Kennenlernphase mit einzubeziehen bedeutet, auch sie in ihren Wünschen nach Sicherheit für sich selbst und für ihre Kinder wahrzunehmen und sie als Beteiligte im Prozess des Zusammenwachsens einer Klasse zu berücksichtigen. Dadurch gewinnen sie zudem Zuversicht, dass ihre Kinder in dieser Klasse in ihrer gesamten Persönlichkeit gesehen werden und in der Schule lebendiges Lernen stattfindet. Sie können sich über ihre eigenen Bedürfnisse hinsichtlich der Schule besser klar werden und leichter eine konstruktive Rolle im schulischen Kontext finden – eine Rolle, die die Verantwortung der Lehrer, der Schüler und der Eltern für ihren jeweiligen Anteil am schulischen Leben bei den Beteiligten belässt. Wichtig ist dabei jedoch: Hauptakteure in der Kennenlernphase sind die Schüler und die Lehrer. Das Kennenlernen der Eltern untereinander und ihre aktivere Beteiligung an der Gestaltung des Schullebens erfolgt eher im Rahmen von Elterngesprächskreisen und Elternabenden (s. Kapitel 7).

3. Gestaltung der Kennenlerntage

Im Folgenden werden Beispiele für Gestaltung der Kennenlerntage in einer neuen Schule vorgestellt. Damit der gemeinsame Beginn von allen als stimmig erlebt wird, ist es wichtig, dass die jeweilige Form in den Rahmen der konkreten Schule passt, dass Kooperationsmöglichkeiten genutzt werden und dass die Betroffenen zu Mitgestaltern des Anfangsprozesses werden.

Begrüßung in der neuen Schule

Der Eintritt in eine neue, oft weiterführende Schule stellt für die Kinder einen „zweiten Schulanfang" (Süselbeck 1989) dar. Der Wechsel in Orientierungsstufe, Hauptschule, Realschule, Gymnasium oder Gesamtschule ist für die Kinder kein formaler Akt, sondern ein Einschnitt in ihr Leben, ein Übergang in eine neue Lern- und Lebenssituation. Es gilt dabei, sowohl den Stolz der Kinder als auch ihre Unsicherheiten aufzugreifen, ihnen beim Eintritt in die neue Schule Mut zu machen und sie richtig „aufzunehmen".

Begrüßungsfeier mit Sammelpunkten, Musik und Elterncafé

Die Begrüßung von Schülern und Eltern in der neuen Schule kann in Form einer gemeinsamen „Anfangsfeier" gestaltet werden, die in der Aula oder einem anderen Gemeinschaftsraum stattfindet.

Intention: Ein gemeinsamer Beginn und eine festliche Umrahmung verdeutlichen, dass alle Neuen am gleichen Startpunkt in das neue Schuljahr stehen und dem Miteinander in der Schule große Bedeutung zukommt. Dennoch wird jeder Einzelne gesehen, wird von Lehrern und Tutoren einzeln empfangen und begrüßt. Jeder Schüler bekommt (farbliche) Orientierungshinweise, zu welcher Klasse er gehört.

Vorbereitung: Noch im alten Schuljahr sprechen die Klassenlehrer der neuen Klassen, pädagogische Betreuer der Unterstufe, Schülervertreter, Tutoren, Elternbeirat und Schulleitung das Programm für die Begrüßungsfeier ab:

- Chor, Orchester oder Bigband der Schule können ein *musikalisches Rahmenprogramm* vorbereiten.
- In der Aula können im Halbkreis verschiedenfarbige *Plakatwände* mit Postern aufgestellt werden (z. B. von den Schülervertretern und Tutoren gestaltet), die als Sammelpunkt für die Schüler einer der neuen Klassen dienen.

- *Namenslisten* (Format DIN A3), am Eingang angebracht, erleichtern das Auffinden der richtigen Klasse.
- Für jede Klasse können *Anstecker* vorbereitet werden (z. B. aus Moosgummi in der Farbe der jeweiligen Plakatwand oder mit der Klassenbezeichnung versehen).
- Mit *Pflanzen* und anderen Dekorationen kann die Aula festlich geschmückt werden.
- Eine Mikrofonanlage für die Begrüßung erleichtert das Reden und auch das Zuhören, denn die Kinder sind erfahrungsgemäß etwas unruhig.
- Die Schülervertretung kann einen *Schul-Button* vorbereiten, der an alle neue Schüler verteilt wird und zur Identifikation mit der Schule beiträgt.
- In einem „Elterncafé", vorbereitet von den Elternvertretern, können die Eltern nach der Begrüßungsfeier miteinander ins Gespräch kommen.

(Button-Entwurf von G. Conrad, Ohm-Gymnasium, Erlangen)

Möglicher Ablauf:

Empfang: Zu einem vorher mitgeteilten Zeitpunkt treffen die Kinder mit ihren Eltern in der Schule ein und begeben sich zum dem Raum, in dem die Begrüßungsfeier stattfindet.
Anhand der am Eingang aushängenden Namenslisten finden sie ihre Klasse, Schülervertreter und Mitglieder des Elternbeirates sind ihnen dabei behilflich.
An den Plakatwänden werden die neuen Schüler der jeweiligen Klasse mit ihren Eltern von den Klassenlehrern und den Tutoren empfangen. Diese verteilen als Erkennungszeichen und Orientierungshilfe die vorbereiteten Anstecker.
Begrüßung: Mit einer kurzen Ansprache heißt die Schulleitung die Schüler und ihre Eltern in der neuen Schule willkommen und stellt die Klassenlehrer und Tutoren vor. Anschließend werden die Neuen auch von Elternbeirat und Schülersprechern begrüßt.
Musikalische Umrahmung: Vor und zwischen den Begrüßungen werden von einer Musikgruppe der Schule kurze Stücke vorgetragen.
Abschluss: Nach der Begrüßung begeben sich die Klassen in ihre neuen Klassenzimmer. Beim Hinausgehen erhalten alle Neuen von den Schülervertretern einen Schul-Button. Die Klassenlehrer führen ihre Klasse in die Klassenzimmer. Dort wird die Einführung in die neue Schule und das Kennenlernen in kleinerem Rahmen fortgeführt.
Hinweis: Insgesamt sollte die gemeinsame Begrüßung der neuen Klassen nicht zu lange dauern, damit in den Klassen genügend Zeit für das Kennenlernen der neuen Mitschüler und der neuen Umgebung bleibt.

Fortsetzung in den Klassenzimmern: Die Schüler lernen sich gegenseitig kennen, erfahren etwas über die regelmäßigen Abläufe an der Schule und erkunden die neue Schulumgebung. Es ist sinnvoll, sich für dieses Kennenlernen einige Tage Zeit zu nehmen und auch in den weiteren Unterrichtsalltag immer wieder Möglichkeiten zum Kennenlernen einzuschieben.

Elterncafé: Während die Schüler die ersten Stunden in der neuen Klasse verbringen, besteht für die Eltern die Möglichkeit, sich im „Elterncafé" über die ersten Eindrücke auszutauschen und miteinander ins Gespräch zu kommen. Erfahrungsgemäß wird diese Gesprächsmöglichkeit von den Eltern sehr gern angenommen, es entsteht eine aufgelockerte Atmosphäre, bei der sich manche Anspannung lösen kann.

Thematische Anfangsfeier

Die Anfangsfeier kann auch unter ein Rahmenthema (wie „Neuland betreten!") gestellt werden. Die Vorbereitung kann von Schülern einer höheren Klasse übernommen werden.

Dabei kann z. B. ein symbolischer *Rucksack für den „Aufbruch ins Ungewisse"* gepackt werden. Gegenstände, die bestimmte Situationen im Lebensalltag der Schüler symbolisieren, werden hierbei von den älteren Schülern in einen Rucksack getan, während sie erklärende Texte dazu vortragen. Solche Symbole können sein:
- ein Startblock, für einen guten Start,
- eine Weltkugel, für Neugier und Entdeckerlust,
- einen Farbkasten, für Vielfalt und Buntheit des Lebens,
- einen Backstein, für Schwierigkeiten,
- ein gezeichnetes Soziogramm, für die gute Klassengemeinschaft,
- eine Taschenlampe, für die Möglichkeit, in Notfällen ein Signal geben zu können.

Am Ende der Feier kann der Schulleiter den neuen Klassen ihre Klassenlehrer vorstellen.

Die ersten Tage in der neuen Klasse

In den ersten Tagen in der neuen Klasse sollte der Schwerpunkt zum einen auf dem Kennenlernen der Schüler untereinander, zum anderen auf dem Heimischwerden in der neuen Umgebung liegen. Diese Phase sollte vor allem von den Klassenlehrern gestaltet werden, wobei weitere in der Klasse unterrichtende Lehrer unterstützend mitwirken und fachspezifische Möglichkeiten (z. B. Kunst, Musik...) einbringen können. Auf diese Weise erleben die Schüler die in der Klasse unterrichtenden Lehrer als Gruppe und damit kann leichter ein Gefühl der Zusammengehörigkeit entstehen.

Gegenseitiges Kennenlernen in der neuen Klasse

Außer durch einfaches Vorstellen und das Aufstellen von Namensschildern kann das gegenseitige Kennenlernen auch spielerisch erfolgen. Sogenannte „Interaktionsspiele" sprechen die Kinder in ihrer gesamten Persönlichkeit an. Sie aktivieren gleichzeitig Körper, Verstand und Psyche – und das Lernen, insbesondere soziales Lernen, geschieht ganz nebenbei. Der Lehrer kann hierbei gleichzeitig Spielleiter und Mitspieler sein.

Hier einige Spiele, die sich für die Kennenlernphase besonders eignen:

Kennenlernen in der Gruppe   ab Klasse 5

Ziel: Die Schüler können im Schutz der Gruppe Eigenschaften, Vorlieben usw. den anderen mitteilen.

Zeitbedarf: ca. 30 Minuten

Material: vorbereitete Karten mit Zuordnungskriterien wie: „Ich komme aus…", „Wir kennen uns schon aus der Grundschule", „Ich betreibe die Sportart…", „In den Ferien war ich in…", „Ich bin im… (Monat) geboren", „Ich habe… (Anzahl) Geschwister", „Aufstellen in der Reihenfolge des Anfangsbuchstabens des Vornamens / des Geburtsdatums"…

Durchführung: Die Schüler stehen locker im Raum verteilt. Nachdem der Klassenlehrer ein Zuordnungskriterium genannt hat, bilden die Schüler Gruppen mit gleichen „Eigenschaften". Einzelschüler stellen sich zum Lehrer. Die Schüler schauen sich um, stellen fest, mit wem sie bezüglich dieses Merkmals Gemeinsamkeiten haben, wo Unterschiede bestehen. Es folgt ein kurzer Austausch (z. B. die einzelnen Gruppen stellen sich kurz vor). Das Nennen eines neuen Zuordnungskriteriums löst die Gruppen wieder auf.

Auswertung: Die Schüler erfahren schnell, wer mit ihnen Gemeinsamkeiten hat. Die Bedeutsamkeit der Zuordnungskriterien sollte wechseln, damit niemand sich verleitet fühlt, etwas preiszugeben, was er lieber für sich behalten hätte. Ebenso sollte darauf geachtet werden, auch solche Kriterien einzusetzen, die möglichst keine Einzelgänger entstehen lassen bzw. sozial unproblematisch sind. Die Gruppierungen sollten so gewählt werden, dass möglichst alle Schüler miteinander Kontakt hatten. Das Gefühl „Ich habe mit jedem aus der Klasse eine Gemeinsamkeit" wirkt integrierend und beugt Ausgrenzungen vor.

„Ich interessiere mich für…"   ab Klasse 5

Ziel: Die Schüler teilen einzeln den Mitschülern Interessen, Hobbys… mit.

Zeitbedarf: ca. 10 Minuten

Material: (Soft-)Ball

Durchführung: Alle sitzen im Stuhlkreis. Der Lehrer hält einen (Soft-)Ball in der Hand und sagt: „Ich heiße… und spiele gerne… (Tennis)." Dann wirft er den Ball einem Schüler zu. Dieser setzt die Reihe fort: „Ich heiße… und mag gerne… (Pferde)." Der Ball wird dem Nächsten zugeworfen usw. Nachfragen an den jeweiligen Sprecher sind möglich.

Auswertung: Mit diesem Spiel erfährt die Klasse nach und nach die Namen aller Mitschüler und dazu persönliche Vorlieben. Dadurch werden Namen besser behalten und mit Konnotationen versehen. Im Kreis wird dem einzelnen Kind die volle Aufmerksamkeit zuteil. Jedes Kind kann durch das Weitergeben des Balles selbst bestimmen, wie lange es im Blickpunkt der Gruppe bleiben will.

Ergänzung: Zum Abschluss werden im Kreis herum noch einmal alle Namen genannt. Ausgehend von sich selbst nennen dann alle die Namen ihrer Mitschüler: „Ich heiße... und neben mir sitzen Klaus, Jana, Maike, Matthias, Florian..."

Hinweis: Auch der Klassenlehrer lernt bei diesem Spiel sehr schnell die Namen seiner Schüler!

Autogrammjagd   ab Klasse 5

Ziel: Die Schüler kommen in Bewegung und in Kontakt.

Zeitbedarf: ca. 5 Minuten

Material: Stift, Schreibblock

Durchführung: Der Lehrer nennt den Auftrag: „Sammelt in zwei Minuten möglichst viele Autogramme." Die Schüler laufen im Klassenzimmer umher und lassen sich Autogramme der Mitschüler (und auch des Lehrers) geben. Anschließend wird ausgezählt und prämiert.

Auswertung: Auch verbal weniger geschickte Schüler können sich bei diesem Bewegungsspiel voll einsetzen und kommen mit vielen in Kontakt.

Variante: In 30 Sekunden so viele Hände schütteln wie möglich. Diese Variante fällt gehemmten Schülern schwerer.

Knoten entwirren   ab Klasse 5

Ziel: Die Schüler kommen in Bewegung und in Kontakt. Die Aufnahme von Körperkontakt hilft Barrieren abbauen.

Zeitbedarf: ca. 10 Minuten

Durchführung: Alle Schüler stellen sich eng zusammen, strecken die Arme hoch und ergreifen je eine andere Hand (möglichst mit geschlossenen Augen). Dann wird der „Knoten" entwirrt, verbundene Hände bleiben dabei immer miteinander in Kontakt. Das Entknoten erfordert nicht selten körperliches Geschick.

Auswertung: Wenn die Schüler zu Beginn des Schuljahres noch eher unvoreingenommen miteinander umgehen, kann durch dieses Spiel über den Körperkontakt Verbundenheit hergestellt werden und Ausgrenzungen entgegengewirkt werden.

Stimmungsbild   ab Klasse 5

Ziel: Die Schüler teilen sich in der Gruppe Befinden, Stimmungen, Selbsteinschätzungen usw. mit.

Zeitbedarf: ca. 10 Minuten

Vorbereitung: Der Lehrer notiert sich Fragestellungen bzw. Aussagen zur Stimmung der Schüler wie: „In der neuen Schule fühle ich mich wohl", „Wie geht es mir gerade?", „Wie geht es mir mit...?", „Wie fühle ich mich bei...?"

Durchführung: Der Lehrer nennt eine Fragestellung/Aussage wie z. B. „In der neuen Schule fühle ich mich wohl". Eine Wand des Klassenzimmers stellt den Ja-Pol dar („Ich fühle mich wohl"), die gegenüberliegende Wand den Nein-Pol („Ich fühle mich nicht wohl"). Der Raum dazwischen gilt für die entsprechenden Abstufungen. Die Schüler stellen sich im Klassenzimmer entlang der gedachten Skala so auf, wie sie sich gerade fühlen und können nun – auf freiwilliger Basis – kurz ihre Selbsteinschätzung erläutern. Eine vorsichtige Auswertung oder ein Sammeln von Veränderungsvorschlägen kann folgen.

Auswertung: Dieses Spiel ist allgemein als nonverbales Stimmungsbild einsetzbar. Die Schüler erfahren, dass Gefühle wichtig genommen werden, eine Bedeutung haben und zeitlichen Veränderungen unterliegen bzw. auch etwas gezielt für Veränderungen getan werden kann. Sicher werden einige Schüler sich auch im Sinne sozialer Erwünschtheit positionieren. Wird das „Stimmungsbild" jedoch öfter eingesetzt und deutlich gemacht, dass Gefühle einen momentanen Zustand beschreiben, gewinnen die Schüler mehr Selbstvertrauen um ihre Gefühle öffentlich zu machen.

Die Schule kennenlernen

Auf viele Schüler wirkt das neue Schulgebäude zunächst unüberschaubar und verwirrend. Eine Führung zu allen wichtigen Räumen ist notwendig, um den Kindern in der neuen Umgebung Sicherheit zu vermitteln. Außerdem sollten sie informiert werden über feste Zeiten, die Hausordnung, Rettungswege bei Feueralarm, Pausenverkauf, Schulwegsicherheit...

Für das Erkunden von Schulgebäude und Schulumgebung hier einige Vorschläge.

Führung durch das Schulhaus

Der Klassenlehrer führt die Klasse durch das Schulhaus. Wenn sich auch andere Lehrer der Klasse und Tutoren beteiligen, kann die Klasse das Gebäude in Kleingruppen besichtigen.

Zur besseren Orientierung erhalten die Schüler einen Plan des Schulhauses, in dem alle wichtigen Räume eingezeichnet sind. In diesen Plan können die Schüler anschließend die Wege von ihrem Klassenzimmer zu den Fachräumen eintragen.

Schulhaus-Rallye

Diese Variante der Schulhausführung ermöglicht den Schülern ein höheres Maß an Eigentätigkeit. Mit Suchaufträgen, Wegbeschreibungen und Skizzen werden sie – evtl. unter Mitwirkung der Tutoren – zu wichtigen Orten der Schule geleitet wie Sekretariat, Hausmeister, Lehrerzimmer, Schülerbücherei, Aufenthaltsräume, Beratungslehrer, Fachräume, Toiletten, Pausenverkauf, Getränkeautomat usw.

Erkundung der Schulumgebung

Aus der Schule herausgehen, die Umgebung der Schule erfahren, verbessert die Orientierung auf dem neuen Schulweg. Hier kann besonders auf Gefahren an der Bushaltestelle, bei Straßenübergängen hingewiesen werden (Stichwort „Schulwegsicherheit"). Mit Arbeitsaufträgen (Wegbeschreibungen, Suchaufträge, Skizzen zeichnen...) setzen sich die Schüler anschließend mit ihrer neuen Schulumgebung auseinander.

Schülerbücherei, Schulordnung u. a.

Schülerbücherei: Bei einer Einführung in die Ausleihe bei der Schülerbibliothek – verbunden mit der Ausgabe von Büchereiausweisen – werden die Schüler an Lesemöglichkeiten herangeführt.

Schulordnung: Bei der Besprechung der Schulordnung erfahren die Schüler, welche Regeln in der neuen Schule gelten. Dies schafft Verhaltenssicherheit. In diesem Zusammenhang können auch Klassenregeln formuliert werden. (Hier ist ein Rückgriff auf die Klassenregeln aus der Grundschule möglich.)

Weitere Aspekte: Die Ausgestaltung des Klassenzimmers (s. S. 39 ff.), das Kennenlernen der Lehrer, die Einführung in die neuen Lern- und Arbeitsweisen sind weitere wichtige Aspekte beim Einleben in der neuen Schule, die nach und nach angegangen werden.

Literatur

Allerkamp, W., Leischner, U.: Gestaltung der Eingangsphase in neu zusammengesetzten Klassen der Sekundarstufe I. In: Westermann Pädagogische Beiträge 1/1986

Gudjons, H.: Spielbuch Interaktionserziehung. Bad Heilbrunn 1995

Hartleb, W.: Zusammenarbeit Grundschule – Gymnasium. In: Pädagogische Welt 5/1990

Portmann, R., Schneider, E.: Brückenschläge. Heinsberg 1988

Portmann, R.: Übergänge nach der Grundschule. Frankfurt/M. 1989

Süselbeck, G.: Der zweite Schulbeginn so oder so. In: Grundschule 10/1989

Walden, K., Kutza, R., Kröger, Ch., Kirmes, J.: ALF – Allgemeine Lebenskompetenzen und Fertigkeiten. Programm für Schüler und Schülerinnen der 5. Klasse mit Informationen zu Nikotin und Alkohol. Hohengehren 1998

Roland Zerpies

B Vom Ich zum Wir – ein langer Weg

Eine Schulklasse besteht in der Regel aus einer nicht freiwillig zusammengesetzten Anzahl von Individuen beiderlei Geschlechts, die innerhalb einer Altersstufe bestimmte Voraussetzungen mitbringen zum gemeinsamen Lernen, Arbeiten und Leben. Damit diese Voraussetzungen für die Weiterentwicklung des Einzelnen und die Entwicklung zu einer erfolgreichen Klassengemeinschaft genutzt werden, sollte die Klasse ihre eigene Gruppenentwicklung und ihre Kommunikation bewusst reflektieren. Hierfür bietet dieses Teilkapitel Anregungen und Übungen.

1. Die erfolgreiche Gruppe

Eine Klassengruppe, die sich erfolgreich entwickelt hat, weist nach Gene Stanford (1991) folgende Merkmale auf:

„1. Die Gruppenmitglieder verstehen und akzeptieren sich gegenseitig.

2. Die Kommunikation ist offen.

3. Die Mitglieder fühlen sich für ihr Lernen und Verhalten verantwortlich.

4. Die Mitglieder kooperieren miteinander.

5. Müssen Entscheidungen getroffen werden, gibt es festgelegte Verhaltensregeln.

6. Die Mitglieder sind fähig, sich offen mit Problemen auseinander zu setzen und ihre Konflikte auf konstruktive Weise zu lösen." (Stanford 1991, S. 13)

Eine Klasse ist also nicht per se schon eine erfolgreiche Gruppe. Um dies zu werden, muss eine Entwicklung stattfinden, in der eine Klasse zu einer Gruppe reifen kann, auf die diese Merkmale zutreffen. In den wenigsten Fällen gelingt dieser Rei-

fungsprozess ohne Steuerung ganz von allein. Es ist deshalb wichtig, dass Klassenlehrer Rahmenbedingungen schaffen, die solche gruppendynamischen Entwicklungsprozesse ermöglichen bzw. fördern, die das Entstehen einer Klassengemeinschaft begünstigen. Dabei muss berücksichtigt werden, dass dieser Gruppenprozess
a) auf zwei *Ebenen*, der Beziehungs- und der Sachebene, stattfindet und
b) in *Phasen* verläuft.

Gruppenprozesse werden durchschaubarer, wenn die Gruppe sich zunächst ihrer eigenen Strukturen bewusst wird und Sach- und Beziehungsebene des Gruppenprozesses erkennt. Das sogenannte *Eisberg-Modell* (nach Langmaack/Braune-Krickau 1989, S. 67) kann hierzu eine Hilfe sein.

Die *Sachebene* ist die sichtbare der beiden Ebenen. Hier stehen Fakten und Inhalte bzw. nachweisbare Ergebnisse im Vordergrund.

Die *Beziehungsebene* hingegen bleibt häufig unsichtbar unter der Oberfläche, sie beeinflusst aber die Sachebene in vielfältiger Form. Auf dieser Ebene haben die subjektiven Wahrnehmungen, Empfindungen, Vorstellungen und Erfahrungen ihren Platz. Aufgabe des Klassenlehrers ist es, den „Eisberg" über und unter der Wasseroberfläche wahrzunehmen und dafür Sorge zu tragen, dass beide Ebenen zu ihrem Recht kommen.

Gruppenprozesse lassen sich in folgende *Phasen* einteilen:
1. Orientierung
2. Abklärung und Annäherung
3. Produktivität
4. Auflösung

Eisberg-Modell

Dieses Phasenmodell gilt sowohl für Klassen als auch für Gruppen innerhalb der Klasse. Die einzelnen Phasen sind von unterschiedlicher Dauer, sie verlaufen nicht linear, sondern spiralförmig und können sich zu verschiedenen Zeitpunkten wiederholen. (Vergleichbare Phasenmodelle werden von verschiedenen Autoren in unterschiedlicher Aufteilung und Begrifflichkeit vorgestellt, z. B. Mitschka 1997 S. 56 ff., Stanford 1991, S. 14 ff.)

Bezogen auf eine Schulklasse laufen die einzelnen Phasen folgendermaßen ab:

1. Orientierung: (Phase des Sammelns von einzelnen Standpunkten: Wer ist der Einzelne? Wo steht er in der Gruppe?) In dieser Phase des Kennenlernens steht – wenn auch nicht immer unmittelbar erkennbar – die Beziehungsebene für den Einzelnen im Vordergrund: Wer sind die anderen? Wie werden sie mit mir umgehen? Wie werde ich mit den Lehrern zurechtkommen? Welche Leistungsanforderungen kommen auf mich zu? Diese Phase kann durch geeignete Kennenlernaktivitäten gefördert werden (s. Kapitel 1A).

2. Abklärung und Annäherung: (Phase des Erkennens und Einschätzens von Gemeinsamkeiten und Unterschieden, Spannungen und Widerständen) Jeder versucht seinen Platz in der Gruppe zu finden. Soziale Rangordnungen bilden sich heraus. Diese Phase verläuft nicht konfliktfrei. Rangeleien um Positionen, um Verbündete gehören genauso dazu wie das kritische Betrachten des Lehrers in seiner Rolle. Was nimmt uns wahr? Wo greift er ein? Welche Regelungen überlässt er der Klasse? Dieses Klären von Positionen und Emotionen wird als Voraussetzung für Annäherungsprozesse verstanden. Dabei lernt die Klasse Normen und Regeln für gemeinsames Leben und Lernen zu entwickeln und anzuerkennen. Diese Phase kann durch Übungen zur Unterstützung der Gruppenentwicklung (s. u.) gefördert werden.

3. Produktivität: (Phase des produktiven Ausnutzens des Gruppenpotentials) Stärken und Schwächen, Sympathien und Antipathien der einzelnen Schüler sind weitgehend bekannt, Kritik kann konstruktiv hervorgebracht und angenommen werden, die Fähigkeiten der Einzelnen können für die gemeinsame Arbeit effektiv genutzt werden. Die Klasse hat gelernt, selbstverantwortlich zu handeln. Der Klassenlehrer kann sich immer mehr zurücknehmen und der Klasse weitere Aufgaben in Eigenregie übertragen. Übungen zum positiven Feedback und Kommunikationshilfen für die Klasse können diese Phase fördern.

4. Auflösung: (Phase des Auflösens emotionaler und sozialer Beziehungen) Ist die Klasse zu einer sehr gut zusammenarbeitenden Gemeinschaft gereift, kann das Wissen um die bevorstehende Trennung durchaus schmerzlich sein. Deshalb verdient auch dieser Auflösungsprozess besondere Beachtung. In dieser Phase sollte das Abschiednehmen bewusst thematisiert werden. Das kann in Form eines Schuljahresrückblicks geschehen, bei dem reflektiert wird: Was haben wir als Klasse gut gemacht? Was müssen wir in Zukunft besser machen? Was nehmen wir mit in neue Klassen oder ins zukünftige Berufsleben? Und jeder für sich: Was habe ich als Einzelner zum Entwicklungsprozess der Klasse beigetragen? Welche Lehren ziehe ich daraus? Auch mit Formen des positiven Feedbacks kann gemeinsam Erlebtes reflektiert und der Ablösungsprozess gefördert werden (z. B. „Koffer packen", s. S. 29).

2. Übungen zur Unterstützung der Gruppenentwicklung

Um die Schüler zu befähigen, die Gruppenentwicklung bewusst mitzugestalten, sollte der *Prozess der Gruppenentwicklung* für die Klasse nachvollziehbar und reflektierbar gemacht werden. Dazu können immer wieder Übungen in den Unterricht eingebaut werden. Hier einige Vorschläge:

Eisberg-Modell   ab Klasse 5

Intention: Die Schüler lernen mit Hilfe einer Visualisierung Sach- und Beziehungsaspekte ihrer Klasse als Gruppe kennen.

Zeitbedarf: ca. 30 Minuten

Durchführung: Der Lehrer präsentiert an der Tafel oder auf einer Folie die Umrisse eines Eisberges mit eingezeichneter Wasserlinie. Der bildhafte Zugang erleichtert den Schülern den Einstieg in die folgende Problematik. „Wir springen mit unseren Gedanken jetzt einmal ins ewige Eis. Stellt euch eine Eisberglandschaft vor. Was ist das Besondere an einem Eisberg?" Die Schüler werden ihr umfangreiches Vorwissen einbringen und auf die sichtbaren und unsichtbaren Anteile hinweisen.

„Stellt euch nun vor, unsere Klasse wäre ein Eisberg. Was ist sichtbar, was bleibt unsichtbar, was ist unter der Oberfläche vorhanden? Denkt dabei daran, wie wir hier zusammen leben und arbeiten." Die Aussagen der Schüler über ihre Klasse werden gesammelt und den beiden Ebenen zugeordnet. Die in der Abbildung auf Seite 21 genannten Begriffe können als weitere Hilfestellung hinzugezogen werden.

Auswertung: Bei der Auswertung der Ergebnisse können folgende Gedanken im Mittelpunkt stehen: Sach- und Beziehungsebene bedingen einander. Was passiert, wenn die Beziehungsebene in einer Klasse nicht beachtet wird? Wie wirken sich die gesammelten Aussagen auf die Entwicklung einer Klasse aus? Was muss eine Klasse tun, damit die Erkenntnisse für Gruppenprozesse genutzt werden können?

Was ist eine gute Klasse?   ab Klasse 5
(nach Philipp 1992)

Intention: Jeder Schüler setzt sich mit seinen persönlichen Vorstellungen einer guten Klasse auseinander. Im gegenseitigen Austausch in den Gruppen werden unterschiedliche Auffassungen bewusst gemacht und differenzierte Sichtweisen herausgearbeitet. In der anschließenden Diskussion geht es um die Erstellung einer gemeinsamen Prioritätenliste, die durch Konsensbildung erstellt werden soll.

Zeitbedarf: ca. 90 Minuten (Aufteilung in 2 x 45 Minuten möglich)

Material: pro Schüler eine Kopie der Arbeitsanweisungen, ein Schnippelbogen mit 35 Karten, eine Schere; pro Kleingruppe: Klebstoff, großer Bogen Papier

Durchführung: Es werden Gruppen gebildet, die nach den unten stehenden Arbeitsanweisungen und mit Hilfe des Schnippelbogens ihr „Bild von einer guten Klasse" erarbeiten. (Hiernach kann die Übung unterbrochen werden.) Anschließend werden die Gruppenergebnisse unter Moderation des Lehrers präsentiert und diskutiert.

Arbeitsanweisungen zur Übung: Was ist eine gute Klasse?

Jeder von euch erhält einen Schnippelbogen mit 35 Karten. Auf 30 dieser Karten steht jeweils eine Aussage, die ein Merkmal einer guten Klasse beschreibt. Zusätzlich gibt es fünf Leerkarten. Mit Hilfe dieses Materials sollt ihr euer Bild von einer guten Klasse entwerfen.

1. Lies erst einmal in Ruhe alle Aussagen für dich alleine durch. Wenn du noch eigene Ideen/Vorstellungen/Wünsche hast, kannst du diese auf den fünf Leerkarten notieren. Bitte benutze dabei für jeden neuen Gedanken eine eigene Karte. Entscheide dich nun für fünf Karten, die deiner Meinung nach das Bild einer guten Klasse am besten verdeutlichen. Schneide diese Karten bitte aus. Du hast für diese erste Aufgabe 15 Minuten Zeit.

2. Erklärt jetzt nacheinander eurer Gruppe, weshalb ihr euch gerade für diese Karten entschieden habt.

3. Einigt euch nun in der Gruppe auf acht der ausgeschnittenen Karten, die die Merkmale einer guten Klasse wiedergeben.

4. Klebt die ausgewählten Karten nun so auf den großen Papierbogen, dass deutlich wird, welche Karten euch am wichtigsten und welche weniger wichtig erscheinen. Verdeutlicht eure Einschätzungen durch die Gestaltung einer grafischen und/oder bildlichen Darstellung. Hier einige Beispiele:

Kettenkarussell (Was ist unsere Mitte? Was hält uns zusammen?)

Schaukel (Was müssen wir ausbalancieren? Wie kommen wir ins Gleichgewicht? Wie können wir es halten?)

Gebäude (Woraus besteht das Fundament? usw.)

Eure ausgewählten Karten, die keine Übereinstimmung in der Gruppe gefunden haben, werden am Rand aufgeklebt (z. B. als Ersatzbausteine).

5. Überlegt euch für die Präsentation vor der Klasse, wie ihr euer „Bild" vorstellen wollt. Teilt den anderen kurz mit, weshalb ihr euch auf diese Karten und dieses Bild geeinigt habt. Gab es Probleme bei der Auswahl der Karten? Wenn ja, welche?

Für die Aufgaben 2 bis 5 habt ihr insgesamt 30 Minuten Zeit.

Schnippelbogen: Merkmale einer guten Klasse

In der Klasse macht das Lernen Spaß.	Ich fühle mich in dieser Klasse so wohl, dass ich Fehler zugeben kann.	Meine Vorschläge werden oft von der Klasse angenommen.
Jeder kann mit jedem in Kleingruppen zusammenarbeiten.	Wir würden nie jemanden verpetzen, wenn er etwas angestellt hat.	Jungen und Mädchen haben keine „Berührungsängste". Sie können nebeneinander sitzen und zusammen arbeiten.
Konflikte werden offen angesprochen.	Wir können uns Positives und Negatives sagen.	Entscheidungen werden von der ganzen Klasse getroffen.
Wir hören einander zu.	Zwischen Jungen und Mädchen gibt es gute Freundschaften.	Wenn neue Mitschüler in die Klasse kommen, werden sie schnell in die Klassengemeinschaft aufgenommen.
Jeder hat in dieser Klasse Aufgaben übernommen und verhält sich verantwortungsbewusst.	In dieser Klasse wird niemand ausgelacht.	Wir können sachlich miteinander diskutieren.
Wir helfen uns beim Lernen.	In unserer Klasse kann jeder offen seine Meinung sagen.	Wir verstehen uns alle gut.
Wir halten zusammen.	Jeder fühlt sich für eine gute Klassengemeinschaft verantwortlich.	Ich habe nicht alle gleich gern, aber ich akzeptiere alle und komme mit ihnen aus.

Zu einer guten Klasse gehören auch die Lehrer dazu.	In unserer Klasse ist es möglich, zu kritisieren ohne andere zu verletzen.	Unsere Klassensprecher vertreten die Angelegenheiten der Klasse gut.
Ich habe viele Freunde in der Klasse.	Bei Lernschwierigkeiten findet sich immer jemand, der dem anderen hilft.	Unsere Klasse hat guten Kontakt zu anderen Klassen.
Unsere Klasse engagiert sich auch bei schulischen Aktivitäten.	Ich möchte in keiner anderen Klasse sein.	In unserer Klasse gibt es keine Cliquenbildung.

Die weiterführende Frage „Wie weit ist unsere Klasse von den präsentierten Wunschvorstellungen entfernt?" kann mit dem folgenden „*Meinungsbarometer*" visualisiert werden.

Unsere Klasse – eine gute Klasse?   **ab Klasse 5**

Material: Wandzeitung mit Barometerskala, Klebepunkte

Meinungsbarometer

„Wie schätze ich unsere Klasse z. Zt. ein, wenn ich mein Wunschbild einer guten Klasse zugrunde lege?"

Unsere Klasse entspricht meinem Wunschbild

Durchführung: Jeder Schüler kann auf einer vorgefertigten Wandzeitung einen Punkt gemäß seiner Einschätzung kleben. Bitten Sie die Schüler sich Zeit zu lassen und genau zu überlegen, wo sie ihren Punkt hinsetzen wollen. Divergierend geklebte Punkte können ein Einstieg in ein Gespräch über Probleme in der Klasse sein. Wichtig ist dabei, dass kein Schüler den Platz seines Punktes rechtfertigen muss.

Die Schüler werden schnell selbst auf nächste Schritte kommen, die zu einer Verbesserung der Klassensituation beitragen können: Was müssen wir tun, um unserem Wunschbild möglichst nahe zu kommen? Nun können Vorschläge und Wünsche zur Verbesserung des Klassenklimas gesammelt werden, die ihren Niederschlag in Form von Regeln und Ritualen, in gemeinsamen inner- und außerschulischen Aktivitäten und auf der metakommunikativen Ebene finden können.

Hinweis: Heben Sie das Ergebnis auf und lassen Sie nach einigen Monaten ein neues Meinungsbarometer erstellen. Hat sich das Ergebnis verändert?

Das ABC der Klassengemeinschaft   ab Klasse 5

Intention: Die Schüler setzen sich mit Normen und Werten auseinander, die ihnen für ihre Klasse wichtig erscheinen.

Zeitbedarf: ca. 20 Minuten

Durchführung: Die Klasse erstellt eine ABC-Liste: Was müssen wir tun, damit unsere Klasse klasse ist? Diese Liste kann schön gestaltet und in der Klasse aufgehängt werden. Bei Bedarf kann immer wieder darauf hingewiesen und eine Überprüfung angeregt werden.

Beispiel für ein Klassen-ABC

A	Akzeptanz anderer	M	mitbestimmen dürfen
B	Beziehungen aufbauen	N	Neues erproben
C	Chaos vermeiden	O	ohne Ordnung geht es nicht
D	Danke und Bitte sind keine Fremdwörter	P	Probleme positiv angehen
E	Eigenverantwortlichkeit zeigen	Q	Querdenker erwünscht
F	Funktionen übernehmen	R	Regeln einhalten
G	Gespräche führen können	S	sich selbst mögen
H	Hilfe anbieten und annehmen können	T	Toleranz üben
I	Ideen einbringen	U	Unbehagen äußern können
J	Ja zur Klasse sagen	V	Vertrauen haben
K	Kritik geben und annehmen können	W	Wärme
		X	Xantippen und Rambos nicht erwünscht
L	lustvoll miteinander lernen	Y	Yoga hilft entspannen
		Z	Zeit haben

3. Übungen zum positiven Feedback

Positives gesagt zu bekommen tut jedem Menschen gut. Positive Rückmeldungen geben und annehmen können will aber genauso gelernt sein wie der Umgang mit negativer Kritik. Und negative Kritik – als konstruktive Kritik geäußert – kann besser angenommen werden, wenn auch ein ordentliches „Polster" an positiven Rückmeldungen vorhanden ist.

Je mehr positive Rückmeldungen ein Schüler erhält, desto stärker wird sein Selbstwertgefühl und das, was andere an ihm auszusetzen haben, verringert sich dann manchmal von selbst.

Für den Umgang mit Kritik gilt grundsätzlich: Habe ich Negatives zu bemerken, so muss ich es so formulieren, dass der Betroffene die Kritik annehmen kann. Das gelingt nicht bei Pauschalurteilen und Schuldzuweisungen. Deshalb ist es wichtig, schon in der Einleitung dafür zu sorgen, dass der zu Kritisierende nicht „dicht macht". Die Kritik sollte in der Ich-Form vorgebracht werden, statt in der Du-Form. Formulierungen wie „Ich habe Schwierigkeiten damit, wenn du...", „Ich kann nicht verstehen, dass du..." sind sinnvoller als „Du hast schon wieder..." (s. S. 139 ff.). Hier zwei Übungen zum positiven Feedback:

Spalier des Lobes   ab Klasse 5

Intention: Positives Feedback geben und annehmen können. Die Übung kann Ausgrenzungen vorbeugen und das Zusammengehörigkeitsgefühl stärken.

Zeitbedarf: ca. 3 Minuten pro Schüler

Durchführung: Die Schüler stehen sich in zwei Reihen gegenüber. Jeder überlegt sich für den Mitschüler, der durch dieses Spalier gehen möchte, eine positive Eigenschaft oder Fähigkeit. Zu dieser Eigenschaft formuliert er einen Satz, den er fortlaufend sagt, während der Mitschüler durch das Spalier geht. Z. B.: „Laura ist fair beim Fußballspielen" oder „Laura hat immer gute Laune"... Der jeweilige Schüler hört beim Durchgehen die verschiedenen Sätze, die sich miteinander vermischen, und nimmt sie wie einen warmen Regen auf.

Auswertung: Wie war es für dich, so viel Positives zu hören? Waren überraschende Aussagen dabei? Wie geht es dir jetzt?

Hinweis: Die Übung muss die emotionale Betroffenheit der Schüler berücksichtigen, d. h., der „Gang durch das Spalier" muss den Schülern freigestellt werden.

Koffer packen   ab Klasse 5

Der „gepackte Koffer" kann als Übung zum positiven Feedback am Ende eines Schuljahres eingesetzt werden, er kann aber auch ein sinnvolles Abschiedsgeschenk in der Auflösungsphase einer Gruppe sein.

Intention: Besinnung auf Vergangenes und gemeinsam Erlebtes.

Zeitbedarf: ca. 30 Minuten

Material: pro Schüler ein auf ein farbiges DIN-A3-Blatt gezeichneter Kofferumriss, beschriftet mit dem jeweiligen Namen des Schülers

Durchführung: Die Klasse sitzt im Stuhlkreis. Die vom Klassenlehrer vorbereiteten Kofferumrisse werden in die Mitte gelegt. Jeder Schüler schreibt nun möglichst jedem anderen Schüler etwas Positives in seinen Koffer hinein. Das kann etwas sein, was er an ihm schätzt oder was er ihm wünscht. Es kann ein Dank sein oder eine Erinnerung an ein schönes Erlebnis. Anschließend bekommt jeder Schüler seinen „Koffer".

Hinweis: Achten Sie bitte darauf, dass jeder Schüler einen vollen Koffer bekommt und dass keine negativen Bemerkungen eingetragen werden.

Ein „gepackter Koffer" könnte so aussehen:

„Gepackter Koffer"

4. Kommunikationshilfen für die Klasse

Nicht gegeneinander, sondern miteinander – dies ist eine wichtige Voraussetzung für eine erfolgreiche Kommunikation innerhalb der Klasse. Das Einüben und Einhalten von Kommunikationsregeln ist eine wesentliche Basis für arbeitsfähige Gruppen. Zur Einübung einer Gesprächskultur macht es Sinn, Schülern Gelegenheit zu geben, die dazu nötigen Rahmenbedingungen kennen zu lernen und zu erproben.

Das Miteinanderreden kann am besten in Partnerarbeit und Kleingruppen eingeübt werden, da für viele Schüler hier die Redeangst erst einmal geringer ist als vor der gesamten Klasse. Die Sicherheit, die der Einzelne in der Kleingruppe gewinnt, kommt aber auch seinem Auftreten vor der Klasse zugute.

Drei-Minuten-Thema   ab Klasse 5

Intention: Die Übung macht unterschiedliches Verhalten beim Zuhören und die damit verbundenen Auswirkungen auf den Sprecher deutlich.

Zeitbedarf: ca. 45 Minuten

Durchführung: Zunächst wird die Übung demonstriert. Bitten Sie dazu einen Schüler, sich auf ein kleines Experiment einzulassen. Dabei soll er Ihnen nach kurzer Vorbereitungszeit etwas über ein Thema seiner Wahl erzählen. Laden Sie die Klasse ein, Beobachter zu sein.

Während der Schüler erzählt, zeigen Sie sich zunächst als guter Zuhörer. Nach einiger Zeit verändern Sie Ihr Verhalten. Sie erweisen sich jetzt als schlechter Zuhörer. Aber beachten Sie dabei, wie viele negative Verhaltensweisen Ihrerseits für den Schüler noch aushaltbar sind.

Gutes Zuhören

- Ich zeige dem Sprecher durch Gestik und Mimik, dass ich ihm zuhöre (dem Sprecher zugewandte Sitzposition, freundlicher Gesichtsausdruck, Unterstützung durch Nicken oder „Hm-Laute").
- Ich lasse den Sprecher ausreden und spreche nicht in Pausen hinein.
- Ich halte eigene Gedanken zurück.
- Ich halte „Stille" aus.

Schlechtes Zuhören

- Ich zeige Desinteresse (zeitweises Abwenden des Blickes, gelangweilter Gesichtsausdruck, auf die Uhr schauen, mit anderen Dingen beschäftigen).
- Ich benutze Sprechpausen, um mich einzumischen („Kannst du das noch mal wiederholen?"), reiße das Gespräch an mich („Das habe ich auch mal erlebt")…

Zwischenauswertung: Befragen Sie anschließend den Schüler zu seinen Empfindungen und Wahrnehmungen. Die beobachtende Klasse ergänzt die Ausführungen. Anhand des Auswertungsgesprächs können die Beobachtungen mit der Klasse gemeinsam zu *Regeln für gutes Zuhören* umgesetzt werden.

Im Anschluss an diese Demonstration werden Gruppen von je drei Schülern gebildet (Sprecher A, Zuhörer B, Beobachter C). A und B führen die Übung entsprechend der Demonstration durch. C gibt keinen Kommentar, beobachtet nur, macht sich Notizen über das, was er wahrnimmt, und achtet auf die Zeit. Nach drei Minuten findet eine Auswertung in den Gruppen statt. A sagt zuerst, wie es ihm ergangen ist. Wie hat er B als Zuhörer empfunden? War das Verhalten von B eine Hilfe oder war es eher hinderlich bei der Formulierung von Gedanken? Dann sagt B, inwieweit es ihm gelungen ist, gut zuzuhören. Was war für ihn leicht, was war schwierig? Anschließend erläutert C seine Beobachtungen.

Anschließend findet ein Rollentausch statt, sodass jeder Schüler einmal die Rolle von A, B und C einnimmt.

Auswertung: Im Klassengespräch können noch einmal besondere Probleme des guten Zuhörens benannt werden.

Spiegeln   ab Klasse 5

Intention: Der Sprecher erfährt durch die „Spiegelung" seiner Äußerungen, bei der ein Zuhörer diese Äußerungen mit eigenen Worten wiederholt, dass er ernst genommen wird. Zugleich wird ihm klar, ob das von ihm Gemeinte richtig verstanden wurde. Ist dies nicht der Fall, kann er seine Aussage mit anderen Worten wiederholen. Der Zuhörer erlebt, dass er sich für das „Spiegeln" ganz auf den Sprecher konzentrieren und die eigenen Gedanken und Gefühle, die ihm zum Gesagten durch den Kopf gehen, zurückstellen muss.

Zeitbedarf: ca. 45 Minuten

Durchführung: Demonstrieren Sie die Übung zunächst zusammen mit einem Schüler. Der Schüler sagt höchstens drei Sätze zu einem selbstgewählten Thema. Sie wiederholen mit eigenen Worten, was er gesagt hat. „Wenn ich dich richtig verstanden habe,...", „Du meinst,...". Bevor der Schüler weitererzählt, sagt er, ob er richtig verstanden wurde, oder korrigiert. Korrigiert der Schüler, müssen Sie die neuen Aussagen noch einmal spiegeln. Die Klasse hört nur zu und macht sich Notizen. Nach 3–5 Minuten wird das „Gespräch" beendet.

Zwischenauswertung: Sprechen Sie mit der Klasse über die Beobachtungen und wiederholen Sie ggf. die Übung mit einem anderen Schüler.

Anschließend werden Gruppen zu je drei Schülern gebildet (Sprecher A, Zuhörer B, Beobachter C). A und B führen die Übung entsprechend der Demonstration durch. C gibt keinen Kommentar, beobachtet nur, macht sich Notizen über das, was er wahrnimmt und achtet auf die Zeit.

Auswertung: Im Klassengespräch können die Beobachtungen diskutiert werden.

Eine Nachricht: 4-mal gesendet – 4-mal empfangen   Klasse 9/10

Intention: Das Kommunikationsmodell von Friedemann Schulz von Thun (1981), das dieser Übung zugrunde liegt, macht Kommunikationsstrukturen durchschaubarer und kann dazu beitragen, den Kommunikationsprozess zwischen Schülern und auch zwischen Schülern und Lehrern zu verbessern.

Zeitbedarf: mindestens 45 Minuten

Material: pro Schüler ein Arbeitsblatt

Durchführung: Die Schüler bearbeiten das Arbeitsblatt in Gruppen. Anschließend sollen die Ergebnisse verglichen, Unterschiede festgestellt und Begründungszusammenhänge diskutiert werden.

Arbeitsblatt: Eine Nachricht: 4-mal gesendet – 4-mal empfangen

Situation: Judith kommt fünf Minuten vor Unterrichtsbeginn abgehetzt in die Klasse. Sie hat keine Mathe-Hausaufgaben gemacht. Ihre Freundin Lena sitzt bereits am Tisch und packt gerade ihre Mathe-Sachen für die erste Stunde aus. Judith sagt zu Lena: „Du hast doch Mathe gemacht." Daraufhin legt Lena ihr Mathe-Heft auf Judiths Platz.

Die vorgestellte Situation kommt euch sicher bekannt vor. Judith will Lena mit ihrer Aussage um die Hausaufgaben zum Abschreiben bitten. Sie spricht dies aber nicht direkt an. Trotzdem wird sie von Lena verstanden. Warum?

Eine Mitteilung wird durch einen *Sender* an einen *Empfänger* übermittelt.

Der Kommunikationswissenschaftler Friedemann Schulz von Thun beschreibt diese Mitteilung als eine Nachricht mit vier Seiten.

Auf unsere Situation bezogen, bedeutet das Folgendes: Judith, die *Senderin*, teilt ihre Nachricht „Du hast doch Mathe gemacht" vierfach mit:

Sachseite: Ich gehe davon aus, dass Lena Mathe gemacht hat.

Selbstmitteilungsseite: Ich habe die Hausaufgaben nicht gemacht.

Beziehungsseite: Lena ist meine Freundin, auf die kann ich mich verlassen.

Appellseite: Bitte, gib mir die Aufgaben zum Abschreiben.

Wenn eine Nachricht vierfach gesendet wird, so wird sie auch vom Empfänger – in unserem Fall Lena – vierfach gehört:

Sachohr
Was ist die Sachinformation?

Selbstmitteilungsohr
Was teilt mir der Sender über sich selbst mit?

Appellohr
Was soll ich tun, denken, fühlen?

Beziehungsohr
Wie sieht der Sender unsere Beziehung?

Lena kann die Nachricht „Du hast doch Mathe gemacht" folgendermaßen hören:

Sachohr: Ja, ich habe Mathe gemacht.

Selbstmitteilungsohr: Sie ist wieder ohne Hausaufgaben.

Beziehungsohr: Ich bin ihre Freundin, sie verlässt sich auf mich.
Appellohr: Ich soll ihr meine Hausaufgaben geben.

Ihr könnt feststellen, dass für Judith die *Appellseite* der Nachricht besonders wichtig ist. Diese Seite wird von Lena herausgehört, sie reagiert auf dem „Appellohr", indem sie Judith ihr Heft hinlegt.

Mit welchem Ohr ein Empfänger eine Nachricht *am deutlichsten* hört, hängt sehr stark von der Beziehung zwischen den Kommunikationspartnern und den mitgesendeten nonverbalen Signalen (Gestik, Mimik, Körperhaltung usw.) ab. Lena hätte ja auch anders reagieren können. Was wäre passiert, wenn sie aus Judiths Nachricht nicht den Appell herausgehört hätte, sondern nur auf dem Sachohr gehört und zur Antwort gegeben hätte: „Ja, stimmt, ich habe Mathe gemacht." Wie hätte Judith nun wohl reagiert? Was hätte sie aus Lenas Antwort herausgehört?

In unserer Alltagssprache wimmelt es von *versteckten Botschaften*. Wir sprechen das, was wir mitteilen wollen, oft nicht direkt aus. Der Empfänger unserer Nachricht soll die Botschaft heraushören und unseren Vorstellungen entsprechend reagieren. Tut er es nicht, ist die Kommunikation gestört, wir sind irritiert und reagieren anders, als wir ursprünglich wollten.

Als Empfänger einer Nachricht wissen wir besser, was der Sender uns mitteilen will, wenn wir versuchen, die vier Seiten, die eine Nachricht enthält, zu entschlüsseln. Immer sind alle vier Seiten beteiligt. Es kommt aber darauf an, welche Seite der Sender und der Empfänger jeweils in den *Vordergrund* stellen. Der Sender hat keinen Einfluss darauf, auf welcher Seite seine Nachricht beim anderen am stärksten ankommt, denn das wiederum kann bei jedem Menschen und in jeder Beziehung unterschiedlich sein.

Was ist hiervon für uns beim Miteinanderreden wichtig?

Als Sender einer Nachricht sollte ich darauf achten, dass ich die Seite der Nachricht, die ich wirklich meine, sprachlich zum Ausdruck bringe. Ich sage klar und ohne zu verletzen, was ich möchte und/oder empfinde.

Der Empfänger einer Nachricht sollte versuchen möglichst alle vier Seiten der Nachricht herauszuhören. Erst dann kann er die für den Sender wichtige Seite erkennen.

Wenn wir klare Botschaften senden und empfangen, können Kränkungen und Streit, die auf Missverständnissen beruhen, vermieden werden.

Die beiden folgenden Übungen helfen euch, die vier Seiten einer Nachricht besser zu erkennen.

Situation 1: Die Klasse schreibt in Partnerarbeit einen Dialog im Englischunterricht. Daniel und Sven arbeiten zusammen. Sven macht mehrere Vorschläge, wie Personen und Handlung für den Dialog ausgestaltet werden können. Daniel malt unentwegt Männchen in sein Heft. Nach einer Weile sagt Sven zu Daniel: „Wir haben noch zehn Minuten Zeit."

Was teilt Sven Daniel mit?

Sachseite: _____
Selbstmitteilungsseite: _____
Beziehungsseite: _____
Appellseite: _____

Was kann Daniel heraushören?

Sachohr: _____
Selbstmitteilungsohr: _____
Beziehungsohr: _____
Appellohr: _____

Situation 2: Du sagst in der Pause zu deinem Lehrer/deiner Lehrerin: „Bei Ihnen macht der Unterricht Spaß!"
Was teilst du deinem Lehrer/deiner Lehrerin mit?

Sachseite: _____
Selbstmitteilungsseite: _____
Beziehungsseite: _____
Appellseite: _____

Was kann dein Lehrer/deine Lehrerin heraushören?

Sachohr: _____
Selbstmitteilungsohr: _____
Beziehungsohr: _____
Appellohr: _____

Störungen haben Vorrang ab Klasse 5

Intention: Diese Kommunikationshilfe für Gruppenarbeit orientiert sich an einem Postulat der themenzentrierten Interaktion von Ruth Cohn (vgl. 1975). Sie kann bei einer beliebigen Gruppenarbeit eingesetzt werden und Hilfe sein, Teilaspekte von Kommunikationsabläufen durch Visualisierung bewusster wahrzunehmen und entsprechend zu agieren. Es kann so die effektive Arbeit in Kleingruppen unterstützen. Zurückhaltenden Schülern ermöglicht es, sich in den Arbeitsprozess einzubringen ohne befürchten zu müssen, von dominanteren Schülern übergangen zu werden.

Material: pro Gruppe: ein aus Pappe geschnittener Kreis (ca. 20 cm Durchmesser), beschriftet wie in der Abbildung, und eine mit rotem und grünem Papier beklebte Toilettenpapierrolle; pro Schüler: eine farbige Spielfigur.

B Vom Ich zum Wir – ein langer Weg

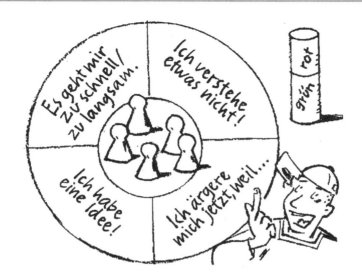

Durchführung: Zu Beginn einer Gruppenarbeitsphase stehen alle Spielfiguren im Mittelkreis. Wenn ein Schüler während der Gruppenarbeit eine „Störung" deutlich machen möchte, stellt er seine Figur auf das entsprechende Feld. Die Gruppe ist nun gefordert, diese „Störung" aufzugreifen und den jeweiligen Schüler anzuhören. Sollte die Gruppe bei der Besprechung nicht weiterkommen, signalisiert sie durch die rote „Ampel" dem Lehrer: „Wir brauchen Ihre Hilfe." Grün bedeutet: „Wir kommen alleine zurecht."

Hinweis: Möglich ist auch, dass die Schüler ein Modell mit anderen, für sie relevanten „Störmeldungen" selbst entwickeln.

Literatur

Böttger, G., Reich, A.: Soziale Kompetenz und Kreativität fördern. Berlin 1998

Cohn, R. C.: Von der Psychoanalyse zur themenzentrierten Interaktion. Stuttgart 1997 (zuerst 1975)

Fritz, J.: Methoden des sozialen Lernens. München 1981

Gudjons, H.: Spielbuch Interaktionserziehung. Bad Heilbrunn 1995

ders.: Didaktik zum Anfassen. Bad Heilbrunn 1997

Klippert, H.: Kommunikations-Training. Weinheim 1998

Langmaack, B., Braune-Krickau, M.: Wie die Gruppe laufen lernt. München 1989

Martin, L.: Klassenlehrer- und Tutor/innen. Bad Heilbrunn 1996

Miller, R.: Beziehungsdidaktik. Weinheim 1997
ders.: Lehrer lernen. Weinheim 1995
Mitschka, R.: Die Klasse als Team. Linz 1997
Philipp, E.: Gute Schule verwirklichen. Weinheim 1992
Schulz von Thun, F.: Miteinander reden 1– Störungen und Klärungen. Reinbek 1981
Stanford, G.: Gruppenentwicklung im Klassenraum und anderswo. Aachen 1991

Siga Diepold

C Rechte und Pflichten der Klasse

Soll das Zusammenleben im Schulalltag gelingen, muss jede Klasse Beiträge zum Schulleben leisten. Dazu gehört, dass Schüler die Aufgaben des *Klassensprechers* wahrnehmen und im *Klassen-* und *Schülerrat* mitarbeiten, dass die Lerngruppe ihren Raum gestaltet und die zu einem geordneten und funktionierenden Zusammenleben wichtigen *Dienste* und *Verantwortungen* übernimmt.

Diese Aufgaben stellen dabei nicht nur Pflichten dar, sie eröffnen den Schülern wichtige Mitwirkungsrechte und Erfahrungsmöglichkeiten bei der Gestaltung des Zusammenlebens. Sollen diese Aufgaben nicht zur lästigen Routinepflicht verkommen, fällt dem Klassenlehrer hierbei die zentrale Aufgabe einer kontinuierlichen Motivierung und Anleitung der Schüler zu.

Auf die nötige Sauberkeit und Ordnung im Klassenraum zu achten, darauf einzuwirken, dass die Ausstattung gepflegt wird und der Lernraum freundlich gestaltet bleibt, mag dem eher auf Wissensvermittlung ausgerichteten Lehrer als lästiger und überflüssiger Kleinkram oder gar als Ordnungsfanatismus erscheinen. Zwar können – wie Lothar Martin in seiner Untersuchung über Klassenlehrer und Tutoren einräumt – „Pünktlichkeit, Ordnung, Sauberkeit und die Übernahme von Verpflichtungen... auch zu sog. Sekundärtugenden verkommen...", dennoch haben sie „...im Ganzen der Erziehung und Selbsterziehung zu Kompetenz, Autonomie und Verantwortung einen wichtigen Platz..." (Martin 1996, S. 157). Untersuchungen zu den Hintergründen von wachsender Schulunlust und Vandalismus zeigen, dass das Verhalten und die Einstellungen von Schülern maßgeblich von diesen nur scheinbaren Äußerlichkeiten beeinflusst werden (vgl. Klockhaus/Habermann-Morbey 1986). „Die Gestaltung eines Arbeitsraumes kann nicht nur das Wohlbefinden der darin Arbeitenden befördern, sondern ist auch ein Ausdruck von Wertschätzung oder Geringschätzung der darin Tätigen – mit allen Folgen für Einstellung und Verhalten." (Martin 1996, S. 157)

C Rechte und Pflichten einer Klasse

1. Aufgaben und Wahl des Klassensprechers

Der Klassensprecher erfüllt wichtige Aufgaben in der Klassengemeinschaft.

- Zusammen mit seinem Stellvertreter setzt er sich für die Rechte und Interessen seiner Mitschüler gegenüber den Lehrern und gegebenenfalls der Schulleitung ein.
- Er ist Vermittler bei Konflikten der Schüler untereinander.
- Den Klassenlehrer unterstützt er bei der Organisation und Kontrolle der Dienste und Verantwortungsbereiche der Klasse.
- In Zusammenarbeit mit seinem Stellvertreter und anderen Schülern der Klasse sollte er Gemeinschaftsaktivitäten initiieren und organisieren.
- Darüber hinaus vertreten der Klassensprecher und sein Stellvertreter die Klasse und Schülerbelange im *Schülerrat*. Dieses Gremium wählt Schülervertreter für die Fachkonferenzen und die Teilkonferenzen.

Damit wird deutlich, dass die Klassensprecherarbeit ein wichtiger Grundpfeiler der schulischen Mitwirkungsmöglichkeiten und die Basis für weitergehende Mitwirkungsmöglichkeiten im Rahmen der Schülervertretung ist, die in allen Bundesländern gesetzlich verankert sind. Verantwortliche Mitwirkung – egal auf welcher Ebene – setzt jedoch besonders in schwierigen Beratungspunkten Kenntnis und Beachtung schulrechtlicher Vorschriften voraus. Von den jeweiligen Kultusministerien zusammengestellte Handbücher zur Schulmitwirkung mit den wichtigsten Rechts- und Verwaltungsvorschriften erleichtern dem Klassenlehrer die notwendige eigene Orientierung und können als Grundlage für die Information der Schüler herangezogen werden.

Wenn zu Beginn eines jeden Schuljahres die obligatorischen Klassensprecherwahlen anstehen, sollte der Klassenlehrer sicherstellen, dass alle Schüler über Aufgaben, Rechte und Pflichten des Klassensprecheramtes ausreichend informiert sind und die daraus erwachsenden Wahlkriterien bedenken. Nur so lässt sich vermeiden, dass immer wieder nach Beliebtheit oder Geschlechtspräferenz gewählt wird.

Vorgehen bei der Klassensprecherwahl

Berücksichtigt man diese Überlegungen, ergeben sich folgende Schritte für die Klassensprecherwahl:

Vorbereitung der Wahl: Die Klasse stellt im Unterrichtsgespräch oder als Hausaufgabe die wichtigsten Aufgaben und Anforderungen des Klassensprecheramtes zusammen (z. B. selbstbewusstes Auftreten, Diskussions- und Verhandlungsgeschick, Durchsetzungsfähigkeit, Bereitschaft und Fähigkeit, die Interessen der Gesamtklasse zu vertreten).

Durchführung der Wahl:
- Bildung des Wahlausschusses: Zwei Schüler, die selbst nicht kandidieren wollen, leiten die Wahl oder (in unteren Klassen) helfen dem Lehrer beim Einsammeln der Wahlzettel und beim Auszählen der Stimmen.

- Auflisten der Kandidatenvorschläge: Vorschläge werden an der Tafel notiert; die vorgeschlagenen Schüler stimmen vor Wahlbeginn der Kandidatur zu.
- Vorstellung der Kandidaten: Die Kandidaten stellen ihre Ziele kurz vor.
- Wahl des Klassensprechers: Vorbereitete Leerzettel erleichtern die Wahl und verhindern, dass Minizettel die Auswertung der Ergebnisse unnötig erschweren. Überprüft wird auch, ob die Anzahl der abgegebenen Stimmen mit der Zahl der Stimmberechtigten übereinstimmt.
- Wahl des stellvertretenden Klassensprechers: Oft sind Schüler zur Kandidatur für das Stellvertreteramt eher bereit als zu der für das eigentliche Sprecheramt. Daher und aus formaljuristischen Gründen ist ein zweiter Wahlgang im Regelfall in den Wahlordnungen vorgesehen. Lassen die entsprechenden Rahmenwahlordnungen dies offen und stimmt die Lerngruppe zu, ist auch die Wahl von Sprecher und Stellvertreter in einem Wahlgang denkbar. In diesem Fall wird der Schüler mit den zweitmeisten Stimmen Stellvertreter.

2. Schüler übernehmen Dienste und Verantwortung

In jeder Klasse gibt es weitere Dienste, die die Schüler im Wechsel verantwortlich übernehmen. Während das *Klassenbuch* über einen längeren Zeitraum von einem sehr verlässlichen Schüler und Stellvertreter geführt werden sollte, können *Tafeldienst* (Tafel nach jeder Stunde reinigen, Kreide bereitstellen) und *Ordnungsdienst* (kehren, aufräumen, Papier unter den Bänken entfernen, Stühle hochstellen, Fenster schließen, Licht ausschalten) wöchentlich eingerichtet werden. Die den Klassen an vielen Schulen zugeteilten *Hofdienste* fallen meist nur in größeren Zeitabständen für die Dauer einer Woche an.

Je nach Ausstattung des Klassenraumes lassen sich weitere Dienste einführen, damit die jeweiligen Einrichtungen gepflegt werden und die Schüler lernen, verantwortlich mit ihnen umzugehen:

- *Bücherdienst* (Ausleihe und Ordnung der Klassenbücherei),
- *Schrankdienst,*
- *Gerätedienst* (Betreuung, Transport von Tageslichtprojektoren, Diageräten oder des fahrbaren Videorecorders),
- *Pflanzenbetreuung* (besonders wichtig: Mitnahme oder Sammelbetreuung während der Ferienzeiten).

Für alle Dienste gilt, dass sie den Klassenlehrer darin fordern, die Schüler zu verantwortungsvollem Wahrnehmen ihrer Pflichten kontinuierlich anzuhalten, was ohne regelmäßige Anleitung und Kontrolle nicht erfolgreich zu leisten ist.

3. Der Klassenrat

Eine besonders im Grundschulbereich und in der Freinet-Pädagogik erprobte Methode zur Lösung von Problemen einzelner Schüler, der Klasse oder zwischen Lehrer und Klasse, stellt der Klassenrat dar (vgl. Friedrich/Kleinert 1997, S. 30f.).

Er soll als „Forum für Kommunikation und Organisation innerhalb einer Klasse" (Post-Lange 1998, S. 52) dazu beitragen, partnerschaftliches und demokratisches Verhalten einzuüben.

Wird die Methode des Klassenrats zur Beratung von anstehenden Problemen oder Konflikten eingesetzt, ist es wichtig, dass die Klassenratssitzungen möglichst regelmäßig stattfinden (z. B. einmal wöchentlich 20–30 Minuten). Eine solche Klassenratssitzung kann folgendermaßen strukturiert sein (vgl. Fuest 1990, S. 65):

1. Vortragen des Problems oder Konflikts.
2. Einholen des Einverständnisses der betroffenen Teilnehmer.
3. Klären des Problemumfeldes: Beteiligte, Ursachen, evtl. Rückfragen.
4. Sammeln von Lösungsangeboten zum Problem.
5. Prüfen der Vorschläge auf ihre Durchführbarkeit hin.
6. Die Betroffenen entscheiden sich für eine akzeptable Lösung.
7. Es werden Vereinbarungen getroffen, die in einem Protokoll festgehalten werden. (Sie sind später zu überprüfen und evtl. zu revidieren.)

Wichtige Voraussetzungen zum guten Gelingen des Klassenrats, die in unteren Klassen zunächst erarbeitet werden müssen, sind das gegenseitige *Vertrauen* aller Beteiligten, *Disziplin* in der Klasse und feste *Gesprächsregeln* (z. B. zuhören, ausreden lassen, sich melden, auf andere Beiträge eingehen, Thesen begründen, Wiederholungen vermeiden) (s. S. 29 ff.).

4. Die Klasse gestaltet ihren Raum

Die Ausgestaltung des Klassenraumes ist den meisten Klassenlehrern der unteren Klassen oft noch ein zentrales Anliegen. In oberen Klassen (besonders des Gymnasiums) geht dieses Interesse jedoch – vermutlich wegen der Priorität fachlichen Lernens – deutlich zurück (vgl. Martin 1996, S. 158). Allerdings fordern vielerorts gerade die seit den 70er-Jahren in moderner „Beton-Silo"-Architektur errichteten Gymnasien und Gesamtschulen dazu heraus, diese oft abweisende Architektur durch eigene Raumgestaltungen zu korrigieren.

Wandbilder

Dies gelingt trotz besten Willens nicht immer mit überzeugendem Erfolg. Werden Klassenwände z. B. in übereifriger „Totalverschönerung" völlig zugemalt, ist oft das Gegenteil dessen erreicht, was angestrebt wurde, und auch die Nutzbarkeit der Räume wird dadurch beeinträchtigt. Ein solches visuelles Chaos lässt sich vermeiden durch gemeinsames umsichtiges Planen, Vermittlung ästhetischer Anregungen und intensive Unterstützung der Schüler bei der Ausführung. Dabei sollte auf die umgebende Architektur und die Raum- und Wandfunktion ebenso geachtet werden (z. B. Freihalten einer Projektionsfläche für den Tageslichtprojektor) wie auf die Lichtverhältnisse und die entstehende Gesamtwirkung.

Sofern Klassenlehrer keine Kunsterzieher sind, empfiehlt es sich, bei der Gestaltung des Klassenraums mit dem Kunstlehrer der Klasse zusammenzuarbeiten oder zumindest die Fachliteratur zu Rate zu ziehen. Gute Anregungen für die Wandbildgestaltung vermittelt ein Artikel zur „Wandmalerei in der Schule" von Heinrich Dreidoppel (1985, S. 12 ff.).

Es gibt eine Vielzahl von *Wandbild-Typen,* von denen sich manche auch zur Klassenraumgestaltung eignen. Einige Beispiele seien hier genannt:

- Wandbilder, die auf Vorgefundenes reagieren, z. B. durch Ergänzungen (dem Feuerlöschgerät wird der Feuerwehrmann beigegeben) oder durch Spiele mit der Wahrnehmung (Verdoppeln, Umspielen des Vorgefundenen).
- Wandbilder, die Kunstwerke aufnehmen und variieren. In allen Schul- und Altersstufen können Vorlagen leicht abgemalt und verändert werden. Die vorgegebenen Bildstrukturen erleichtern das Gestalten.
- Wandbildgestaltungen mit Gruppenporträts, bei denen Schüler sich selbst malen oder Gruppensituationen, eigene Interessen usw. darstellen.

Wandbilder können von einfachen bis zu motivisch und gestaltungstechnisch komplexeren Vorhaben reichen. In jedem Fall muss vor dem Beginn eines solchen Gestaltungsprojekts die *Genehmigung* der Schulleitung, bei gravierenden Wandveränderungen auch die des zuständigen kommunalen Bauamtes eingeholt werden.

Ist der *Entwurf* für das Wandbild fertiggestellt, kann das *Übertragen* auf die Wand in unterschiedlichen Verfahren erfolgen:

- Beim *Rasterverfahren* wird der maßstabsgetreue Entwurf in Einzelquadrate aufgeteilt, sodass eine maßstabsgetreue Vorlage entsteht.

C Rechte und Pflichten einer Klasse

- Bei der *Schablonentechnik* zeichnen die Schüler Umrisslinien von vor der Wand stehenden Personen oder Gegenständen auf die Wandfläche oder übertragen die Umrisse mit Papierschablonen.
- Beim *Projektionsverfahren* werden Vorlagen mit Hilfe von Episkopen, Overhead- oder Diaprojektoren auf die Wandfläche übertragen (vgl. Jansa 1985, S. 16 ff.).

Bei komplexeren Bildern sollten Kleingruppen von drei bis fünf Schülern gebildet werden, die jeweils Teile des Wandbildes vom Entwurf bis zur Ausführung betreuen.

Weitere Verschönerungsideen

Neben der aufwendigen aber wirkungsvollen Klassenraumgestaltung durch Wandbilder gibt es auch einfachere, schneller zu realisierende Verschönerungsmöglichkeiten:

- Pflanzen, z. B. von Eltern geschenkt, bereichern karge Fensterbänke.
- Farblose Räume ohne Vorhänge können ebenfalls mit Elternhilfe durch ansprechende Stoffe und farbige Anstriche erheblich wohnlicher hergerichtet werden.
- Gekaufte oder selbst gestaltete Poster, Plakate, Fotos, Bilder, Collagen (zu vorher gemeinsam festgelegten Motiven wie Tiere, Sportler) sowie Bastelarbeiten verschönern die Klasse. Besitzt die Schule ein Fotolabor, können die Schüler ihre Fotos hierfür selbst vergrößern (z. B. Bilder von gemeinsamen Klassenunternehmungen wie Wanderungen, Landheimaufenthalten, Klassenfahrten, Museumsbesuchen, Exkursionen).
- Wichtige Klassenbelange (z. B. Übersichten über die Klassendienste, Stundenplan, gemeinsam erarbeitete Regeln zum Verhalten in der Klassengemeinschaft, Klassenbücherei) lassen sich in die Raumgestaltung integrieren oder können zum Ausgangspunkt der Klassenraumgestaltung werden.
- Vor allem neue Klassen müssen sich schnell kennen lernen. Fotos der Klasse oder mit Fotos, Malereien und Informationen zur Person gestaltete Plakatkartons – an die Wand oder eine aufgespannte Leine gehängt –, dienen diesem Zweck.
- Schulische Anlässe (z. B. Projekttage, Wettbewerbe, Kurzprojekte der einzelnen Fächer, Theater- oder Musikaufführungen) führen vielfach zu Projektergebnissen, die den Klassenraum auch längerfristig dekorieren können. Plakate, Collagen, informative Wandzeitungen zu Projektthemen fast aller Fächer wirken dann sogar über die Projekttage hinaus nicht nur verschönernd, sondern lassen sich auch in den Unterricht einbeziehen.

Weitere Ausstattung

Sind für die Anbringung von *Bildern* keine Leisten vorhanden und sind Reißzwecken nicht erlaubt oder halten sie nicht, dann helfen *Plakatkartons* als Befestigungs- und Stabilisierungsgrundlage. Sie lassen sich besonders leicht mit im Fachhandel erhältlichen „Powerstrips" anbringen und ohne Spuren zu hinterlassen wieder entfernen.

Mit Spanholz oder Korkmaterialien kann man *Wandbretter* oder *Leisten* einrichten, an denen ansprechend beschriftete und gestaltete Anschläge befestigt werden. Zur Unterstützung offener Unterrichtsformen ist es wichtig, dass zusätzliche *Schränke* und *Regale* bereitgestellt werden, in denen Materialschuber, Lexika, Unterrichts- und Privatbücher untergebracht werden können. Bei geschickter Platzierung und ansprechender Bemalung können diese dazu beitragen, den Klassenraum zweckmäßig zu verschönern.

Bei entsprechender Information und Einbeziehung sind viele Eltern gerne bereit, die Raumverschönerung tatkräftig zu unterstützen, indem sie Materialien bereitstellen, beim Streichen helfen oder Gestaltungselemente sachgerecht anbringen.

D Feste feiern

Mit den Schülern Klassenfeste zu gestalten wird neben der Durchführung von Wandertagen als zweithäufigste außerunterrichtliche Aktivität von Klassenlehrern benannt und auch von Schülern und Eltern als wichtige Aufgabe angesehen (vgl. Martin 1996, S. 183 f.). Auch die pädagogische Theorie knüpft hohe Erwartungen an die erzieherischen Wirkungen dieser außerunterrichtlichen Aktivitäten (z. B. mehr Motivation, Erfahren der Bedeutung des Gelernten) (vgl. Martin 1996, S. 183). Lehrer selbst erwähnen in Befragungen als besondere Gründe, die den zusätzlichen Arbeitsaufwand rechtfertigen, das „bessere Kennenlernen", die „Förderung der Vertrauensbeziehung zur Klasse", die „entkrampfte Zusammenarbeit", „die Integration von Einzelgruppen". Auch wenn die „Förderung des fachunterrichtlichen Erfolgs" ebenfalls genannt wird, steht doch die Förderung der Klassengemeinschaft und des sozialen Lernens im Mittelpunkt. Und auch der Spaß, den gemeinsame Feiern bereiten, wird betont.

Feste und Feiern stellen nicht nur eine willkommene Abwechslung vom Schulalltag oder eine freiwillige Zugabe des Lehrers dar, „sondern sie sind bedeutsame ‚pädagogische Situationen' im Sinne Peter Petersens, die wesentlich dazu beitragen, dass Schule nicht nur (nach dem Test schnell zu vergessendes) Schulwissen erzeugt, sondern das hervorbringen hilft, was die Lehrpläne Lehrern zu Recht aufgeben: Kompetenz und ‚Selbstbestimmung in sozialer Verantwortung'" (Martin 1996, S. 189). Umso wichtiger ist es, dass Klassenlehrer den Auftrag annehmen, durch vielgestaltige Klassenfeste die Gemeinschaft zu verbessern und das Schulleben zu bereichern. Dabei sollten in allen Altersstufen die Schüler an Planung und Durchführung beteiligt werden, um ihre Verantwortlichkeit zu fördern.

Gelegenheiten für *Klassenfeste* bieten sich im Verlauf des Schuljahres zu unterschiedlichen Anlässen:

- gemeinsame Nachmittagsaktivitäten: Spielenachmittag, Sportnachmittag;
- jahreszeitliche Anlässe: Karnevalsfeier, Sommerfest, Grillfest, Weihnachtsfeier;

D Feste feiern 43

- besondere Anlässe: Kennenlernfest, Feier zum Abschluss einer Schulstufe, Feier zum Rückblick auf die Klassenfahrt, Fest mit ausländischen Gästen (Schüleraustausch);
- außergewöhnliche Erlebnisse: Lesenacht, Nachtwanderung, Premiere des selbst inszenierten Theaterstücks, Vorstellung des selbst gedrehten Films.

Daneben gibt es *schulische Festanlässe* (Schulfest, Tag der offenen Tür, Schuljubiläen...), zu denen die einzelnen Klassen ihren Beitrag gestalten.

1. Spiel- und Sportnachmittage

Gerade in Phasen des Kennenlernens (Wechsel des Klassenlehrers, Zusammenlegung von Klassen) bieten gemeinsame Spiel- oder Sportaktivitäten am Nachmittag eine schnell zu organisierende Möglichkeit, den Gemeinschaftsgeist der Klasse zu fördern.

- An der Entscheidung, ob, wann, wo und wie lange man sich nachmittags trifft, sollten alle Schüler beteiligt werden.
- Die Auswahl der Spiele (z. B. draußen: Ballspiele, Spiele mit Turniercharakter, Wettkämpfe; drinnen: Gesellschaftsspiele, Gruppenspiele, Wettbewerbe, Tischtennisturnier), die Beschaffung von Preisen, Getränken, Sitzgelegenheiten für Zuschauer usw. übernimmt zweckmäßigerweise ein „Schülerausschuss" in Zusammenarbeit mit dem Klassenlehrer und evtl. einem beratend hinzugezogenen Sportlehrer.
- Der Klassenlehrer sollte bei der Auswahl helfen, Bücher mit Spielvorschlägen bereitstellen und selbst erprobte Spielvorschläge beisteuern (s. Literatur). Er sollte darauf achten, dass die ausgewählten Spiele altersgemäß, pädagogisch geeignet und in der Durchführung ungefährlich sind. Wichtig ist auch, dass alle Schüler integriert werden und nicht nur die „Aktivisten" den Ton angeben.
- Wenn eine zusätzliche Schülergruppe die Aktivitäten durch Dias, Fotos oder mit der Videokamera dokumentiert, können die Ergebnisse nicht nur zur Verschönerung des Klassenraumes beitragen, sondern auch das nächste eventuell mit den Eltern als Gästen gestaltete Fest durch den Programmpunkt „Vorführung der Dias" oder der „Videoreportage" bereichern.

2. Feste zu jahreszeitliche Anlässen

Die Jahreszeiten bieten unterschiedliche Festanlässe, die an lokale Brauchtums- oder Religionstraditionen anknüpfen können.

Karneval und Fasching

Nicht nur in den Hochburgen von Karneval und Fasching finden im Frühjahr in den Schulen entsprechende Feiern statt – entweder im größeren Rahmen, dann leisten die einzelnen Klassen hierzu einen Beitrag, oder im Klassenverband.

- Die *Ausschmückung der Klassen* mit Girlanden und karnevalistischen Bildern sowie zünftige *Karnevalsmusik* sorgen für die richtige Stimmung. (Ältere Schüler bevorzugen erfahrungsgemäß die jeweiligen „In-Titel" der aktuellen Hitparaden. Ihnen sollte außerdem ausgiebig Möglichkeit zum Tanzen gegeben werden.)

- Mit *Kostümprämierungen* als Höhepunkt des Klassen-Karnevalsfestes werden besonders originelle Verkleidungsideen belohnt und auch Anregungen für Kostümierungsvarianten im nächsten Jahr gegeben.
- Weitere Programmpunkte können – je nach Vertrautheit mit den regionalen Karnevalsgepflogenheiten – nachahmend oder karikierend gestaltete Elemente echter *Karnevalssitzungen* sein (z. B. Büttenreden, Auftritt von Tanzmariechen).
- Auch Lehrer- oder Schülerimitationen sind beliebt. Beim *Lehrer-Phrasen-Laufsteg* z. B. laufen Schüler in Lehrerverkleidung über einen Laufsteg und stellen dabei Gestik, Mimik und typische Redewendungen des karikierten Lehrers heraus.
- Selbst erfundene oder aus Vorlagen übernommene und gegebenenfalls abgewandelte *Sketche* bereichern das Programm (s. Literatur).

Sommer- oder Grillfest

Der Sommer bietet gute Möglichkeiten, im Freien ein gemeinsames Sommer- oder Grillfest zu feiern. Dabei ist darauf zu achten, dass der Ort für Grill- oder Lagerfeuer so gewählt wird, dass keine Brandgefahr besteht und auch ausreichend Entfaltungsraum für Ball- und andere Spiele zur Verfügung steht. Viele Kommunen und private Träger stellen gegen Gebühr spezielle Grillhütten bereit (frühzeitige Anmeldung erforderlich!), die auch bei plötzlichem Regen Unterschlupf bieten. Festelemente können sein: Geländespiele (z. B. Schnitzeljagd), Ballspiel-Turniere (z. B. Fußball, Volleyball, Völkerball), Kleingruppenspiele (z. B. Federball, Indiaca: ein von südamerikanischen Indianern stammendes Federballspiel, bei dem ein mit Federn versehener Lederball mit flacher Hand über ein Netz gespielt wird), aber auch Sketche.

Einen Höhepunkt bildet das gemeinsame Grillen, das durch in die Glut gelegte Folienkartoffeln verlängert werden kann. Bei passender Stimmung kann eine wirkungsvoll vorgelesene und zu Ort, Situation und Gruppe passende Geschichte selbst leseentwöhnte Dauerfernseher in Bann schlagen.

Besonders bei *Wettkampfspielen* (Wettläufe, Staffeln usw.) kann Dampf abgelassen, Ausdauer und Geschicklichkeit sowie Kooperationsvermögen bewiesen werden (s. Literatur). Hier einige Beispiele für geeignete Wettkampfspiele:

Römisches Wagenrennen   **Klasse 5-8**

Fünf Schüler bilden ein Rennteam. Zwei von ihnen stellen die Pferde, zwei den Rennwagen, einer den Wagenlenker. Die beiden Rennwagen-Schüler umfassen die Hüften der vor ihnen stehenden Pferde und bücken sich so tief, dass der Lenker auf ihren Schultern stehen kann. Die Pferde haken sich mit ihren inneren Armen unter und geben die äußeren dem Wagenlenker, der sie so dirigieren kann.

D Feste feiern

Schubkarrenfahren · Klasse 5/6

Ein Schüler ist die Schubkarre und bewegt sich mit den Händen auf dem Boden vorwärts, während der Schubkarrenschieber die Beine der Schubkarre rechts und links in den Händen hält.

Staffel – Sechs-Tage-Rennen · Klasse 5-10

Die Schüler bilden mehrere kleine Kreise mit gleicher Schülerzahl. Auf Kommando läuft in jedem Kreis ein Schüler außen um seinen Kreis bis zu seinem Platz zurück und gibt dem rechten Nachbarn einen Klaps, damit dieser losläuft. Jeder Schüler läuft so sechs Runden. Gesiegt hat der Kreis, der zuerst fertig ist.

Kettenreißen · Klasse 5-10

Zwei Gruppen gleicher Schülerzahl stehen sich in einer Kette gegenüber. Abwechselnd versucht nun ein Läufer jeder Kette mit bis zu drei Versuchen, die gegnerische Kette zu durchbrechen. Gelingt ihm dies, wählt er einen Schüler an der Durchbruchstelle als Gefangenen. Hält die Kette, wird der Läufer gefangen genommen. Das Spiel endet, wenn eine Kette nicht mehr besteht.

Maschinen-Spiel · alle Klassenstufen

Dieses Spiel soll Scheu vor Körperkontakten abbauen und Kooperation fördern. Es kann in beliebiger Gruppengröße gespielt werden. Die Schüler stehen im Kreis, ein Teilnehmer begibt sich in die Mitte des Kreises und macht dort Bewegungen und Geräusche wie eine Maschine. Nach und nach stellen sich die anderen mit entsprechend passenden Geräuschen und Bewegungen so dazu, dass eine große „Maschine" entsteht.

Weihnachtsfeier

Vor allem in den unteren Klassen der Sekundarstufe I hat die jährliche Weihnachtsfeier, zu der auch oft die Eltern eingeladen werden, feste Tradition. Folgende bewährte Festkomponenten stehen zur Auswahl:

- Schmücken des Klassenraumes mit Zweigen, Kerzen, weihnachtlichen Decken oder Servietten, Bereitstellen von Weihnachtsgebäck.
- Gemeinsames Singen bekannter Weihnachtslieder.
- Schüler, die Flöte oder andere Instrumente spielen, tragen eingeübte Musikstücke vor.
- Vorlesen einer oder mehrerer kurzer Weihnachtsgeschichten mit je nach Zielgruppe traditionellem oder kritischem Charakter (s. Literatur).
- Verteilen von Geschenken („Wichteln"). Z. B. durch Ziehen einer Namenskarte erfährt jeder Schüler vor dem Fest, für welchen Mitschüler er ein passendes kleines Geschenk besorgt. Das Geschenk wird mit dem Namen versehen, ein „Weihnachtsmann" teilt die in einem Sack gesammelten Geschenke zum Fest-

höhepunkt aus. Kreative Variante: Das Geschenk besteht aus einem selbst verfassten Text (Gedicht, Erzählung, Weihnachtswünsche) in besonderer Gestaltung (Schrift, Druck, Layout, auf ein Taschentuch gedruckt, als Flaschenpost, als Collage).
- Aufführung eines Sketches oder Mini-Theaterstücks.

3. Feste zu besonderen Anlässen

Kennenlernfest

Wenn es ums Kennenlernen der Schüler und Eltern einer neuen Klasse an einer neuen Schule oder nach einer Klassenzusammenlegung geht, ergreifen vielfach die Elternvertreter der Klasse die Initiative zu einem *Kennenlernfest,* zu dem auch weitere Lehrer der Klasse eingeladen werden sollten. Am besten findet ein solches Fest im Freien an einem attraktiven Ort statt, der die Möglichkeit zum gemeinsamen Grillen und Platz für *Spielaktivitäten* der Schüler (s. S. 16 ff. u. 44 f.) bieten sollte.

Verbindet man das Treffen mit einer *Wanderung,* die als Rundwanderung vom Treffpunkt aus oder als Wanderung zum Festort angelegt sein kann, bieten sich unterwegs wechselnde Gesprächs- und damit Kennenlernmöglichkeiten für die Erwachsenen. Eine solche Wanderung lässt sich auch als Schnitzeljagd oder Schatzsuche gestalten, an der auch die Eltern teilnehmen können.

Schnitzeljagd   ab Klasse 5

Eine Jägergruppe hat die Aufgabe, eine mit 5 bis 10 Minuten Abstand vorausgeeilte Gruppe aufzuspüren, die an Abzweigungen Spuren (Papierschnitzel, Kreide- oder Astzeichen) hinterlässt. Am Endpunkt versteckt sich diese Gruppe in einem vorher vereinbarten Umkreis und muss innerhalb eines vorher festgelegten Zeitraums gefunden werden. Damit sich niemand verirrt oder die Spielzeit unangemessen überschritten wird, sollten die Absprachen über Zeit- und Geländegrenzen eindeutig und für alle verbindlich getroffen und eingehalten werden.

Schatzsuche   ab Klasse 5

An markanten Geländepunkten werden Zettel mit evtl. zusätzlich verschlüsselten Botschaften versteckt, die die Suchenden über etliche Stationen am Ende zu einem Schatz (Süßigkeiten, Schokoladenmünzen usw.) führen.

Weitere Hinweise: Bei allen mit Eltern durchgeführten Aktivitäten sollte vorher genau geklärt werden, wer für die Aufsicht zuständig ist bzw. wo die Klassenveranstaltung endet und die Elternverantwortung wieder einsetzt. Wenn alle Teilnehmer ihr Geschirr und etwas zum Essen mitbringen (evtl. zur besseren Koordinierung vorher Liste kursieren lassen), ist ohne viel organisatorischen Aufwand für ein abwechslungsreiches Büffet gesorgt. Zum besseren Kennenlernen tragen Namensschilder bei, die vorher angefertigt werden oder von den Teilnehmern mit bereitgestellten Stiften selbst auszufüllen sind (bunte Zettel mit Klammer oder Sicherheitsnadel zu befestigen, Tesakreppstreifen o. ä.). Gemeinsame Kennenlernspiele erleichtern das Zuordnen und Einprägen der Namen (s. S. 16 ff.).

Feste mit ausländischen Gästen

Analog können *Feste mit ausländischen Schüleraustauschgästen* gestaltet werden, denn zu Beginn und beim Abschied sind meist Treffen mit den Schülern und ihren Gasteltern vorgesehen.

Feste mit Rückblick-Charakter

Feiern zum Abschluss einer Schulstufe oder Feiern mit Eltern zum Rückblick auf eine Klassenfahrt werden über die oben angesprochenen Festkomponenten hinaus durch Beiträge bereichert, die in origineller oder lustiger Weise die gemeinsame Zeit der Klasse in Erinnerung rufen. Selbst inszenierte *Sketche* oder selbst verfasste humorige *Reimtexte* eignen sich hierfür ebenso wie sorgfältig ausgewählte *Dias* (Bilder von gemeinsamen Klassenaktivitäten, gelungene Schülerporträts oder pfiffige Schnappschüsse). Soll die Auswahlbasis nicht zu klein und zufällig sein, sollte der Klassenlehrer bei der Übernahme einer neuen Klasse regelmäßig Fotos von der Klasse anfertigen oder Schüler dazu ermuntern. Regt der Klassenlehrer an, dass eine medieninteressierte Schülergruppe diese Fotos mit witzigen, treffenden Texten kommentiert, sie mit Musik unterlegt und das Ganze auf Tonband oder Kassette aufnimmt, dann entsteht eine *Diavertonung,* die auch zur späteren Erinnerung immer wieder eingesetzt werden kann. Verfügen Schule, Schüler oder Lehrer über eine Videoausrüstung, kann ein auf der Klassenfahrt erstellter *Mini-Spielfilm,* eine *Videoreportage* über die Klassenfahrt oder ein über die Zeit der gemeinsamen Zusammenarbeit geführtes *Videotagebuch* gezeigt werden (vgl. Marx 1995, S. 150 ff.).

4. Außergewöhnliche Erlebnisse

Lesenacht   ab Klasse 5

Eine gemeinsame Lesenacht, im Klassenzimmer oder besser noch in der Schulbibliothek oder Schülerbücherei veranstaltet, dient nicht nur der in Zeiten intensiven Fernsehkonsums besonders wünschenswerten Leseförderung, sondern ist auch eine willkommene Abwechslung im Schulalltag. Die Lesenacht soll den Schülern in gemütlicher Atmosphäre Leseanreize und Lesefreude vermitteln und die Klassengemeinschaft stärken.

Sie findet am besten an einem Freitag vor einem unterrichtsfreien Samstag statt. Betreut von zwei Lehrern oder vom Klassenlehrer mit Elternunterstützung kann sie folgenden Ablauf haben (vgl. Jondral 1996/Henkel 1993, S. 67ff.).

18.00 Uhr (19.00 Uhr, falls kein gemeinsames Abendessen vorgesehen ist): Eintreffen der Schüler und Einrichten des Schlafplatzes mit Luftmatratze und Schlafsack

18.15 Uhr: gemeinsames Abendessen außerhalb der Bibliothek (evtl. von Eltern organisiert)

18.45 Uhr: Aussuchen von Büchern aus der Bücherkiste, zu der Schüler und die Schul- oder Stadtbücherei Bände bereitgestellt haben. Schmökern nach Wahl (Klassiker der Kinderliteratur, Abenteuer-, Spuk- und Kriminalgeschichten, Lustiges, Märchenhaftes und Fantastisches, Schul- und Alltagsgeschichten, Tierbücher, Sachbücher, Bildergeschichten, Comics, Kinder- und Jugendzeitschriften)

20.00 Uhr: Vorlesen durch Lehrer oder Eltern (ergänzend oder alternativ: Vorstellung beliebter und empfehlenswerter Bücher)

21.00 Uhr: Schmökern nach Wahl mit open end. Bei zwischenzeitlichen Ermüdungserscheinungen vor Mitternacht kann auch eine Spielphase mit bereitgestellten Gesellschaftsspielen eingelegt werden. Damit nimmermüde Leseratten auch nach dem Löschen des Lichtes noch weiterlesen können, ohne müde Mitschüler zu stören, sollten die Schüler Taschenlampen mitbringen.

8.00 Uhr: gemeinsames Frühstück und anschließendes Aufräumen.

Nachtwanderung   ab Klasse 5

Ein abenteuerliches Gemeinschaftserlebnis ist auch die gemeinsame Nachtwanderung, möglichst zu einem interessanten Ziel (Burg, Berg o. ä.). Als Höhepunkt kann am Ziel eine zum Charakter des Orts oder zur Nachtstimmung passende Abenteuer- oder Gruselgeschichte mit Taschenlampe oder noch stimmungsvoller bei Lagerfeuerlicht vorgelesen werden.

Premierenfeste   alle Klassen

Haben die Schüler in mühevoller Probenarbeit ein Theaterstück inszeniert oder einen kleinen Spielfilm gedreht, sollte die Premiere mit eingeladenen Gästen (Mitschüler, Eltern, Geschwister, Mitwirkende) als festlicher Abschluss gestaltet werden.

- Selbst angefertigte Werbeplakate, vergrößerte Bilder von den Proben bzw. Dreharbeiten dekorieren den Aufführungs- bzw. Vorführungsraum.
- Plakatkartons mit Bildern und erläuternden Texten können an einer Ausstellungswand zusammengestellt werden, ergänzt durch Requisiten, Bühnenmodelle bzw. Filmgeräte.
- An einer Bar werden Getränke angeboten.

5. Klassenbeiträge zu schulischen Festanlässen

Oft sind Klassenlehrer und Klasse gefordert, ihren Beitrag zu besonderen Veranstaltungen der ganzen Schule beizutragen. Dabei handelt es sich meist um den jährlich stattfindenden *Tag der offenen Tür*, das *Schulfest* oder *schulische Jubiläumstage*. Damit bei der Vielzahl der an solchen Tagen angebotenen Projekte und Präsentationen das eigene Klassenangebot nicht untergeht, sollte die Klasse rechtzeitig ein originelles, zu ihren Voraussetzungen und Möglichkeiten passendes Angebot aussuchen und bei den Festkoordinatoren anmelden.

D Feste feiern

Hierzu einige Anregungen:
- Präsentation von Unterrichtsergebnissen (Musik, Sport, Arbeitsgemeinschaften, naturwissenschaftliche Experimente usw.)
- Spielstände: Dosenwerfen, Wasserpistolenschießen auf Tischtennisbälle, Luftballons zertreten, Puzzlespiele, Quiz, Schwammwerfen, Nagelbrett-Hämmern
- Berichterstattung: Festzeitung, Live-Radio
- Aufführungen: Sketche, Theaterstück, Zirkusvorstellung, Pantomimevorführungen, Diavertonung oder Film zur Schulgeschichte oder schulischen Ereignissen, Modenschau
- Verkaufsstände: Trödelmarkt, Bastelangebote
- Aktivitäten: Schminkstand, Disco, Jonglieren
- Versorgung: Getränkestand, Spezialitäten-Cafés bzw. -Stände (Waffeln, Würstchen, Popcorn, ausländische Spezialitäten)

Literatur

Dreidoppel, H.: Wandmalerei in der Schule. In: Kunst + Unterricht. H. 91, April 1985

Jansa, A.: Ratgeber Wandmalerei. In: Kunst + Unterricht. H. 91, April 1985

Friedrich, A., Kleinert, I.: Der Klassenrat. In: Praxis Schule 5-10. 5/1997

Fuest, A.: Der „Klassenrat" im Kontext schulischer Lehr-Lernprozesse. In: Individualpsychologisch-pädagogische Beratung. 13/1990

Henkel, H.: Leseinitiativen in der Schule. In: Landesinstitut für Schule und Weiterbildung (Hrsg.): Lesen in der Sekundarstufe I. Moderatoren-Materialien Lehrerfortbildung in NRW. Hamm 1993

Jondral, A.: Lesenacht in der Schulbibliothek: In: Stiftung Lesen (Hrsg.): Lesen. Grundlagen, Ideen, Modelle zur Leseförderung. Mainz 1996

Klockhaus, R., Habermann-Morbey, B.: Psychologie des Schulvandalismus. Göttingen 1986

Martin, L.: Klassenlehrer- und Tutor/innen. Bad Heilbrunn 1996

Marx, J.: Videofilm-Projekt. In: Brenner, G.: (Hrsg.): Die Fundgrube für den Deutsch-Unterricht. Frankfurt/M. 1995

Post-Lange, E.-M.: Soziales und kommunikatives Handeln im Klassenzimmer. In: Lernchancen 2/1998

- Bücher mit Gruppen- und Wettkampfspielen für drinnen und draußen:

Bücken, H.: Das große Spielebuch. Freiburg 1989

Glonnegger, E.: Spiele, Spiele, Spiele. Ravensburg 1987

Hennekemper, G.: Unvergessliche Kinderfeste. Niedernhausen 1993 (Anregungen für Themenfeste, z. B. „Burgenfest").

Orlick, T.: Neue kooperative Spiele. Mehr als 200 konkurrenzfreie Spiele für Kinder und Erwachsene. Weinheim 1985

Schinzer, W.: Spielen, Raten, Lachen. Wuppertal 1964

■ Sketche, die sich auch für Karnevalsfeiern eignen:

Kohl, K.: 20 Schul-Sketche. Niederzier 1995

■ Bücher mit Gestaltungsideen und Textsammlungen für Weihnachten:

Frenzel, W.: Unvergessliche Weihnachts-Feste. Niederzier-Oberzier 1996 (25 Vorschläge für eine kreative Gestaltung des Weihnachtsfestes)

Kohrs, P.: Auf der Suche nach Bethlehem. Texte zum Thema Weihnachten. Stuttgart 1986 (Leseheft für die Klassen 7 bis 9 mit Texten zu den unterschiedlichen Sichtweisen des Weihnachtsfestes – mit Lehrerheft)

Steiner, K. (Hrsg.): Kleine Bettlektüre zur schönen Advents- und Weihnachtszeit. O. Ort und Jahr (klassische, moderne, besinnliche, heitere und wenig bekannte Weihnachtsgeschichten)

Wandrey, U. (Hrsg.): Heilig Abend zusammen! Ein garstiges Allerlei. Reinbek 1982 (Texte zum kritischen Nachdenken über Sinn und Missbrauch des Weihnachtsfestes)

Jürgen Marx

Kapitel 2
Als Klassenlehrer Integrationshilfen geben

Als Klassenlehrer haben wir vielfältige Möglichkeiten, Schülern mit unterschiedlichen Voraussetzungen Integrationshilfen zu geben. Wie integrative Pädagogik aussehen kann, lässt sich nach unserer Meinung am besten an Beispielen aus der Praxis aufzeigen. Wir arbeiten an einer Integrierten Gesamtschule und legen besonderen Wert darauf, dass Schüler mit sehr verschiedenen Voraussetzungen (Mädchen/Jungen, individuelles Leistungsvermögen, verschiedene Kulturen, Behinderungen...) gemeinsam lernen und arbeiten. Diese Unterschiede setzen wir deshalb gezielt als Basis für die Unterrichtsplanung und -gestaltung ein.

In diesem Kapitel möchten wir an Beispielen zeigen, wie wir uns Integrationshilfen vorstellen und welche Möglichkeiten wir sehen, Schüler mit ihren Verschiedenheiten in das Unterrichtsgeschehen einzubinden. Dabei stellt die unterschiedliche Länge der Kapitelteile keine Bewertung dar. Checklisten am Ende der Teilkapitel sollen Anregungen und Planungshilfen für die eigene integrative Unterrichtspraxis geben.

A Jungen- und Mädchenarbeit: Nur gemeinsam sind wir stark

Die Koedukationsdebatte der letzten 30 Jahre lässt sich durch Zielformulierungen wie „Pädagogik der Gleichstellung" (60er-Jahre), „Pädagogik der Differenz" (70er-Jahre), „Jungenpädagogik" (80er-Jahre) und „Pädagogik der Vielfalt" (90er-Jahre) beschreiben. Interessant sind für uns die daraus resultierenden Ergebnisse, die in der momentan geführten Diskussion durch drei unterschiedliche Positionen verdeutlicht werden:

- Die erste Position ist dadurch gekennzeichnet, dass sie „Koedukation um jeden Preis" durchsetzen will.
- Die zweite Position fordert reine Mädchen- und Jungenschulen, um den geschlechtsspezifischen Sozialisations- und Lernproblemen gerecht zu werden (Mädchen sind in koedukativen Klassen benachteiligt, Jungen dominieren).
- Die dritte Position − der wir nahe stehen − fordert „geschlechtsbezogene Bildungs- und Unterrichtsangebote in vielen Feldern des Schullebens, gibt die Koedukation aber als Ziel und Grundlage nicht auf" (Meyer 1997, Bd. 2, S. 194).

Die letzte Position geht mit dem Begriff „reflexive Koedukation" (vgl. Bildungskommission NRW 1995, 126ff.) in die Literatur ein und lässt sich für uns wie folgt definieren:

> *Reflexive Koedukation* konkretisiert und materialisiert das grundsätzliche „Recht auf Unterscheidung und Gleichheit" (von Hentig, zitiert nach Meyer 1997, Bd. 2, S. 180) von Mädchen und Jungen. Die Schule schafft die gesellschaftlichen und räumlichen Möglichkeiten, in denen Gemeinsamkeiten entdeckt und Verschiedenheiten genutzt werden können, um „Lernerfolge" zu erzielen, und das nicht nur auf der kognitiven, sondern ebenso auf der emotionalen wie pragmatischen Ebene.

Unterstützt wird diese letzte Position nachhaltig durch den zur Zeit aktuellen Forschungsstand: „Das schöne Geschlecht soll mehr Bildungschancen bekommen" − so beschreiben eine Reihe von US-Staaten die Ziele ihrer Modellversuche für „Single-Sex-Education". In zahlreichen öffentlichen Schulen wurden besonders in mathematisch-naturwissenschaftlichen Fächern Mädchen und Jungen getrenntgeschlechtlich unterrichtet. Zu beobachten war, dass es „keine bemerkenswerte Steigerung" bei den Mädchen gab. Die Auswertung der Ergebnisse führte zu folgendem Schluss: „Die Forschung zeigt, dass die Trennung nach Geschlechtern die Ungleichheiten in der Erziehung nicht beseitigt. In guten Schulen kommen Mädchen wie Jungen voran." Die amerikanischen Wissenschaftler folgern aus dem Modellversuch, dass „kleinere Klassen, ordentliche Lehrpläne und ein fairer Unterricht" zu Lernerfolgen bei Mädchen und Jungen führen (Erziehung und Wissenschaft, 10/1998).

Genau an diesem Punkt haben wir angesetzt und uns bemüht, auch unter den gegebenen Umständen (große Klassen...) Mädchen und Jungen gemeinsam zu erziehen. Da wir aber nicht der Meinung sind, dass der koedukative Gedanke sich im schlichten Rollentausch bereits ausreichend gestaltet, sondern die Unterschiede im Denken, Fühlen und Verhalten der beiden Geschlechter auch gerade in der gemeinsamen Erziehung Beachtung finden müssen, gestaltet sich die Umsetzung dieser Idee in die Praxis viel schwieriger als gedacht.

Damit Jungen und Mädchen „problemlos" miteinander umgehen und miteinander und voneinander lernen können, sind wir als Lehrer gefordert, möglichst günstige Voraussetzungen zu schaffen. Unser Herangehen, das in diesem Kapitel erläutert und illustriert werden soll, geht von folgenden Thesen aus:

- Es kann nicht sinnvoll sein, dass Jungen sich im Unterricht mit „typischen" Mädchenthemen beschäftigen (müssen) und umgekehrt.
- Beide Geschlechter sollen und können sich in den Vertiefungs- und Erarbeitungsphasen mit den Bereichen und Thematiken beschäftigen, die sie genuin interessieren.
- Bei unserer Arbeit nach „Arbeitsplänen" (s. S. 61) muss jeder Schüler (bzw. jede Arbeitsgruppe) in der abschließenden Präsentationsphase das gewählte Thema allen (also auch dem andersgeschlechtlichen Teil der Klasse), die je eigenen Interessen, die Arbeits- und Denkprozesse und auch die Arbeitsergebnisse erläutern.
- Nur so ergibt sich die Möglichkeit, verschiedene Vorstellungen einzubringen, sie miteinander zu diskutieren und wieder zusammenzuführen.

Wir wollen im Folgenden vorstellen, welche Rahmenbedingungen wir als Klassenleitungsteam einer 9. Klasse geschaffen haben, um optimale Voraussetzungen für koedukative Prozesse im Unterrichtsgeschehen zu gewährleisten.

1. Äußerer Rahmen für Koedukation

Zunächst wollten wir einen äußeren Rahmen schaffen, der sowohl für die Schüler als auch für uns ein möglichst angenehmes Lernumfeld bot. Gemeinsam mit den Schülern überlegten wir, welche äußeren Bedingungen hergestellt werden müssten, damit Jungen und Mädchen miteinander und voneinander lernen können. Wir einigten uns darauf, für die folgenden vier Bereiche Rahmenbedingungen zu entwickeln, die ein angenehmes Lernumfeld gewährleisten sollten:
1. Sitzordnung
2. Klassenraumgestaltung
3. Ämterverteilung
4. Teambildung

In diesen vier Bereichen sahen die Schüler die größten Probleme auf sich zukommen, wenn hier Beliebigkeit herrschen würde. Besonders für diese Bereiche wünschten sie sich klare Kriterien und Bedingungen, wonach möglichst alle Wünsche und Vorstellungen berücksichtigt werden konnten.

Im Folgenden wollen wir verdeutlichen, wie wir uns dabei auf den „Weg gemacht haben".

Sitzordung

Jede Woche findet bei uns am Donnerstag in der letzten Stunde der Klassenrat statt (s. S. 38f.). An der Pinnwand im Klassenraum hängt ein Plan aus, auf dem die Schüler eintragen können, welche Themen diese Woche im Klassenrat unbedingt behandelt werden sollen. In unserer Klasse ist die „Sitzordnung" – wie das folgende Beispiel zeigt – in regelmäßigen Abständen Thema des Klassenrats, denn oft hoffen die Schüler, durch einen Sitzplatzwechsel irgendwelchen Spannungen zu entkommen.

Ender und Janina haben Streit miteinander. Er wirft ihr vor, sie störe ihn durch ihr ständiges Gequatsche und halte sich nicht an vereinbarte Arbeitsaufträge der Tischgruppe. Janina fühlt sich von Ender unterdrückt. Immer soll sie tun, was er sagt. Daniela, ein weiteres Tischgruppenmitglied, unterstützt Janina in ihren Aussagen. Ender kontert damit, dass die beiden Mädchen nichts bringen und nichts fertig bekommen, weil sie ständig über Jungen, Jugendzeitschriften, Mode und derartige Dinge reden, anstatt zu arbeiten. Stephan, dem vierten Tischgruppenmitglied, ist das egal, er bezieht keine eindeutige Position. Michael hat sich nicht zu Wort gemeldet, ruft aber dazwischen: „Mädchen sind alle nur Schleimer und Streber!" Tumult! Nadine und Kevin, die gemeinsam die Gesprächsleitung übernommen haben, ermahnen Michael mit den Worten: „Du bist doch nur sauer, weil Julia dich nicht toll findet!" Tumult! Michael errötet. Ender und Janina beschließen, es noch einmal 14 Tage gemeinsam zu versuchen, und Daniela und Stephan werden diesen Versuch überwachen.

Bei der Darstellung dieser typischen Situation kommt ein Spezifikum unserer Klasse zur Sprache – die Arbeit in Tischgruppen zu jeweils vier Schülern, die die normale Sitz- und Arbeitsform für einen Großteil des Unterrichts darstellt.

Dabei hielten wir es für besonders wichtig, jederzeit einen Sitzkreis herstellen zu können (gemeinsamer Beginn am Morgen, Tagesabschluss, Klassenrat...). Wir wählten deshalb eine Anordnung der Tische, bei der sich jeder Schüler, ohne dass Tische gerückt werden müssen, mit seinem Stuhl in den Sitzkreis setzen kann. Die „freie Mitte" wird zugleich für alle Arten von Präsentationen genutzt: kleine Sketche vortragen, Referate halten, Streitgespräche führen, Podiumsdiskussionen durchführen...).

Einen weiteren Vorteil der „freien Mitte" realisierten die Schüler und wir erst nach einer gewissen Zeit: der Freiraum bietet uns Ruhe, es sieht nicht so „wuselig" aus, der Raum wirkt dadurch klar strukturiert und wir lassen unsere Blicke gerne durch den Raum wandern – um neue Ideen zu entwickeln.

Wichtig für uns ist auch, dass die Tische Einzeltische sind, damit die Schüler bei Bedarf für sich alleine arbeiten können oder ihren Platz optimal zu Tafel, Overheadprojektor oder Computer ausrichten können.

In jeder Tischgruppe sitzen möglichst zwei Mädchen und zwei Jungen zusammen.

A Jungen- und Mädchenarbeit: Nur gemeinsam sind wir stark

Klassenraum der 9C/IGS DEL 98

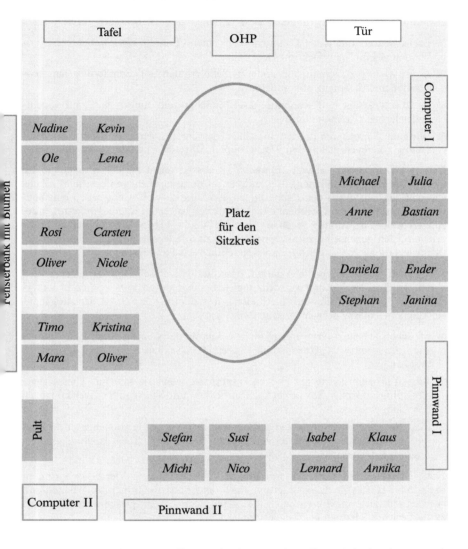

Ausnahmen bestätigen zwar die Regel, wir versuchen dieses Prinzip aber so weit wie möglich aufrechtzuerhalten. Als wir unsere Klasse im 5. Jahrgang als Klassenleitungsteam (s. S. 59f.) übernahmen, formulierten wir für die Sitzordnung den Begriff „Freundschaftsgruppe". Jeder dürfe sich einen Freund oder eine Freundin aussuchen, mit der er in der Tischgruppe zusammensitzen wolle, die beiden anderen sollten nicht zu ihren besten Freunden gehören oder ihnen auch unbekannt sein. Dabei müssten immer zwei Jungen und zwei Mädchen in einer Tischgruppe zusammensitzen. Wir begründeten diese Bedingungen den Schülern gegenüber so:

- Es ist schön, mit einer Freundin oder einem Freund zusammenarbeiten zu können (Gefühl von Sicherheit).
- Es ist wichtig zu lernen, mit anderen Schülerinnen und Schülern zusammenzuarbeiten (Akzeptanz von anderen).
- Es ist interessant und spannend, dass Mädchen und Jungen mit- und voneinander lernen (Koedukation).
- Wir beabsichtigen die Einrichtung eines Klassenrates, der sich u. a. mit den Problemen, die eventuell in den Tischgruppen auftreten, beschäftigt (Evaluation).

Unsere Sitzordnung geht von optimalen Voraussetzungen bei der Klassenbildung aus (14 Jungen, 14 Mädchen). Bei anderen Zusammensetzungen erscheint es uns sinnvoll, dieses Prinzip der Tischgruppengestaltung so weit wie möglich einzuhalten (Anpassung an die Gegebenheiten). Natürlich hat es im Laufe der Jahre Änderungen in der Sitzordnung gegeben. Aber die Schüler haben gelernt miteinander zu arbeiten, sich gegenseitig zu akzeptieren und zu tolerieren und Meinungsverschiedenheiten möglichst sofort oder im Klassenrat verbal zu klären.

Wir achten weiterhin verstärkt darauf, dass die Schüler selbstständig entscheiden, wann sie ihre Tischgruppensitzordnung – bedingt durch entsprechende Unterrichtssituationen, -inhalte und -methoden – verändern. Je nach Art der Aufgabenstellung kann dieses notwendig sein, denn

- Mädchen arbeiten gerne mit Mädchen zusammen, wenn sie sich mit Themen wie „Boygroups", „Hexen und Rezepte", „Sexualität", „Lieblingstiere"... beschäftigen;
- Jungen arbeiten gerne mit Jungen zusammen, wenn sie sich mit Themen wie „Leistungssport", „Sexualität", „Raubritter und Burgen", „Weltkriege"... beschäftigen;
- Mädchen und Jungen arbeiten gerne zusammen, wenn sie voneinander profitieren können und wenn sie es von Anfang an gelernt haben (unabhängig von bestimmten Themen).

Fazit: Die gemeinsame Arbeit von Jungen und Mädchen in Vierer-Tischgruppen hat sich bewährt. Alle mussten lernen, miteinander auszukommen, zu arbeiten und voneinander zu profitieren – auch und gerade dann, wenn getrenntgeschlechtlich zu bestimmten Themen gearbeitet wird.

Klassenraumgestaltung

Michaela hat den Punkt „Klassenraumgestaltung" zum Thema der Klassenratssitzung erklärt. Trotz der zur Zeit stattfindenden Fußballweltmeisterschaft findet sie es nicht gut, dass einige Jungen wie selbstverständlich den Klassenraum mit Fußballspielerpostern pflastern. „Sollen wir hier etwa Barbiepuppen aufhängen?", fragt Bastian grin-

send. Michaela bekommt Unterstützung von anderen Mitschülern. Oliver fragt: „Wo ist eigentlich die Zeichnung geblieben, die ich da hinten an die Pinnwand gehängt habe?" Niemand weiß etwas über den Verbleib, nur Michaela scheint ein schlechtes Gewissen zu haben. Vorschläge werden gemacht, gesammelt und abgewogen. Die Schüler einigen sich dahingehend, dass die Mädchen die eine und die Jungen die andere Pinnwand gestalten sollen und sich niemand ohne Rücksprache an den aufgehängten Sachen eines anderen vergreifen darf. Michaela gibt Oliver dessen Zeichnung zurück mit den Worten: „Wenn du sie nicht mehr brauchst, kann ich sie dann haben?"

Die Klassenraumgestaltung nimmt in unserer Klasse einen hohen Stellenwert ein. In unserem Klassenraum befinden sich mehrere Pinnwände, an denen Ergebnisse ausgestellt, Poster, Bilder oder Landkarten aufgehängt oder Mitteilungen an die Klasse weitergegeben werden können.

Im Laufe der Jahre hat sich der Schwerpunkt der Veröffentlichungen verändert. Waren zu Beginn der Klassengemeinschaft noch zwei Pinnwände für die unterschiedlichen „Bravo"-Poster von Jungen und Mädchen nötig, so dienen die Pinnwände heute eher der Darstellung von Arbeitsergebnissen aus den einzelnen Unterrichtsfächern:

- Bilder zum Thema „Perspektive" werden gerahmt und aufgehängt,
- Tischgruppen-Collagen zum Zusammenleben von Deutschen und Ausländern werden veröffentlicht,
- Merksätze zur Bruchrechnung hängen unter der Überschrift „Mathe-Info" an der Pinnwand,
- Gedichte fordern durch pfiffige Zeichnungen zum Lesen auf,
- ein Stadtplan von London weckt viele Wünsche bezüglich einer möglichen Klassenfahrt,
- ein Fries zum Thema „Französische Revolution" wird präsentiert.

Die inhaltliche Dokumentation ihrer Arbeit ist sowohl den Jungen als auch den Mädchen sehr wichtig. Sollte es durch getrenntgeschlechtlichen Unterricht erforderlich sein, „unterschiedliche Ergebnisse" zu veröffentlichen, so ist dies aufgrund der Anzahl der Pinnwände jederzeit möglich.

Eine wichtige Rolle bei der Klassenraumgestaltung spielte auch die „geschickte" Aufstellung (Zeichnung „Sitzordnung") unserer „Klassencomputer". Ziel unserer Schule ist es, jede Klasse mit mindestens einem Computer auszustatten, damit die Schüler von Beginn an den „normalen" Umgang mit neuer Technologie lernen. Als in Klasse 5 der erste Computer in unserem Raum stand, waren alle hellauf begeistert. Einige Schüler bzw. deren Eltern hatten zu Hause einen Computer und kannten sich damit schon recht gut aus. Andere wiederum hatten noch nie vor solch einem „Ding" gesessen und waren sehr neugierig auf dessen Einsatz. Heute schreiben die Schüler Texte auf dem Computer, spielen Lern- oder Konzentrationsspiele oder bearbeiten fachspezifische Aufgaben mit Hilfe von CDs oder entsprechenden Programmen.

Im Klassenrat war der Computer immer wieder Thema – und zwar immer mit demselben Tenor: Die Mädchen erhalten kaum Gelegenheit, den Computer zu nutzen, da die Jungen immer schneller sind, sich vordrängeln oder den „Nichtkönnern" die Arbeit abnehmen. Nachdem sich an diesem Dilemma trotz häufiger Diskussionen nichts änderte, entschied der Klassenrat, dass mit Unterstützung der Eltern ein zweiter Computer angeschafft werden sollte, die Klasse hatte nun einen „Jungencomputer" und einen „Mädchencomputer". Je zwei Mädchen und zwei Jungen haben die Verantwortung für die Computer übernommen. Da das Gehäuse im Schreibtisch eingeschlossen ist – um unnötige Übergriffe zu verhindern –, sind sie für das Ingangsetzen der Computer verantwortlich, führen eine öffentliche Liste, in die eingetragen werden kann, wer wann arbeiten möchte, und bieten zu bestimmten Zeiten „Kurse" an, damit den „Nichtkönnern" geholfen wird, ihre Texte zu schreiben...

Mittlerweile sind sowohl Mädchen als auch Jungen in der Lage, mit dem Computer umzugehen. Es hat sich für uns deutlich gezeigt, dass es hier notwendig war – und zwar ausgehend vom Wunsch und den Interessen der Schüler – getrenntgeschlechtlich zu arbeiten, damit sich jede und jeder entsprechend seinem „Tempo" mit neuen Technologien auseinandersetzen kann.

Fazit: Die technische Einrichtung des Klassenraumes und seine strukturierte Gestaltung haben zu großer Transparenz im Arbeitsprozess geführt – unabhängig davon, ob gleich- oder getrenntgeschlechtlich gearbeitet wird.

Ämterverteilung

„Also, mit diesem Blumengießdienst", sagt Daniela, die eine Aussprache zu diesem Punkt gewünscht hat, „irgendwie ist das ungerecht. Wieso sollen eigentlich nur wir Mädchen uns um diese blöden Pötte kümmern? Ich muss zu Hause schon ständig so etwas machen, während mein Bruder auf dem Sofa liegt!" Beifall von den Mitschülerinnen und von Stephan, der sich dann zu Wort meldet: „Ich würde diese Tätigkeit gerne übernehmen, denn ich mag Pflanzen. Noch besser wäre es aber, wenn sich noch zwei oder drei anschließen würden, denn dann macht es mehr Spaß." Ole, der direkt an der Fensterbank sitzt, und Daniela erklären sich bereit, Stephans Vorschlag anzunehmen, wobei ein leises Gekicher der Klasse zeigt: Daniela übernimmt diesen Job nicht wegen der Blumen!

Wer übernimmt den Ordnungsdienst, wer säubert die Tische in der Mensa (unsere Schule ist eine Ganztagsschule mit Mittagsbetrieb), wer befreit den Schulhof vom Unrat, wer bringt kranken Mitschülern die Aufgaben nach Hause, wer saugt den Klassenraum, wer füttert die Fische, wer...?

Diese Liste der eher ungeliebten Dienste und Aufgaben lässt sich sicherlich noch beliebig fortsetzen. Auch hier hat die Arbeit in Tischgruppen große Vorteile. Jede Tischgruppe übernimmt für jeweils eine Woche alle Dienste. Die Gruppenmitglieder einigen sich untereinander, wer welchen Aufgabenbereich erledigt, hängen eine Liste mit den Zuständigkeiten an die Pinnwand, damit wir uns bei Bedarf an den jeweils zuständigen Schüler wenden können, und treffen für den Krankheitsfall eines Schülers Absprachen mit anderen.

Die allen Schulpraktikern bekannte Tendenz des weiblichen Geschlechts, die üblichen „Dienste" bereitwilliger zu übernehmen als die Jungen, ist in unserer Klasse sukzessive einer Fifty-fifty-Aufteilung gewichen. Wir erklären uns dieses Phänomen damit, dass Mädchen wie Jungen schnell realisiert haben, dass mit der Übernahme von Ämtern auch „Privilegien" verbunden sind.

Sowohl bei den Mädchen als auch bei den Jungen gibt es Schüler, die Probleme damit haben, Absprachen einzuhalten. Hier übernimmt die Tischgruppe die Kontrollfunktion und nicht das Klassenleitungsteam (Verantwortung liegt bei den Schülern). Falls die Tischgruppenkontrolle nicht klappt und Unregelmässigkeiten auftreten, werden die Schwierigkeiten im Klassenrat thematisiert und gelöst.

Fazit: Durch die Tischgruppen-Verantwortlichkeit wird der Grundsatz „gleiche Rechte – gleiche Pflichten" sehr schnell im von Hentig'schen Sinne konkretisiert.

Klassenleitung als Teamarbeit

Ich muss das Geld für die Klassenfahrt noch einsammeln, die Abfahrtszeiten der Züge habe ich auch noch nicht aufgeschrieben, eine Schülerin muss medikamentös betreut werden, heute Nachmittag haben wir noch Gesamtkonferenz und die Zeugnisse sind auch noch nicht geschrieben. Das lässt sich sicher noch alles regeln – wenn es mir zumindest ein wenig Spaß machen würde! Ich verabscheue alles Organisatorische, deswegen erledige ich es auch immer auf den letzten Drücker – und dann in Hektik.

So sah mein Alltag aus, bevor ich im Team mit einem Kollegen arbeitete. Seit vier Jahren tragen wir gemeinsam die Verantwortung für unserer Klasse, nehmen gemeinsam an den Klassenratssitzungen teil (die jeweils von einer Schülerin und einem Schüler gemeinsam geleitet werden) und teilen uns die erforderlichen Aufgaben je nach Interessen auf.

Nie wieder organisieren müssen, das waren meine ersten Gedanken bei der Teambildung. Mittlerweile habe ich von meinem Teampartner gelernt, mit welchen Mitteln ich auch hier leichter planen kann. Viele Entscheidungen (Elterngespräche, Gespräche mit dem Jugendamt, schulpsychologische Betreuung, Drogenberatung, Klassenkonferenzen, Überweisungen an eine andere Schule...), die weitreichende Folgen für die Schüler haben können, muss ich nicht mehr alleine treffen. Verschiedene Sichtweisen und gemeinsame Gespräche im Team tragen dazu bei, dass ich mir nicht dauernd die Frage stelle: „War das wohl richtig so? Habe ich wirklich zum Besten für den Schüler entschieden?"...

Ein weiterer Aspekt sei noch erwähnt: Wenn wir von den Schülern erwarten, dass Jungen und Mädchen gemeinsam lernen und arbeiten können, so übernimmt ein koedukatives Klassenleitungsteam in idealer Weise eine „Vorbildfunktion".

Die Schüler haben bei dieser gemeinsamen Klassenleitung die Möglichkeit, sich zumindest zwischen zwei Ansprechpartnern zu entscheiden („nicht jeder kann mit jedem", „die Chemie muss stimmen"). Wir haben uns bemüht, den Schülern immer wieder zu signalisieren, dass wir jederzeit ansprechbereit sind, dass ihre Probleme und Schwierigkeiten von uns ernst genommen werden und wir sie nicht weitertragen und dass wir für Hilfen zur Problemlösung zur Verfügung stehen.

Wer mit welchen Problemen zu wem kommt, ist individuell vom Schüler und seiner Entwicklung abhängig. In unserer Praxis konnten wir folgende „Zuständigkeiten" beobachten:

- Während der Pubertät besprechen die Mädchen häufiger mit der Klassenlehrerin auftretende Fragen und Schwierigkeiten, die Jungen ziehen sich eher zurück und versuchen „ihre Rolle" zu finden.
- Die meisten technischen und sportlichen Fragen besprechen Jungen mit dem Klassenlehrer, die Mädchen interessieren sich nicht primär für diese Bereiche.
- Mädchen und Jungen, die bei allein erziehenden Müttern oder Vätern leben, besprechen häufig mit dem jeweils andersgeschlechtlichen Klassenleiter ihre Probleme.
- Mädchen und Jungen sprechen beide Teampartner an, wenn es sich um „schulspezifische" Probleme handelt.
- Mädchen und Jungen besprechen ihre Ängste, Sorgen und Nöte meistens mit demjenigen, der „gerade greifbar" ist.

Fazit: Gegenseitiges Vertrauen als Basis von Teamarbeit muss sich im Laufe der Zeit entwickeln: durch die gemeinsame Arbeit in der Klasse und durch die Vorbildfunktion der Klassenlehrer. Nur so können gegenseitige Akzeptanz und Toleranz wesentliche Kriterien der Zusammenarbeit werden.

Wir möchten am Ende dieses Abschnitts eine Übung vorstellen, die wir regelmäßig mit unseren Schülern wiederholen. Sie hat den Schülern und uns geholfen, gegenseitiges Vertrauen aufzubauen und reflexive Koedukation als Unterrichtsprinzip zu vertreten.

Vormachen - Nachmachen - Mitmachen   Klasse 5-13

Intention: Kontaktaufnahme und Vertrauensbildung

Zeitaufwand: 5-10 Minuten

Material/Medien: Kassettenrecorder oder CD-Player, Musik

Vorbereitung: freie Mitte oder freie Fläche im Klassenraum schaffen

Durchführung: Alle Schüler bewegen sich nach der Musik (schüler- und altersangemessen) frei im Raum. Wenn die Musik nach etwa 2 Minuten aufhört zu spielen, sucht sich jedes Mädchen einen Jungen bzw. jeder Junge ein Mädchen. Sie stellen sich ohne zu sprechen voreinander. Das Mädchen versucht jetzt pantomimisch eine einfache Figur (z. B. ein Huhn, einen Orgelspieler) darzustellen und der Junge kopiert diese. Ist die Pantomime erfolgreich abgeschlossen (z. B. durch das Händeklatschen aller), stellt der Junge pantomimisch „etwas" dar und das Mädchen führt die gleichen Bewegungen aus (Prinzip des Spiegelbildes). Nach weiteren etwa 2-4 Minuten beginnt die Musik wieder zu spielen und die Übung ist beendet.

Auswertung: Die Schüler lernen durch diese spielerische Übung, Kontakt zum anderen Geschlecht aufzunehmen, jeweils einmal die Verantwortung für die entstandene Situation zu übernehmen, Sprache nicht als einziges methodisches Element einzusetzen, sich freier zu bewegen, vertauschte Rollen einzunehmen und ihre Hemmungen und Ängste abzubauen. All diese Eigenschaften sind wichtige Voraussetzungen für die gemeinsame Arbeit (besonders in den Tischgruppen).

Varianten: Wir haben diese Übung weiterentwickelt, indem wir für die Pantomime immer mehr Bedingungen und Einschränkungen vorgegeben haben: Das Mädchen und der Junge sollen

- sich an einer Hand berühren,
- sich an beiden Händen anfassen,
- sich Rücken an Rücken lehnen,
- eine gemeinsame Pantomime vorstellen (Standbild),
- sich ein weiteres Paar suchen und ein Standbild herstellen,
- sich mit verbundenen Augen gegenseitig führen,
- sich gegenseitig fallen lassen, auffangen und festhalten,
- fiktive „Kämpfe" austragen,
- nur positive (negative) Bilder darstellen,
- ...

Stärken und Schwächen: Wir wählen diese Übung immer nur als kurzen Einstieg, der nie länger als 10 Minuten dauert. Außerdem haben wir sie sehr regelmäßig durchgeführt (über viele Jahre z. B. jeden Montag). Diese Kontinuität hat bei den Schülern dazu geführt, dass sie immer mutiger wurden, sich mehr zutrauten und Dinge ausprobiert haben, die ihr Selbstbewusstsein und ihre positiven Eigenschaften stärkten. Probleme treten in dieser Übung dann auf, wenn sich die Schüler zu Beginn einer Klassengemeinschaft noch fremd sind. Dann hat es sich als sinnvoll erwiesen, dass die ersten Pantomimen jeweils von einem Mädchen mit einem Jungen aus der eigenen Tischgruppe dargestellt werden bzw. auch die Möglichkeit der gleichgeschlechtlichen „Paare" in Erwägung gezogen wird.

2. Inhaltlich-methodische Ebene der Koedukation

Wichtig erscheint uns für die gemeinsame Erziehung von Jungen und Mädchen die Entwicklung veränderter Schulcurricula. Viele Rahmenrichtlinien fordern von uns Lehrern, bei der Auswahl der *Unterrichtsinhalte* sowohl männliche als auch weibliche Interessengebiete zu berücksichtigen. Da uns aber häufig nicht deutlich ist, was denn nun weibliche oder männliche Interessen sind, befragen wir die Schüler bei der Planung neuer thematischer Sequenzen, welche Aspekte des Themas jeder bearbeiten möchte. Wir orientieren uns an der Lebenswelt, den individuellen Interessengebieten der Schüler und ihren Hobbys, binden sie so mit ein und erstellen gemeinsame *Arbeitspläne*. Dabei geht es uns nicht darum, spezifische oder typische Mädchen- oder Jungenthemen auszuwählen, sondern darum, dass wir ein vielfältiges Angebot für die Schüler machen. Dadurch erreichen wir, dass die Schüler sehr viel motivierter und mit mehr Einsatz dem Unterrichtsgeschehen folgen, dass sie die Rolle eines Experten übernehmen und ihr Wissen an andere weitergeben.

Auf der *methodischen Ebene* sehen wir die größten Möglichkeiten und Chancen, im Sinne der Koedukation tätig zu werden. Der Einsatz einer Vielzahl unterschiedlicher Methoden trägt dazu bei, dass Schüler in ihren Bedürfnissen ernst genommen werden und sich nicht frühzeitig in ihren Rollenerwartungen festlegen müssen.

Unser methodischer Schwerpunkt liegt nicht allein in Erarbeitung, sondern besonders auch in der Präsentation der Arbeitsergebnisse. Hier werden die Ergebnisse von allen zusammengeführt. Jeder bzw. jede Gruppe stellt seine Vorgehensweisen dar, gibt Informationen weiter, hat eventuell Arbeitsblätter für alle erstellt, ein Referat vorbereitet, einen Test entworfen, eine Diashow zusammengestellt, Fotos gemacht usw.

Reflexive Koedukation heißt für uns auf der inhaltlich-methodischen Ebene:
- Mädchen und Jungen arbeiten entsprechend ihren Neigungen, Vorlieben und Erfahrungen.
- Sowohl Mädchen als auch Jungen haben die Pflicht, den anderen ihre Ergebnisse und Arbeitsweisen zu präsentieren, und zwar so ausführlich, dass nicht nur Fachinhalte vermittelt werden, sondern dass die Arbeits- und Vorgehensweisen nachvollziehbar werden.
- Mädchen und Jungen haben das Recht, konstruktive Kritik zu äußern und sich in die anschließende Diskussion einzubringen. Sie können auf Akzeptanz vertrauen, auch wenn sie sich „geschlechtsuntypisch" verhalten.

Beispiel: Thema Mittelalter

Anhand eines Beispiels aus dem Fachunterricht Geschichte versuchen wir zu zeigen, wie die Verbindung inhaltlicher und methodischer Vielfalt im Unterricht aussehen kann.

Den Rahmenrichtlinien entsprechend wird bei uns in der 7. Klasse das Thema „Mittelalter" behandelt. Alle Schüler unserer Klasse haben in der Grundschule schon einmal etwas über diese Zeit gehört. In einer ersten Brainstorming-Phase sammeln wir alle Schüleräußerungen zur Frage: „Was fällt euch zum Mittelalter ein?" auf einem großen Bogen Papier. Hier nur einige wenige Beispiele:
- Michaela möchte gerne mehr zu „Hexen im Mittelalter" und den Gründen für ihre Verbrennung erfahren.
- Oliver würde gerne eine alte Ritterburg nachbauen, dafür hat er bis jetzt nie Zeit gehabt.
- Mara interessiert sich für das Leben und die Aufgaben der Frauen im Mittelalter.
- Carsten hat großes Interesse an Malerei und alten Schriften.
- Julia wollte schon immer mal die Entwicklung der Zeitmessung kennen lernen und verstehen.
- Sascha weiß, dass Krankheiten früher mit Heilkräutern behandelt wurden und möchte wissen, welche Kräuter wofür verwendet wurden und ob das heute noch möglich ist.

A Jungen- und Mädchenarbeit: Nur gemeinsam sind wir stark

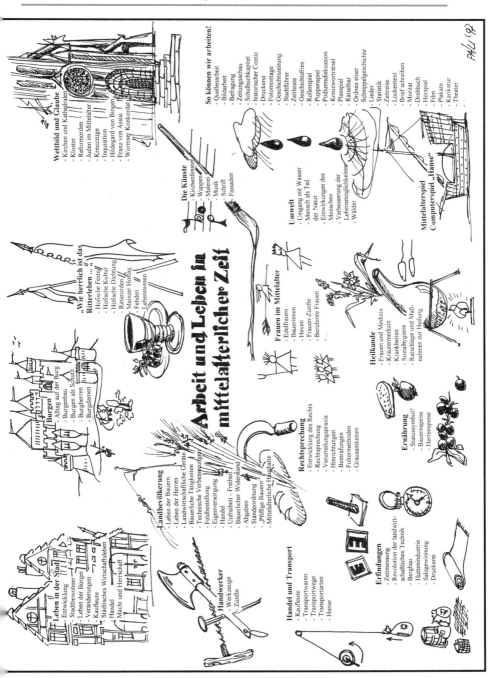

Thematische Landkarte: Mittelalter

Der „Bogen" ist Grundlage der weiteren Unterrichtsplanung, die darin besteht, dass ich als Fachlehrerin eine *thematische Landkarte* mit meinem Teampartner erstelle, Literatur und Materialien bereitstelle und mögliche Methoden benenne (die die Schüler im Laufe ihrer Schulzeit kennen gelernt haben, unbekannte werden bei Bedarf ausprobiert).

Nach Fertigstellung der Landkarte überprüfen wir noch einmal: „Haben wir alle Interessen berücksichtigt – auch unsere eigenen in Anlehnung an die inhaltlichen Vorgaben durch die Stoffpläne?" Wir vergleichen die Überschriften und Arbeitsschwerpunkte mit den Äußerungen und Wünschen der Schüler.

Dann erhält jeder Schüler ein Exemplar der thematischen Landkarte und wählt aus den aufgeführten Themenbereichen den aus, der ihn am meisten interessiert. Falls möglich, können schon Arbeitsgruppen zu gleichen Themenbereichen gebildet werden. Anschließend entscheidet sich jeder Schüler für einen Themenschwerpunkt (z. B. Hexen, Burgenbau, Malerei, Kräutermedizin...) und bespricht mit den Mitgliedern seiner Arbeitsgruppe, welche Bearbeitungsmethoden ihnen am geeignetsten erscheinen, wie sie die Arbeiten untereinander sinnvoll aufteilen und wie die Ergebnisse präsentiert werden können. Je nach Alter besorgen die Schüler sich selbstständig zusätzliche Literatur und Materialien (Greving/Paradies 1996, S. 74 ff.).

Checkliste zur reflexiven Koedukation

- Darauf achten, dass Jungen und Mädchen ein möglichst vielfältiges Angebot an Identifikationsmöglichkeiten erhalten.
- Individuelle Unterschiede akzeptieren und schätzen lernen.
- Bedürfnisse der Schülerinnen und Schüler ernst nehmen.
- Jugendliche nicht in eine Richtung beeinflussen, sondern Positionen aushandeln lernen.
- Rollenerwartungen nicht frühzeitig festlegen.
- Zu „untypischem" Verhalten ermutigen.
- Selbsttätigkeit der Mädchen und Jungen anregen.
- An den Interessen und dem Vorwissen der Schüler anknüpfen.
- Sich an der Lebenswelt der Schüler orientieren.
- Bei der Auswahl der Unterrichtsinhalte sowohl männliche als auch weibliche Interessengebiete berücksichtigen.
- Ein breites Spektrum unterschiedlicher Herangehensweisen anbieten.
- Freie, individuelle Themenwahl und Gruppenbildung ermöglichen.
- Kooperation in kleinen Gruppen erleichtert die Konfrontation verschiedener Sichtweisen.

- Kommunikation der Schüler untereinander fördern – in Kleingruppen sind die Hemmschwellen leichter zu überwinden.
- Eine Gesprächskultur entwickeln.
- Darauf achten, dass sich keine hierarchische Arbeitsteilung einschleicht.
- Darauf achten, dass Könner den Nichtkönnern nicht die Arbeit abnehmen, sondern nur zeigen, wie es geht.
- Den Klassenraum nutzen, um Sprechsituationen zu schaffen, Öffentlichkeit im kleinen Rahmen zu proben.
- Arbeitsergebnisse allen in der Klasse präsentieren.
- Präsentationen vor den Eltern nutzen, um sich „freizusprechen".
- Theaterspielen als Verstärkung und Abschwächung auftretender Rollenklischees.
- Kritisch mit Leistungs-, Erfolgs- und Konkurrenzstreben umgehen.
- Neue Tugenden wecken: Empathie, zuhören können, selbstkritisch reflektieren.

B Interkulturelle Erziehung: Rassismus, nein danke!

„Jeder liberale Staat", sagt der Philosoph Jürgen Habermas, „braucht eine politische Kultur, in der sich alle Bürger, gleich welcher ethnischen und religiösen Herkunft, gleichermaßen wiedererkennen können." (Habermas 1973, S. 258 ff.)

Als Klassenlehrer betrachten wir es als unsere besondere pädagogische Aufgabe – gerade auch im Hinblick auf die Neubelebung des Rechtsradikalismus –, der Ausgrenzung von Schülern aufgrund einer bestimmten ethnischen und kulturellen Zugehörigkeit entgegenzuwirken.

Um andere Kulturen verstehen zu können, benötigen Schüler Hintergrundwissen und Einblicke in ethnische, religiöse, soziologische sowie gruppenspezifische Rituale und Gebräuche. Nur dann ist es ihnen möglich, Grundlagen für Toleranz und Akzeptanz aufzubauen.

Ein Beispiel: Ey, ich hab 'nen neuen Witz

„Da ist 'n Haus. Unten wohnen Deutsche, darüber wohnen Türken und ganz oben Italiener. Dieses Haus fängt an zu brennen. Die Feuerwehr kommt, und wer wird gerettet?" „Weiß nich'". „Ganz klar: die Deutschen! – Die anderen sind ja alle zur Arbeit!"

Ender, unser türkischer Mitschüler, lacht sich kaputt. Stephan, dessen Familie mehr rechts anzusiedeln ist, ist stocksauer. Ole kann diesen Witz, den Nico erzählt hat, nicht ganz verstehen und fragt: „Wieso brennt denn gleich das ganze Haus?" Timo mischt sich ein. Er ist Mitglied der Jugendfeuerwehr und hat gleich Ratschläge parat, wie ein derartiges Desaster zu vermeiden wäre. Stephan macht Ender an: „Lach nicht so blöd, du Türke!" „Ich bin Deutscher, denn ich bin hier geboren!" Es wird still. Nadine fragt: „Wo ist denn eigentlich der Unterschied zwischen Deutschen und Türken? Ich versteh euch gar nicht. Und wenn ich mich deutsch oder türkisch oder italienisch fühle, was ist dann?" Stephan ist immer noch sauer: „Habt ihr den Witz denn gar nicht verstanden? Mein Vater ist schon seit zwei Jahren arbeitslos. Diese Ausländer nehmen uns die Arbeitsplätze weg!" Tumult. Nico ruft dazwischen: „Der Einzige, der den Witz nicht verstanden hat, bist du. Viele sind doch auch nur zu faul zum Arbeiten und holen sich ihre fette Stütze ab."

Klischees und Vorurteile bestimmen oft das Problem des Miteinander-Umgehens unter Deutschen und Ausländern. Dabei bringen Schüler ihre eigenen Erfahrungen, die sie zu Hause, im Bekanntenkreis ihrer Eltern und Großeltern machen, mit in die Schule.

Woher kommt die oft ablehnende Haltung? Vielleicht verdeutlicht folgendes Beispiel das Problem: Wenn ich mich nie mit Opernmusik beschäftigt habe, dann kann ich sie auch nicht verstehen und damit entsteht die Gefahr, dass ich sie ablehne. So geht es vielen unserer Mitschüler. Sie haben sich noch nie mit fremden Kulturen beschäftigt, sie kennen sich nicht aus, wissen nichts über religiöse Bräuche und Rituale dieser Kulturen.

Die Betroffenheit der Schüler im oben aufgeführten Beispiel hat bei uns dazu geführt, hier und zu diesem Zeitpunkt Vorurteile und Klischees aufzuarbeiten. Gemeinsam überlegten und planten wir, wie und in welchem Zeitrahmen wir eine Unterrichtseinheit zum Thema „Zusammenleben von Deutschen und Ausländern" durchführen konnten. Ziel unserer Einheit sollte das Verständnis für andere Kulturen und die Toleranz ihnen gegenüber sein.

> Dabei bedeutet *Toleranz* für uns, Dinge zuzulassen, für die wir vielleicht kein Verständnis haben, die uns aber nicht weh tun und mit gegebenen Gesetzen, Werten und Normen in Einklang stehen.

Jede Tischgruppe hat mit unterschiedlicher Schwerpunktsetzung zu diesem Thema gearbeitet. So wurden z. B.
- Sketche vorgeführt (z. B. Türkischstunde: eine neue deutsche Schülerin spricht noch kein Türkisch…),
- Kontakte zu außerschulischen Ausländerinitiativen hergestellt und versucht diese zu pflegen (z. B. Fußballverein, Tanzgruppen…),
- Briefkontakte bzw. Kontakte per Internet zu Gleichaltrigen aus anderen Ländern geknüpft,

B Interkulturelle Erziehung: Rassismus, nein danke! 67

- Patenschaften aufgebaut (zu anderen ausländischen Schülern, Asylbewerbern, Obdachlosen, einzelnen Bedürftigen…),
- mindestens 100 Wörter aus einer anderen Sprache gelernt (Bezugspersonen waren die ausländischen Schüler der jeweiligen Tischgruppen),
- ausländische Speisen zubereitet und serviert (auf Wunsch Rezepte weitergegeben),
- „fremdländische" Musik vor- und nachgespielt.

Die Arbeitsergebnisse haben wir auf einem Präsentationsnachmittag den Eltern unserer 8. Klasse vorgestellt. Dieser Nachmittag hat uns gezeigt, dass es wichtig ist, Angehörigen verschiedener Kulturen eine Chance zu bieten, sich kennen zu lernen, um Sprachbarrieren, Vorurteile und Fremdenfeindlichkeit abzubauen.

Präsentation

Checkliste zur interkulturellen Erziehung

- Kontinuierlich über „Kultur" reflektieren.
- Kinder – falls möglich – bikulturell erziehen.
- Sprachkurse für deutsche und ausländische Schüler anbieten.
- Die individuellen und gemeinsamen Besonderheiten stärken.
- Die Lebenswelten der Schüler berücksichtigen.

- Langsamkeit entdecken: Zeit lassen für eigene Erfahrungen mit anderen Kulturen.
- Den eigenen Sprachgebrauch und den Umgang mit Begrifflichkeiten beachten (z. B. Gastarbeiter – Asylbewerber – Flüchtling – politisch Verfolgter).
- Über Rassismus, Rechtsextremismus und Nationalsozialismus aufklären und reflektieren.

C Behinderte Mitschüler: Nobody is perfect

Schon seit Ende der 70er-Jahre werden Schüler mit allen Arten von Behinderungen immer häufiger in den Unterricht der Regelschule aufgenommen. In einigen Bundesländern werden Integrationsklassen als Modellversuche erprobt, und die Erfahrungen zeigen, dass „die Integration von Behinderten möglich ist und bei angemessener Ausstattung allen Beteiligten großen intellektuellen und emotionalen Gewinn bringt" (Prengel 1990, S. 219 ff.).

Wenn wir als Klassenlehrer unsere schulischen und gesellschaftlichen Aufgaben ernst nehmen, dann sondern wir Schüler mit geistigen oder körperlichen Beeinträchtigungen nicht aus dem Regelschulalltag aus, sondern unterrichten sie mit allen gemeinsam. Integration kann aber nur bedeuten, dass wir unsere Vorstellungen von homogenen Lerngruppen und das Prinzip des gleichschrittigen Lernens aufgeben müssen zugunsten von „zieldifferentem Lernen". Es kann demnach nicht darum gehen, Behinderungen durch entsprechende Differenzierungs- und Fördermaßnahmen zu beseitigen, sondern um die gemeinsame Arbeit mit unterschiedlichen Schwerpunkten. Hilbert Meyer verdeutlicht den didaktischen Hintergrund des Integrationsgedankens folgendermaßen: „Integration ist die Herstellung einer neuen Ganzheit, in der das, was integriert wird, nicht verloren geht, sondern lebendig und vielfältig aufgehoben wird." (Meyer 1997, Bd. 2, S. 178)

Die Integration von behinderten Schülern (Schüler mit attestiertem sonderpädagogischem Förderbedarf) scheitert an vielen Schulen schon an den räumlichen und materiellen Ausstattungen.

An unserer Integrierten Gesamtschule kommt hinzu, dass wir uns neben diesen „offiziellen" Behinderten mit einer Reihe von Schülern zu beschäftigen haben, die zwar unter geistigen oder körperlichen Beeinträchtigungen leiden, dieses aber niemals bescheinigt bekommen haben. Ein Zustand, den viele von Ihnen kennen werden, da in Deutschland Schulen mit Integrationsklassen trotz steigender Tendenz noch in der Minderzahl sind.

Wie in den oben dargestellten Unterrichtssituationen bemühen wir uns im Sinne der Integrationspädagogik auch darum, auf unterschiedlichen Lernniveaus möglichst allen Schülern gerecht zu werden und sie entsprechend ihren Fähigkeiten und

C Behinderte Mitschüler: Nobody is perfect

Fertigkeiten zu fordern und zu fördern. Anhand eines kurzen Beispiels aus der Anfangsphase unserer Klassengemeinschaft wollen wir unsere Vorgehensweise bei der Integration von Behinderten verdeutlichen.

Carsten ist heute schon wieder nicht zum Unterricht erschienen. Die anderen Schüler vermuten, dass er sich nicht traut, da heute in der 5. und 6. Stunde die Ergebnisse der Unterrichtseinheit „Stars, Idole und Vorbilder" präsentiert werden. Er hat schon öfter an Präsentationen nicht teilgenommen.

Zur Vorgeschichte: Carsten hat eine doppelseitige Lippenkiefergaumenspalte, spricht dadurch sehr undeutlich und hört zudem schlecht. In regelmäßigen Abständen wird er kieferorthopädisch behandelt. Als er zu uns in die Klasse kam, haben erst einmal alle etwas komisch geguckt. Nach gemeinsamen Gesprächen mit der Klasse – u. a. mit Informationen zur Entstehung dieser körperlichen Beeinträchtigung und der damit verbundenen notwendigen Behandlung – verschwanden diese Probleme. Carsten sitzt ganz vorne in der Klasse – bedingt durch sein geringes Hörvermögen – und die Mitschüler lassen ihm Zeit, wenn er etwas vortragen soll. Außerdem sind sie extrem leise, denn nur dann haben sie die Chance, ihn zu verstehen. Carsten ist heute ein fester Bestandteil der Klassengemeinschaft und nimmt selbstverständlich an den Präsentationen teil. Durch unsere Arbeit mit Arbeitsplänen gab es immer wieder gute Möglichkeiten, Carsten mit kleinen Texten zum Lesen und Vortragen anzuleiten.

Für diese Form der Integrationspädagogik ist allerdings die Kontinuität in der Klassenleitung besonders wichtig, damit das gegenseitige Vertrauen im Laufe dieser Jahre entstehen und regelmäßige Betreuung stattfinden kann.

Wir konnten beobachten, dass die Schüler unserer Klasse sukzessive eine hohe Wertschätzung für den je individuellen Leistungsfortschritt aller entwickelt haben. Sie begründeten diese Haltung mit folgenden Worten: „Wir wissen ja immer, wer was und woran gerade arbeitet. So können wir anderen helfen, aber auch andere um Hilfe bitten."

Fazit: Die Situation, die sich in unserer Klasse herausgebildet hat, lässt sich durch folgende Schlagworte charakterisieren:

- Alle werden gemeinsam unterrichtet, aber mit verschiedenen Inhalten und verschiedenen Lernzielen.
- Alle lehnen Gleichmacherei ab und stehen im Wettbewerb zu- und miteinander, aber – und das ist das Entscheidende – die Akzeptanz der unterschiedlichen Voraussetzungen (die „Handicaps" im Jargon des Sports) sorgen für tatsächliche Chancengleichheit und Erfolgserlebnisse für alle.

Checkliste zur Integration von behinderten Mitschülern

- Sicherheit schaffen (geringe Fluktuation der Fachlehrer, langfristige Betreuung durch Klassenlehrer oder -teams).
- Für den betroffenen Schüler einen adäquaten Platz auswählen (besonders bei Hör- und Sehbehinderungen).
- Eine geeignete Tischgruppe auswählen (Akzeptanz und behutsame Anleitung/Aufforderung zum Mittun).
- Aufgaben mit unterschiedlichen Schwierigkeitsgraden stellen, die von den Einzelnen bzw. von Lerngruppen gelöst werden können (innere Differenzierung/Wahldifferenzierung).
- Individuelle Arbeitspläne erstellen, die den unterschiedlichsten Lerngruppen, Lernständen und Behinderungen gerecht werden (Vermeidung von Frustration/Lernerfolg ist relativ).
- Verstärkung der individuellen positiven Eigenschaften (im kognitiven und emotionalen Bereich), um Ungleichheiten deutlich zu machen und trotzdem gemeinsam zu arbeiten.

D Neue Mitschüler: Hey, wer bist du?

Als Lena neu in unsere Klasse kommt, wissen wir als Klassenleitungsteam nur, dass Englisch und Mathe nicht gerade ihre Lieblingsfächer sind und dass sie die Realschule verlassen hat, weil sie sich dort nicht mehr wohl fühlte. Bevor wir sie der Klasse vorstellen, führen wir ein kurzes Gespräch mit Lena: Wir erklären ihr, wer wir sind, und erkundigen uns nach ihrer Gemütsverfassung. Klar ist sie aufgeregt und weiß nicht, was auf sie zukommt.

Beim Betreten des Klassenraumes wird sie von allen herzlich empfangen. Nachdem wir sie vorgestellt haben, fragt Michaela (mit der wir die Tischgruppenzugehörigkeit im Vorfeld abgesprochen haben) Lena, ob sie sich neben sie setzen will. Lena kommt dieser Bitte nach. Dann stellt sich jede Schülerin und jeder Schüler – und natürlich auch Lena – mit einer positiven und einer negativen Eigenschaft und ggf. mit einer besonderen Funktion oder Aufgabe innerhalb der Klasse vor. So lernt Lena auch gleich den Klassenraum kennen.

Sehr angenehm empfindet Lena es, dass nicht wir als Klassenleitungsteam ihr die Schule und das Lernumfeld zeigen, sondern Michaela sie gefragt hat, ob sie ihr alle Örtlichkeiten zeigen solle. Michaela hat gleich die Patenschaft für Lena übernommen, die sich dadurch sofort zugehörig fühlt.

D Neue Mitschüler: Hey, wer bist du?

Die Aufgaben einer *Patenschaft* haben wir in unserer Klasse wie folgt konkretisiert:
Der Pate soll
- soziale Kontakte zu der/dem „Neuen" herstellen,
- die Verpflichtung fühlen, sich um die Neue/den Neuen zu kümmern,
- darauf achten, dass es ihr/ihm gut geht,
- ihr/sein Fürsprecher sein,
- Verantwortung übernehmen und lernen damit umzugehen,
- für die Einbindung in die Klassengemeinschaft (oder Tischgruppe) sorgen.

Lena ist nicht der erste „Neuzugang" in unserer Klasse, und auch sie teilt uns nach kurzer Zeit mit, dass sie sich bei uns sehr wohl fühlt, dass sie sich von uns angenommen sieht und sich problemlos in die Klasse integriert hat. Woran liegt das? Was sind die Besonderheiten, weswegen insbesondere neue Mitschüler sich bei uns relativ schnell und problemlos einleben können? Gemeinsam haben wir überlegt, wie wir die Aufnahme von jemand Neuem in unsere Klassengemeinschaft gestalten sollen.

Um eine Neue oder einen Neuen wirklich in eine Klassengemeinschaft zu integrieren, ist es notwendig, die eigene Klassensituation für sich selber so genau wie möglich zu beschreiben oder zu analysieren. Das kann anhand von Clustern, Mind Maps (Kirckhoff 1997) oder auch in Gesprächen mit der Klasse geschehen. Aufgrund dieser Beschreibung können wir viel besser einschätzen, wo Konflikte zwischen einzelnen Gruppen bestehen, welche Animositäten es innerhalb der Gemeinschaft gibt, wo Verhaltensauffälligkeiten Einzelner die Klassensituation stören oder beherrschen. Diese Einschätzung nutzen wir dann so für eine Zuordnung des/der „Neuen" zu einer bestimmten Tischgruppe, dass diese mit möglichst wenigen Schwierigkeiten verbunden ist.

Darüber hinaus halten wir es für wichtig, uns Informationen über die neuen Schüler zu beschaffen. Um möglichst unvoreingenommen miteinander arbeiten zu können, verzichten wir aber ganz bewusst darauf, uns sofort die letzten Zeugnisse anzusehen oder die Schulakte geben zu lassen. Das hat sicherlich Zeit bis zum nächsten Zeugnis, das sie von uns erhalten. Die Noten sind nach unserer Einschätzung sekundär, denn wir haben die Erfahrung gemacht, dass die gemeinsame Arbeit uns über einen Schüler sehr viel mehr sagt, als die Einschätzung anhand von Zensuren. Gespräche mit den Eltern sind natürlich eine wichtige Voraussetzung – evtl. auch mit Freundinnen und Freunden. Das scheitert aber häufig daran, dass von einigen „Neuen" der Kontakt zur alten Schule gar nicht gewünscht wird.

Fazit: Neue Mitschüler sind nicht nur für die Schüler, die eine Patenschaft übernehmen, sondern für die gesamte Klasse eine Herausforderung. Für beide Seiten gilt, ein neues Gleichgewicht zu finden, das Innovation und Kontinuität neu austariert.

Checkliste zur Integration neuer Mitschüler

- Informationen über den neuen Schüler beschaffen (durch Gespräche mit dem Schüler, den Eltern, Freunden...).
- „Gemütsverfassung" des Neuen erkunden und Erwartungen, Wünsche und Vorstellungen von Lehrer- und von Schülerseite formulieren (im Gespräch mit dem Neuen).
- Die Klasse vorbereiten und Verantwortlichkeiten bzw. Patenschaften gemeinsam festlegen.
- Gegenseitiges Vorstellen mit einer guten und einer schlechten Eigenschaft und den übernommenen Aufgabenbereichen innerhalb der Klassengemeinschaft (Klassensprecher, Computerfachmann...).
- Erkundung des Lernumfeldes mit Hilfe der Mitschüler (Patenschaft), z. B. Fachräume, Fahrradplätze, Mensa, örtliche Gegebenheiten, Schulsekretärin, Hausmeister, Stundenplan, Schulordnung...
- Unterrichtsbücher für den Neuen bereitstellen und notwendige zu beschaffende Materialien in einer Liste schriftlich festhalten.
- Klassengespräch über methodisches Vorgehen im Unterricht, Erwartungen des Klassenlehrers, fachliche Voraussetzungen und Schwierigkeiten führen.
- Das Vorwissens des neuen Schülers klären, um einerseits vorhandenes Wissen zu nutzen und andererseits Lücken durch Zusatzmaßnahmen zu schließen.

Literatur

Barth, S.: Differenzen: weiblich – männlich. In: Praxis Deutsch 5/1997
Beiträge zur feministischen Theorie und Praxis 43/44. Um Bildung. Köln 1996
Bildungskommission NRW: Zukunft der Bildung – Zukunft der Schule. Neuwied 1995
Enders-Dragässer, U., Fuchs, C.: Interaktionen der Geschlechter. Weinheim 1993
Gewerkschaft Erziehung und Wissenschaft, Landesverband Niedersachsen (Hrsg.): Erziehung und Wissenschaft, Niedersachsen, 10/1998
Faulstich-Wieland, H.: Koedukation – Enttäuschte Hoffnungen? Darmstadt 1991
Greving, J., Paradies, L.: Unterrichts-Einstiege. Berlin 1996
Habermas, J.: Legitimationsprobleme im Spätkapitalismus. Frankfurt/M. 1973
von Hentig, H.: Die Schule neu denken. München 1993
ders.: Die Schule und die Lehrerbildung neu denken. In: Hänsel D., Huber L. (Hrsg.): Lehrerbildung neu denken und gestalten. Weinheim 1996
Horstkemper, M., Wetzel-Schumann, M.: Koedukation: immer noch, immer wieder ein Thema. In: Pädagogik extra. 11-12/1995

Kaiser, A.: Bildung für Mädchen und Jungen. In: Zeitschrift für Pädagogik, Beiheft 21, 1987, S. 231-237

Kirckhoff, M.: Mind Mapping. Offenbach 1997

Meyer, H.: UnterrichtsMethoden. (2 Bde.) Frankfurt/M. 1987

ders.: Schulpädagogik. (2 Bde.) Berlin 1997

Prengel, A.: Subjektive Erfahrungen mit Integration. In: Deppe-Wolfinger, H., Prengel, A., Reiser, H.: Integrative Pädagogik in der Grundschule. München 1990

Prengel, A.: Pädagogik der Vielfalt. Opladen 1995

Sielert, U.: Jungenarbeit. In: Sielert, U., Keil S. (Hrsg.): Sexualpädagogische Materialien für die Jungenarbeit in Freizeit und Schule. Weinheim 1993

Themenhefte der Zeitschrift „Pädagogik": Ausländerfeindlichkeit, 3/1992; Gewalt in der Schule, 3/1993; Koedukation bewusst gestalten, 9/1994; Lernziel: Verantwortung, 7-8/1995; Integrative Pädagogik, 10/1995

Hans Jürgen Linser / Liane Paradies

Kapitel 3

Das Lernen lernbar machen – Hilfe zur Selbsthilfe

„Ich hab doch gelernt und trotzdem ist es daneben gegangen." Eine typische Schüleräußerung, die wir so oder ähnlich immer wieder hören. Die Entgegnung: „Dann musst du eben mehr/besser lernen!" ist nicht nur zynisch, sie hilft auch keinem Schüler weiter, denn nur wenige Schüler wissen, wie sie besser lernen können. Deshalb ist es für sie wichtig zu erfahren, dass Lernen lernbar ist und wie sie Lernen lernen können. Dazu brauchen sie Hilfe.

Was aber ist Lernen? „Lernen ist Wahrnehmen und Speichern, Erkennen und Wiedererkennen, Einordnen und Verarbeiten, Vergleichen und Abrufen, ja auch Suchen und Finden, Behalten und Verstehen... ein Prozess, in dem geistige, psychische und körperliche Vorgänge untrennbar mit einander verbunden sind." (Vester 1979, S. 5)

Damit die Schüler diesen Prozess durchschauen und bewusst gestalten lernen, benötigen sie bestimmte Kenntnisse und Werkzeuge.

Die Schüler müssen u. a.

- etwas über ihren individuellen Lerntyp erfahren,
- bestimmte Lern- und Arbeitstechniken beherrschen,
- die Bedeutung von Konzentrations- und Entspannungsübungen für das Lernen kennen und diese einsetzen können,
- Lernprozesse reflektieren können.

In diesem Kapitel werden Anregungen gegeben, wie Schüler ihr Lernen besser organisieren können. Im ersten Teil werden Verfahren vorgestellt, die Schülern einen besseren Zugang zu den eigenen Lernvoraussetzungen und Lernvorgängen vermitteln. Der zweite Teil stellt Methoden vor, die es Schülern ermöglichen, Lern- und Arbeitsprozesse effektiver zu gestalten. Im dritten Teil werden Konzentrations- und Entspannungsübungen als Unterstützung des Lernens vorgestellt.

Da sich zielgerichtetes Lernen nicht von heute auf morgen lernen lässt, sollten die Übungen hierzu ein selbstverständlicher Bestandteil von Lern- und Arbeitsprozessen werden.

Die Informationen und Übungen sind so gestaltet, dass sie auch auf Elternabenden eingesetzt werden können. Häufig sehen Eltern das häusliche Lernen vorwiegend unter dem Aspekt des Übens, Wiederholens und Auswendiglernens. Informationen über Lernprozesse und unterschiedliche Lerntypen verschaffen ihnen neue Einsichten über mögliche Gründe von Lernschwierigkeiten ihrer Kindern. Kenntnisse über Lern- und Arbeitsmethoden in Verbindung mit Konzentrations- und Entspannungsmethoden wirken Vorbehalten gegenüber dem Nutzen dieser Methoden entgegen, die bei vielen Eltern noch zu beobachten sind, da ihnen meistens ein Zugang aufgrund fehlender eigener Erfahrungen erschwert ist.

Viele Schulen organisieren das „Lernen lernen" als Projekt. Alle Übungen lassen sich gut in ein solches Vorhaben einbauen und sind auch für den Einsatz an außerschulischen Lernorten geeignet.

A Jeder lernt anders, aber alle lernen mit allen Sinnen

1. Eine Reise in das Innere unseres Gehirns

In der Schule werden die Fähigkeiten der linken, mehr analytisch arbeitenden Gehirnhälfte stärker beansprucht, als die der rechten, stärker bildhaft arbeitenden Hälfte. Dementsprechend fallen häufig Schüler durch das Leistungsraster, die weniger auf das verbale Denken spezialisiert sind, sondern ihre Stärken im nichtverbalen, räumlichen und visuellen Denken haben. Eine wichtige Aufgabe des Unterrichts ist es deshalb, die spezifischen Leistungen beider Gehirnhälften zu trainieren und zu fördern. Es müssen Methoden eingesetzt werden, die es Schülern ermöglichen, alle geistigen Fertigkeiten und Fähigkeiten auszuschöpfen.

Aber auch den Schülern selbst können die heutigen Erkenntnisse über das Zusammenwirken der beiden Gehirnhälften und seine Bedeutung für das ganzheitliche Lernen eine wichtige Hilfe sein. Nach den folgenden Arbeitsschritten wird es ihnen leichter fallen, ihre subjektiven Verarbeitungsprozesse zu durchschauen und Aussagen darüber zu machen.

Experiment: Wer erkennt etwas? **ab Klasse 5**

Zeitbedarf: ca. 15 Minuten

Material/Medien: Overheadprojektor, Folie mit Abbildung (s. u.)

Durchführung: Das einleitende Experiment zur unterschiedlichen Leistung der beiden Gehirnhälften kann mit folgenden Worten vorgestellt werden: „Wir werden gemeinsam ein kleines Experiment durchführen. Es soll uns erste Hinweise auf die Frage geben: ‚Wie arbeitet unser Gehirn?' Deshalb ist es wichtig, dass ihr euch nicht miteinander beratet. Jeder arbeitet für sich. Ich werde euch ein Bild zeigen, auf dem etwas verborgen ist. Schaut euch das Bild genau an. Wer etwas erkannt hat, schreibt den Namen dafür auf." Jetzt wird den Schülern die Folie mit umseitig stehender Abbildung gezeigt:

(nach Dallenbach, K. M.: A puzzle picture with a new principle of concealment. Amer. J. Psychol. (1951) 64. S. 431)

Nach ein bis zwei Minuten wird der Projektor ausgeschaltet und gefragt, wer etwas erkannt hat. Das Ergebnis der Befragung wird in einer Tabelle an der Tafel (s. u.) notiert. Wichtig: Den Schülern sollte deutlich sein, dass es hier nicht um eine zu beurteilende Leistung geht. Die Auswertung wird zeigen, dass sehr viele Schüler das Objekt nicht erkannt haben.

Nun wird der Projektor erneut eingeschaltet. Doch diesmal wird eine Erläuterung dazu gegeben: „Schaut euch bitte das Bild noch einmal genau an. Diejenigen, die jetzt auf dem Bild eine Kuh erkennen, melden sich bitte."

Die sich nun ergebenden Zahlen werden wiederum in der Tabelle eingetragen.

	Ich habe ein „Etwas" erkannt	*Ich habe kein „Etwas" erkannt*
ohne Erläuterung	z. B. 6	z. B. 21
mit Erläuterung	z. B. 20	z. B. 7

(Für diejenigen, die das Bild auch jetzt nicht erkennen: Die zusammenhängende weiße Fläche in der linken Bildhälfte zeigt Stirn und Nasenrücken der Kuh, die beiden schwarzen Flächen in der oberen Bildhälfte sind die Ohren.)

Auswertung: Wie lässt sich diese auffällige Veränderung erklären? Während der ersten Phase des Experiments sollen die Schüler auf einen bildhaften Impuls reagieren. Ohne dass es ihnen bewusst ist, wird die rechte Hälfte des Gehirns aktiviert. Sie ist für die Verarbeitung visueller Informationen zuständig. Die Bildvorlage wird nach Farbe, Form, Strichführung und Flächen entschlüsselt. Die Beobachtungen können aber bei vielen noch nicht zu einem Ergebnis zusammengebaut werden. In der zweiten Phase des Experiments wird neben der rechten auch die linke Gehirnhälfte aktiviert. Neben das Bild tritt eine sprachlich-begriffliche Information. Da beide Gehirnhälften durch ein dickes Bündel von Nervenleitungen, den sogenannten Balken (Corpus callosum), miteinander verbunden sind, können die Informationen ausgetauscht werden.

Nach diesem Experiment kann ein Merksatz für die Schüler lauten: Soll Lernstoff aufgenommen und verarbeitet werden, dann müssen Voraussetzungen dafür geschaffen werden, dass das Gehirn Informationen bildlich und sprachlich verarbeiten kann.

Eine Reise in unser Gehirn ab Klasse 5

Zeitbedarf: ca. eine Unterrichtsstunde

Material: Textvorlage, pro Schüler ein DIN-A3-Blatt sowie Buntstifte und Wachskreide

Durchführung: Bevor die Schüler sich auf eine kleine Reise ins Innere des Gehirns begeben, erhalten sie folgende Informationen über die Beschaffenheit unseres Gehirns.

Die Arbeit der beiden Gehirnhälften

Das Lernen ist eine Leistung unseres Gehirns. Heute wissen wir bereits sehr viele Details über die Arbeitsweise des Gehirns. Eine sehr wichtige Erkenntnis ist die, dass die beiden Hälften des Großhirns, die Hemisphären, eine Art Arbeitsteilung praktizieren:

- Die *linke Hemisphäre,* die auch für die Bewegungen und Sinnesorgane der rechten Körperhälfte (rechtes Ohr, rechtes Auge) zuständig ist, arbeitet analytisch und denkt in Begriffen.
- Die *rechte Hemisphäre,* die dementsprechend für die linke Körperhälfte und deren Sinnesorgane zuständig ist, denkt in Bildern.

Der „Balken" verbindet die beiden Hälften. Er enthält unzählige Leitungen, die die Funktionen der beiden Hälften wieder miteinander vernetzen.

Eine effektive Arbeitsweise des Gehirns liegt beim Lernen vor, wenn hierbei beide Gehirnhälften benutzt/aktiviert werden.

Das folgende Schema gibt einen Überblick über die Funktionen der beiden Gehirnhälften (nach Krüger 1997, S. 16).

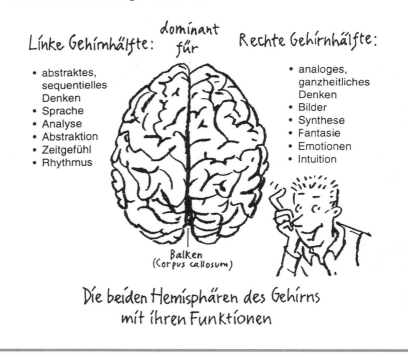

Die beiden Hemisphären des Gehirns mit ihren Funktionen

Dieses Schema bleibt für die Schüler abstrakt. Die folgende Übung soll die Schüler bildlich an die Leistungen der beiden Gehirnhälften heranführen. Die folgende Erzählung kann als Fantasiereise (s. S. 101 f.) eingesetzt werden.

Fantasiereise ins Innere des Gehirns

Stell dir vor, du betrittst ein dir unbekanntes Gebäude. Du öffnest die Tür und betrittst einen langen Flur. Überall sind Kabel und Leitungen verlegt. Sie verbinden sich und laufen wieder auseinander. Du erreichst eine Stelle des Flures, wo sich links und rechts je eine Tür befindet. Viele Leitungen führen in sie hinein. Welche Tür willst du zuerst öffnen? Du entscheidest dich für die linke.

Du bist erstaunt. Dieser Raum erscheint ganz aufgeräumt. Die Wände sind wie frisch gestrichen. An den Wänden befinden sich viele Regale und geschlossene

A Jeder lernt anders, aber alle lernen mit allen Sinnen

Schränke. In der Mitte stehen große Schreibtische. Jeder Gegenstand, der auf ihnen liegt, hat seinen festen Platz. Jede Einzelheit ist genau zu erkennen. Die Menschen, die hier arbeiten, tragen alle eine Kleidung wie eine Uniform. Sie scheinen alle eine ganz bestimmte Aufgabe zu haben. Der eine überprüft die Ordnung in den Regalen, ein anderer notiert Zahlen und Regeln. Und wieder ein anderer schreibt auf, was ihm diktiert wird. Wenn sie miteinander reden, so klingt das wie monotone Anweisungen und Befehle. Du bist beeindruckt von der Übersicht und der Klarheit, die in diesem Raum herrschen.

Nun bist du aber neugierig geworden. Wie mag es wohl in dem anderen Raum aussehen? Du verlässt den Raum und trittst vor die andere Tür. Kaum hast du die Tür einen Spaltbreit geöffnet, hörst du lustige Stimmen und eine Musik, zu der du am liebsten gleich tanzen würdest. Nun betrittst du den Raum. Einen Raum mit solch farbenfrohen Wänden hast du noch nie gesehen. Der ganze Raum erscheint dir wie ein großes Kunstwerk. Der Fußboden ist gar kein Fußboden. Es ist eine bunte Blumenwiese. Die Menschen tragen bunte, fantasievolle Kleidung. Keiner sieht aus wie der andere. Sie sind alle vergnügt. Einige tanzen, andere pflücken Blumen oder flechten Körbe. Du siehst auch eine Person, die weint. Aber gleich ist jemand bei ihr, spricht mit ihr und versucht sie wieder aufzumuntern.

Nach kurzer Zeit verlässt du auch diesen Raum und begibst dich wieder auf den Flur. Auf deinem Weg zum Ausgang wird dir klar: Du bist in beiden Räumen zu Hause. Du kannst nur richtig lernen, wenn du in beiden Räumen lebst. Du brauchst Ordnung, aber auch Fantasie. Regeln und Zahlen sind genauso wichtig wie Kreativität und Gefühle. Wenn das Lernen besser funktionieren soll, müssen beide Hälften des Gehirns aktiv sein.

Im Anschluss an diese Erzählung erhalten die Schüler einen weißen DIN-A3-Bogen mit dem Arbeitsauftrag: Zeichnet auf diesen Bogen die Umrisse der Gehirnhälften. (Ein Vergleich mit einer geöffneten Walnuss ist dabei sehr hilfreich.) Gestaltet diese anschließend nach den Bildern, die ihr aus der Erzählung mitgenommen hat.

Auswertung: Bei der Besprechung können Begriffe herausgearbeitet werden, die die Bilder interpretieren. Diese werden in einer Tafelzeichnung um das Gehirn herum den entsprechenden Hälften zugeordnet.

Hier einige Beispiele:

Linke Hälfte	*Rechte Hälfte*
Logik, Sprache, Lesen, Schreiben, Zuhören, Regeln, Zahlen, Ordnung, Einzelheiten erkennen	Gefühle, Tastsinn, Vorstellungen, Fantasie, Musik, Bewegung, Kreativität, Kunst, Farbempfinden, ganze Bilder

Schüler-
Zeichnung

2. Welcher Lerntyp bin ich?

Es ist heute unumstritten, dass zum Lernen Selbstständigkeit und Selbsttätigkeit gehören. Aufgabe der Schule ist es, diese Aspekte zu fordern und zu fördern. Eine wichtige Voraussetzung dafür ist, dass Schüler befähigt werden, sich und ihr Lernverhalten besser einschätzen zu können. Sie müssen also ihren individuellen Lerntyp kennen, um eigene Lernwege zu finden.

Der *Lerntyp* ergibt sich daraus, welche *Sinnesorgane* beim Lernen im Vordergrund stehen, auf welche Weise Informationen am leichtesten aufgenommen werden. Dabei ist zu berücksichtigen, dass es sich im Einzelfall immer um Mischformen handeln wird.

Die vier wichtigsten *Lerntypen* sind:
- auditiver Lerntyp: das Zuhören steht im Vordergrund,
- visueller Lerntyp: das Sehen und Beobachten stehen im Vordergrund,
- haptischer Lerntyp: das eigene Tun und Fühlen stehen im Vordergrund,
- verbaler-abstrakter Lerntyp: das Gespräch, das Fragen und Erzählen stehen im Vordergrund.

A Jeder lernt anders, aber alle lernen mit allen Sinnen

Jeder Schüler hat seine eigene individuelle Art, Wissen aufzunehmen, zu verarbeiten und zu speichern. Ein Fragebogen (z. B. Vester 1993, S. 144ff., Miller 1995, S. 194ff.) und deren Auswertungsergebnisse können Schülern und Lehrern hierzu wichtige Hinweise geben. Die Vielfalt des individuellen Lernens macht es unmöglich, Unterricht so zu gestalten, dass jeder Schüler sich immer optimal angesprochen fühlt. Je früher Schüler aber ihre individuellen Lernweisen kennen lernen, desto eher können sie Lernstoff in die Sprache und Assoziationsformen ihres eigenen Grundmusters übertragen.

Mit den folgenden Übungen zum Lerntyp lässt sich feststellen, welche Eingangskanäle jemand bevorzugt benutzt, um sich Lernstoff anzueignen.

Übungen zum Lerntyp ab Klasse 5
(nach Vester 1993)

Intention: Die Schüler sollen erfahren, über welche Kanäle sie sich Wissen aneignen. Dabei sollen sie erkennen, dass sie mit allen Sinnen lernen, aber unterschiedliche Gewichtungen vorhanden sind. Sie werden Stärken und Schwächen in ihrem persönlichen Denknetz erkennen und über die Auseinandersetzung mit den Lernwegen ihre persönliche „Mischform" entdecken. So erfahren die Schüler die Notwendigkeit des ganzheitlichen Lernens. Die Übung macht den Schülern erfahrungsgemäß sehr viel Spaß. Wichtig ist dabei der Hinweis, dass die Ergebnisse nur für den jeweiligen Schüler sind, er soll etwas über sich selbst erfahren. Konkurrenzdenken (Wer hat die meisten Punkte?) soll vermieden werden.

Teilnehmerzahl: bis zur halben Klassenstärke (Die anderen Schüler der Klasse werden während der Testdurchführung von einer zweiten Lehrkraft betreut.)

Zeitbedarf: ca. 45 Minuten

Material: pro Schüler ein DIN-A4-Bogen sowie ein weiteres Blatt, Stift und Lineal. Außerdem: zehn DIN-A3-Blätter mit je einem Begriff (s. u.), ein vorbereitetes Blatt mit Rechenaufgaben (s. u.), ein Blatt mit zehn weiteren Begriffen, pro Schüler ein Beutel mit zehn Gegenständen

Durchführung:

Der Test besteht aus vier Teilen. Zur Vorbereitung erstellt zunächst jeder Schüler ein Raster nach nebenstehendem Muster:

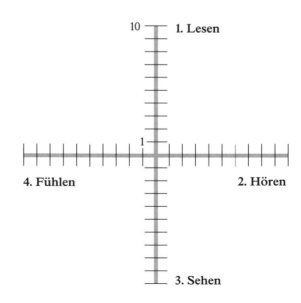

Die Schüler haben beim folgenden Test nur ein leeres Blatt und einen Stift vor sich liegen. Weitere Gegenstände sollten sich nicht auf dem Tisch befinden.

1. Übung zum Leseverhalten (Dauer ca. 3 Minuten)

Die Schüler sitzen so, dass alle Sie gleich gut sehen können. Nun erklären Sie den Schülern den Ablauf der ersten Testphase:

> **Erläuterung der Testphase**
>
> *"Ich zeige euch nacheinander zehn Begriffe. Jeder Begriff ist auf einem DIN-A3-Blatt geschrieben. Das Blatt wird von mir jeweils etwa zwei Sekunden hochgehalten. Eure Aufgabe ist es, die Begriffe leise zu lesen und euch so viele Begriffe wie möglich zu merken. Anschließend diktiere ich euch 30 Sekunden lang Kopfrechenaufgaben. Die Lösungen schreibt ihr bitte sofort auf den Zettel. Wenn ihr eine Aufgabe nicht gleich lösen könnt, ist das kein Problem. Konzentriert euch dann gleich auf die nächste Aufgabe. Wenn die 30 Sekunden um sind, erhaltet ihr noch einmal 30 Sekunden Zeit, um die Begriffe zu notieren, die ich euch vor den Rechenaufgaben gezeigt habe. Die Zeiten werden von mir genau eingehalten. Hat jemand eine Frage dazu? Während des Tests könnt ihr keine Frage mehr stellen."*
> (Dieser letzte Hinweis ist besonders wichtig.)

Auf den Blättern befinden sich folgende zehn Begriffe, wie z. B.: *Vater, Handtuch, Klavier, Fingerhut, Tür, Decke, Griff, Mantel, Rasen, Herd*.

Anschließend werden Rechenaufgaben als „ablenkende" Konzentrationsübung genannt. Sie sollten dem Leistungsvermögen der Klasse angepasst und unbedingt leicht lösbar sein.

Hier einige Beispiele (für Klasse 5):

5 x 6	9 x 3	9 + 7	15 – 9	8 : 2	7 x 7	18 – 9	17 + 7
28 – 4	7 : 7	9 x 9	31 – 6	3 : 1	5 x 6	16 + 9	4 + 1

Wichtig: Es dürfen keine Denkpausen entstehen, die Rechenaufgaben müssen also zügig aufeinander folgen. Die Schüler dürfen die Schreibzeit nicht überschreiten.

Auswertung: Die Ergebnisse der Rechenaufgaben sind für die Testauswertung bedeutungslos. Sie sind als künstliche Trennung zwischen Ultrakurzzeit-Gedächtnis und Kurzzeitgedächtnis zu betrachten.

Zur Auswertung werden nun noch einmal alle Begriffe gezeigt. Die Schüler notieren die Anzahl ihrer richtigen Nennungen und übertragen die Zahl in ihr Raster. (Es ist auch möglich, die Auswertung der einzelnen Übungsteile erst ganz zum Schluss vorzunehmen. Dann ist es ratsam, auch das Raster erst nach dem letzten Übungsteil zeichnen zu lassen.)

2. Übung zum Hörverhalten (Dauer ca. 3 Minuten)

Die Durchführung erfolgt analog zur ersten Testphase. Bitte wiederholen Sie erneut den genauen Ablauf der Testphase (s. o.). Bei dieser Übung werden zehn andere Begriffe im Abstand von zwei Sekunden vorgelesen, wie z. B.: *Adler, Teppich, Hausschuh, Krug, Federball, Telefon, Salz, Lampe, Waage, Tisch.*

Auswertung: wie bei der ersten Testphase.

3. Übung zum Sehverhalten (Dauer ca. 3 Minuten)

Die Durchführung erfolgt analog zu den vorangegangenen Testphasen. Bitte wiederholen Sie erneut den genauen Ablauf der Testphase (s. o.). Bei dieser Übung werden zehn Gegenstände im Abstand von zwei Sekunden kurz gezeigt, wie z. B.: *Briefumschlag, Waschlappen, Gabel, Heft, Apfel, Schere, CD, Kamm, Socke, Uhr.*

Auswertung: wie in den vorangegangenen Testphasen.

4. Übung zum Fühlverhalten (Dauer ca. 3 Minuten, evtl. muss aufgrund der ausführlichen Erklärung etwas mehr Zeit angesetzt werden)

Die Durchführung erfolgt analog zu den vorangegangenen Testphasen. Bitte wiederholen Sie erneut den genauen Ablauf der Testphase (s. o.).

Bei dieser Übung hat jeder Schüler einen Beutel (z. B. Baumwolltasche) vor sich, in dem sich zehn Gegenstände befinden. Die Gegenstände liegen gehäuft in der rechten Ecke (bei Linkshändern in der linken Ecke) des Beutels. In jedem Beutel befinden sich die gleichen Gegenstände. Die Schüler legen beide Hände in die Tasche, aber ohne einen Gegenstand zu berühren. Nun geben Sie das Startzeichen. Jeder Schüler ergreift im Abstand von zwei Sekunden mit der rechten Hand einen Gegenstand aus der rechten Ecke, legt sie in seine linke Hand (Linkshänder umgekehrt). Dann wird der Gegenstand in der linken Ecke des Beutels abgelegt. Folgende Gegenstände können sich in einem Beutel befinden: *Feder, Nagel, Papiertaschentuch, Korken, Stift, Murmel/Kugel, Streichholzschachtel, Löffel, Schlüssel, Anspitzer.*

Auswertung: wie in den vorangegangenen Testphasen.

Gesamtauswertung: Die Schüler tragen die notierten Werte in das Raster ein und verbinden die Punkte zu einem Viereck. Dieses Viereck wird anschließend ausgemalt oder schraffiert. Je nach Lage der Figur können die Schüler nun erkennen, über welche Eingangskanäle ihre Gedächtnisleistungen besonders aktiviert werden (in unserem Beispiel ist es das Hören und Sehen). Für den Lehrer entstehen Einsichten hinsichtlich der Auswahl von Unterrichtsmaterialien und dem Einsatz ganzheitlich orientierter Unterrichtsmethoden.

Schlussbemerkung:
Da gerade die Übung zum Fühlverhalten vorbereitungsintensiv ist, empfiehlt es sich, mit kleineren Testgruppen zu arbeiten.

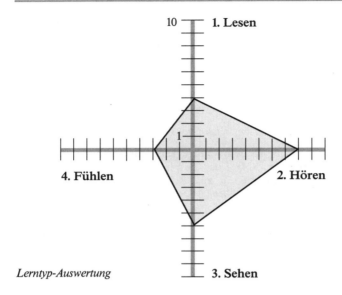

Lerntyp-Auswertung

B Der Schüler muss Methode haben

Dieser Satz signalisiert einen intensiven Umdenkprozess in der Pädagogik. Dabei nimmt er aber gleichzeitig Strömungen auf, die seit Humboldt und dem Königsberger Schulplan von 1809 zu beobachten sind. Seit dieser Zeit wird immer wieder mit unterschiedlicher Schärfe oder Gewichtung das *Lernen lehren* neben der *Lernstoffvermittlung* als wichtiges Bildungsziel der Schule genannt. Heute sind das Einüben von Lernstrategien und die Förderung von Lernhaltungen aus dem Schulalltag nicht mehr wegzudenken. Die Gründe hierfür sind vielfältig. Auf einige wesentliche soll an dieser Stelle hingewiesen werden:

1. Die Berufswelt fordert auf der einen Seite ein immer spezielleres Fachwissen, auf der anderen Seite besteht durch den raschen Wandel des Fachwissens die Notwendigkeit, sich neues Wissen selbstständig anzueignen.
2. Die Selbsttätigkeit ist ein zentrales Moment der Persönlichkeitsentwicklung (vgl. Gaudig 1922).
3. Nach Erkenntnissen der Entwicklungspsychologie ist das Lern- und Arbeitsverhalten des Menschen abhängig von der Art und Weise der Anregungen und Anleitungen zum Lernen. Das Lern- und Arbeitsverhalten entwickelt sich nicht autonom.
4. Die gezielte Anwendung von erfolgsversprechenden Lernstrategien fördert die Lernbereitschaft, steigert die Motivation und verhindert Resignation.

5. Begabungspotential kann nur dann in adäquate Schulleistungen umgesetzt werden, wenn Lern- und Arbeitstechniken beherrscht und bewusst von Schülern eingesetzt werden können. Für diese Stützfaktoren sind 30–40 Prozent der Lernleistungen anzurechnen (vgl. Keller 1993).

Unter Berücksichtigung all dieser Gründe formuliert Klippert einen spezifischen Bildungswert des Methodenlernens: „In dem Maße, wie sich sein (gemeint ist der Schüler, S. D.) Methodenrepertoire erweitert und festigt, wächst auch seine Selbststeuerungs- und Selbstbestimmungsfähigkeit – und damit seine Mündigkeit." (Klippert 1997, S. 27) D. h., ein Schüler gewinnt an persönlicher Autonomie und Handlungskompetenz, wenn er gelernt hat, selbstständig zu arbeiten, zu entscheiden, zu planen, zu organisieren, Probleme zu lösen, Informationen auszuwerten, Prioritäten zu setzen, und kritisch-konstruktiv zu argumentieren.

Diese Ziele können jedoch nur erreicht werden, wenn unterstützend Techniken und Methoden beherrscht werden, die a) Motivation zum selbstständigen Lernen aufbauen und b) Konzentration und Entspannung fördern.

Wie können nun die Schüler an das Methodenlernen herangeführt werden? Es gibt inzwischen eine Vielzahl sogenannter Trainingsprogramme zum Methodenlernen. Doch Vorsicht: Nicht jedes Programm ist für jeden Schüler geeignet und nicht jeder Schüler kann jede Methode beherrschen.

Erst wenn ein Schüler sich vor Augen geführt hat, wie er am besten lernen kann, wenn er sich also mit seinem Lerntyp auseinandergesetzt hat, kann er Methoden entsprechend seiner Lernkanäle auswählen und zielgerichtet einsetzen.

Einige Methoden, die ein Grundlagenrepertoire für die Schule und die Arbeit zu Hause darstellen können, sollen in diesem Abschnitt vorgestellt werden. All diese Methoden müssen im Unterricht immer wieder eingeübt, reflektiert und gefestigt werden, da die wenigsten Schüler sie nach einmaliger Vorstellung und Anwendung selbstständig beherrschen.

1. Erstellen einer Mind Map

Die Mind-Map-Methode dient dem Visualisieren von Gedanken. Dabei werden analoge und digitale Denkweisen der Gehirnhälften gleichermaßen aktiviert. Diese Methode ist geeignet, erste Gedanken und Überlegungen zu einem Thema festzuhalten. Sie dient der Stoffsammlung oder dem Erstellen einer Gliederung, hilft Lernstoff zu strukturieren und auf das Wesentliche zu reduzieren. Sie kann überall dort eingesetzt werden, wo es gilt, Ideen zu produzieren, zu notieren und zu ordnen.

Die Mind Map ist besonders geeignet, um Lernstoff zu wiederholen, sie ist eine Hilfe, um z. B. ein Stundenprotokoll, ein Exzerpt von einem Aufsatz oder eine Vorlage für ein Referat anzufertigen.

Die Mind-Map-Methode ist einfach zu erlernen und vielseitig anzuwenden, sollte aber regelmäßig geübt werden. Eine Möglichkeit des Vertiefens besteht auch darin, dass der Lehrer seine mündlichen Erläuterungen im Unterricht visualisiert, indem er parallel zu seinen Erläuterungen eine Mind Map an der Tafel entwickelt.

Die Gestaltung der Mind Map erfolgt in drei Arbeitsschritten:

1. Der zentrale Begriff (das Thema) wird in die Mitte eines leeren Blattes geschrieben und umrandet.
2. Von dieser Mitte aus werden nach außen Hauptäste gezeichnet. Diese werden jeweils mit einem zum Hauptthema gehörenden Stichwort versehen. (Schlüssel- oder Oberbegriffe wie: Gestaltung, Funktion, Inhalte usw.)
3. An diesen Hauptästen setzen nun Nebenäste an, die das entsprechende Stichwort weiter aufschlüsseln. (Die Verästelung darf dabei nicht zu unübersichtlich werden.)

Dabei ist zu beachten:

- Eine gleichmäßige Raumaufteilung unterstützt die Übersichtlichkeit und verhindert eine frühzeitige Gewichtung oder Ausklammerung.
- Die Schrift muss gut lesbar sein. Durch Schriftart und -größe können Schwerpunkte gekennzeichnet werden.
- Haupt- und Nebenäste können farblich unterschieden werden.
- Beziehungen zwischen erarbeiteten Einzelaspekten können durch Pfeile, Symbole, Zeichnungen verstärkt werden.

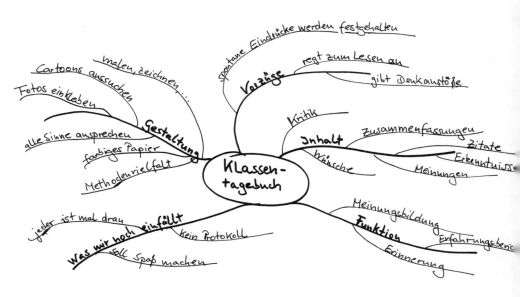

Mind Map „Klassentagebuch"

2. Stufenmodell zum systematischen Lesen

In allen Fächern wird Lernstoff durch Sachtexte vermittelt, die vorgelesen werden oder selbsttätig erlesen werden müssen. Das Lesen ist eine zentrale Fertigkeit zur Informationsbeschaffung. Dabei wird oft angenommen: Wer einen Text gelesen hat, kann auch im Unterricht, der sich auf die Kenntnis dieses Textes stützt, mitarbeiten. Doch in der Praxis sieht es anders aus. Gerade die sprachliche Formulierung von Lernstoffen bereitet vielen Schülern Schwierigkeiten. Warum? Texte, die eigentlich die Funktion haben, Sachverhalte klar und eindeutig vorzustellen, müssen erst vom Leser entschlüsselt werden. Und in diesem Entschlüsselungsprozess liegen die Stolpersteine. Die Schüler haben hierfür oft keine Methode. Gezieltes Erlesen wird wenig geübt und eine gemeinsame Textbearbeitung im Unterricht ist eher die Ausnahme. Die folgende Übung kann den Schülern helfen, sich der elementaren Techniken der Informationsbeschaffung und -aufnahme bewusst zu werden.

5-Schritt-Lese-Methode   **ab Klasse 5**

Intention: Ziel dieser Übung ist es, wesentliche und neue Informationen eines Sachtextes zu erkennen, zu verstehen und zu behalten. Um einen Text zu verstehen, ihn zu durchdringen, bedarf es einer systematischen Vorgehensweise, die durchaus zeitaufwendig ist und daher von den Schülern eine gewisse Ausdauer und gründliches Arbeiten verlangt. Dabei ist es wichtig, die unterschiedlichen Aufnahmestrategien der Schüler zu berücksichtigen. Das Verfahren muss häufig mit den Schülern geübt werden.

Sozialform: Einzelarbeit

Zeitbedarf: Je nach Text und Jahrgang werden unterschiedliche Zeiten anzusetzen sein, 30 Minuten sollten jedoch nicht überschritten werden.

Material: Lesetext, Papier und Stift

Durchführung: Das Stufenmodell zum systematischen Lesen soll mit Hilfe des folgenden Textes vorgestellt werden.

Stufenmodell zum systematischen Lesen

1. Verschaff dir einen Überblick.

Beachte die Überschrift. Sie gibt dir erste Informationen zum Inhalt des Textes. Wenn du nun den Text überfliegst, so wirst du schnell erkennen, wovon der Text handelt. Manches wird dir bereits bekannt sein. Oft geben die Anfänge der einzelnen Abschnitte wichtige Hinweise.

2. Stelle an den Text Fragen.

Nun überlegst du dir, um welche Fragen oder Probleme es in diesem Text geht. Was ist dir unbekannt? Was soll dir der Text noch näher erläutern?

(Diese Fragen kannst du auch aufschreiben.) Durch das Formulieren dieser Fragen verstärkst du dein Interesse, den Text noch einmal genauer durchzulesen.

3. Lies den Text noch einmal gründlich.

Beim zweiten Durchlesen denkst du an deine Fragen. Mach zwischendurch eine Pause, um zu überprüfen, ob du auf deine Fragen eine Antwort bekommen hast. Durch die Pausen können die aufgenommenen Informationen auch besser im Gedächtnis gespeichert werden.

4. Fasse die Sinnabschnitte zusammen.

Dies kann gedanklich oder schriftlich erfolgen. Gehe dazu jeden Sinnabschnitt einzeln durch. Es ist dabei auch sinnvoll, den Blick von dem Text zu lösen. Wenn es möglich ist, z. B. bei der Arbeit zu Hause, solltest du deine Gedanken leise vor dich hinsprechen. Was du aussprichst, bleibt besser im Gedächtnis haften.

5. Wiederhole die wichtigsten Informationen.

Zum Schluss wiederholst du noch einmal alle wichtigen Informationen des Textes. Notiere dazu Stichworte. Vielleicht bist du jetzt so sicher geworden, dass du deine zusammenfassenden Gedanken der Klasse vortragen möchtest. Es wird dir jetzt auch viel leichter fallen, alles Wichtige in kurzen Sätzen aufzuschreiben.

3. Ein Spickzettel entsteht

Wer kennt ihn nicht, den Spickzettel? Wohl jeder Schüler hat schon einmal einen erstellt – ob als „Hilfe" für eine Arbeit oder zur Vorbereitung für ein Referat. Das Benutzen eines Spickzettels während einer Arbeit ist verboten, beim Halten eines Referats darf er zwar benutzt werden, zu häufiges Ablesen macht aber keinen guten Eindruck. Diese Hintergründe haben Auswirkungen auf das Erstellen der Spickzettel. Die Schüler arbeiten dabei unter Stress, weil sie meinen, dass sie an einer „unerwünschten" Arbeitshilfe arbeiten. Daher konzentrieren sie sich nicht auf die Sache – Merkstoff in knapper Form zu Papier bringen –, sondern sie beschäftigen sich primär mit Gedanken wie: „Wo bewahre ich ihn am besten auf?", „Hoffentlich werde ich nicht erwischt", „Wie verhalte ich mich, wenn ich erwischt werde?" usw.

Da der Spickzettel aber eine sinnvolle Arbeitshilfe sein kann, ist es ratsam, Schüler mit ihm vertraut zu machen. Die folgende Übung kann methodische Hilfe geben, die es jedem Schüler ermöglicht, sich durch Erfahrungen in der Gruppe ein individuelles Vorgehen für das Erstellen eines Spickzettels anzueignen.

Zum Spickzettel im Dreierschritt   ab Klasse 5

Intention: Der Spickzettel hat die Funktion, Wissen in komprimierter Form zu dokumentieren. Er sollte so gestaltet sein, dass die Erinnerung an das Notierte das gesamte Wissen aktiviert. Ein für die Schüler nachvollziehbares Bild könnte sein: Durch einen *Mausklick* wird ein Speicherplatz geöffnet und die dort enthaltenen Informationen stehen uns wieder zur Verfügung.

Sozialform: Gruppenarbeit

Zeitbedarf: ca. 45 Minuten

Material: für jede Gruppe ein großer Bogen Packpapier, ein DIN-A4-Blatt und eine Karteikarte im Format DIN A6

Durchführung:

1. Schritt: Die Gruppe versammelt sich um ihren Gruppentisch, auf dem ein großer Bogen Packpapier ausgelegt wird. In die Mitte des Bogens wird das Thema (z. B. einer Lernkontrolle oder eines Referates) geschrieben. Jeder Schüler beginnt nun, sein Wissen oder auch seine Fragen zu diesem Thema auf den Bogen zu schreiben. Dabei bewegen sich alle um den Tisch, um die Aufzeichnungen der anderen Gruppenmitglieder zu lesen, zu denen sie dann ihre eigenen Gedanken/Ideen hinzuschreiben können. Wichtig: Die Schüler sollten in dieser Phase nicht miteinander sprechen und sich ganz auf das Geschriebene konzentrieren.

2. Schritt: Die Gruppe bearbeitet ihre Ergebnisse, indem die Schüler Aussagen/ Fragen markieren, die sie für besonders wichtig halten. Die markierten Notizen werden als Aussagesätze, Formeln oder Schlagzeilen auf das DIN-A4-Blatt übertragen. Dabei sollen die Schüler darauf achten, dass Punkte, die zusammengehören, auch untereinander aufgeschrieben werden.

3. Schritt: Die Schüler überlegen, welche Aussagen nun noch weiter zusammengefasst werden können, so dass der Merkstoff auf die Karteikarte passt. Der kleiner werdende Platz zwingt zur Reduktion. So entstehen Ober-/Leitbegriffe, zentrale Regeln/Gesetzmäßigkeiten oder Merkhilfen. Sie sollen später Auslöser für eine Assoziationskette sein.

Auswertung: Die Gruppen vergleichen ihre Ergebnisse. So erkennen sie Stärken/ Schwächen ihres „Spickzettels" und können diesen überarbeiten.

Hinweis: Es bietet sich an, die Schüler anschließend das Referat halten zu lassen bzw. die Lernkontrolle durchzuführen – wobei sie ihre Spickzettel benutzen können.

Für Lernkontrollen ohne Spickzettel kann sich dann folgender Hinweis als Lernmotivation erweisen: „Erstelle zu Hause einen Spickzettel für die Arbeit und stecke ihn in deine Schultasche. Versuche dich dann während der Arbeit an das zu erinnern, was du zu Hause notiert hast."

In drei Schritten zu wichtigen Merkhilfen:

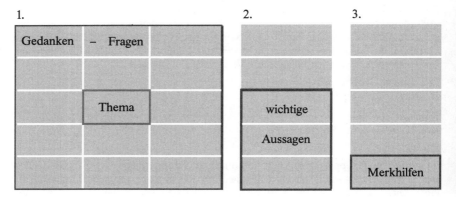

4. Lernplakate einsetzen

Schüler haben vor Lernkontrollen oft das Gefühl, dass sich der Lernstoff noch nicht genügend im Gedächtnis verankert hat. Sie wollen aber ein gutes Ergebnis erreichen. Die Folge ist, dass sie am Tage vor der Lernkontrolle intensiv und lange arbeiten. Sie hoffen, dass sie das Gelernte bis zum nächsten Tag „hinüberretten" können. Untersuchungen haben jedoch genau das Gegenteil ergeben: Wer ungewohnt lange lernt, überfordert sich. Gelerntes wird nach einer bestimmten Zeit nicht mehr gespeichert, ja es wird sogar bereits Gelerntes wieder verdrängt: Der gepunktete Bereich verdeutlicht diese Phase, die für die Wissensaufnahme als besonders problematisch angesehen werden muss.

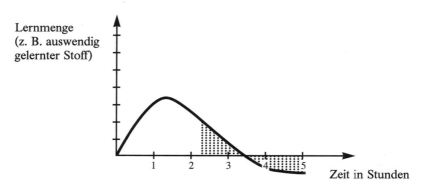

Wie viel man an einem Tag lernen kann (nach Enders 1995, S. 94)

Die Folge: Den Schülern brummt am nächsten Tag der Schädel, sie empfinden ein großes Durcheinander im Kopf, es plagen sie Selbstzweifel und sie sind schnell erschöpft. Hier können Lernplakate vorbeugen, indem sie frühzeitig Unterrichtsinhalte wiederholen helfen – oder auch, indem sie Hinweise zum richtigen Lernen vor Augen führen.

Lernplakate ab Klasse 5

Intention: Lernplakate dokumentieren Lernstoff in *Kurzfassung,* indem sie zentrale Aussagen/Erkenntnisse großflächig im Klassenraum sichtbar machen. Dazu sollte das Lernplakat so aufgehängt werden, dass es der Lerngruppe oft ins Auge fällt. Dadurch werden Erinnerungen an den Unterrichtsgegenstand wachgerufen, die Schüler fragen Gelerntes spontan ab und wiederholen bereits Vergessenes. So unterstützen Lernplakate den Verankerungsprozess im Langzeitgedächtnis.

Einige Beispiele: eine Wäscheleine mit unregelmäßigen Verben, eine Zeitleiste im Geschichtsunterricht, Plakate mit Merksätzen...

Merksätze zum richtigen Lernen/Üben

Übe rechtzeitig vor einer Arbeit.

Übe nicht auf den letzten Drücker.

Übe regelmäßig.

Übe in überschaubaren Zusammenhängen.

Übe mit einem Partner oder in der Gruppe.

Übe, indem du etwas tust.

Übe zu vorher festgesetzten Zeiten.

Lernplakate können auch das Üben und Wiederholen zu Hause unterstützen. Sie können im Zimmer, in dem gelernt wird, an einer Wand, einem Schrank oder einer Tür angebracht werden. Eventuell eignet sich auch ein anderer Raum dafür.

Wichtig: Bleiben Lernplakate über einen zu großen Zeitraum angebracht, so verlieren sie ihre Wirkung, haben keinen Bezug mehr zu den augenblicklichen Unterrichtsinhalten und können dadurch sogar die Aufnahme dieser Inhalte blockieren.

5. W-Fragen-Katalog erstellen

„Es gibt keine dummen Fragen, es gibt nur dumme Antworten." Ganz so einfach ist es nicht. Zwar sagen wir Lehrer den Schülern immer wieder: „Fragt doch, wenn ihr etwas nicht verstanden habt." Kommen dann aber die Fragen, sind wir doch oft genug ungeduldig oder verärgert, weil die Schüler gerade jetzt fragen oder gerade das, was sie unserer Meinung nach verstanden haben müssten. Schüler haben im

Laufe ihrer Schullaufbahn gelernt, dass die Aufforderung zum Fragenstellen oft halbherzig ist. Umso wichtiger für uns Lehrer, hier unsere eigenen Ansprüche noch einmal zu überprüfen. Denn wenn ein Schüler etwas fragt, teilt er zugleich mit: „Ich will etwas wissen", „Ich will etwas lernen." Die Förderung von Fragehaltungen ist daher notwendige Voraussetzung für das *Lernen lernen*.

Das Fragenstellen ist eine Kunst, die trainiert werden muss, eine Methode, die sowohl für selbstständiges als auch für kooperatives Arbeiten unerlässlich ist. Aus dem Deutschunterricht kennen wir alle die W-Fragen, die beim Verfassen eines Berichts vorangestellt werden. Bei diesen Fragen ist ein enger Bezug zwischen Frage und Antwort gegeben, sie eignen sich daher besonders gut für gezieltes Fragen.

Ein W-Fragen-Katalog kann für die verschiedensten Unterrichtssituationen entwickelt werden: für die Auseinandersetzung mit einem literarischen Text oder einem Sachtext, für die Vorbereitung eines Experiments oder einer Exkursion, als Fragenkatalog für ein Interview usw.

W-Fragen-Katalog zum Thema Freizeit   ab Klasse 5

Intention: Die Schüler sollen lernen, gezielt und strukturiert zu fragen, um damit Lernprozesse einzuleiten und zu unterstützen. Dazu sollen sie zum Themenbereich Freizeit selbstständig einen W-Fragen-Katalog entwickeln.

Sozialform: Einzel-, Partner- oder Gruppenarbeit

Zeitbedarf: ca. 20 Minuten

Material: Arbeitsblatt W-Fragen zum Thema Freizeit mit Sonne (s. Vorlage), Stifte

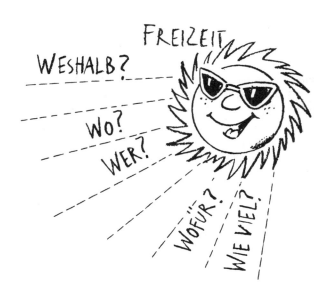

Durchführung: Die Schüler werden aufgefordert, die Sonnenstrahlen mit Fragewörtern zu versehen, mit denen sich Fragen formulieren lassen, die das Thema erhellen.

Anschließend werden solche Fragen notiert. Die Entscheidung, mit welchen Fragen das Thema erhellt werden soll, liegt bei den Schülern. Die Anzahl der Fragen kann beliebig festgesetzt werden.

Beispiele: 1. Wie verbringe ich meine Freizeit? 2. Was verstehe ich unter Freizeit? usw.

6. Spielend wiederholen

Lernkontrollen sind für die Schüler zentrale Einschnitte im Schulalltag. Sie bedeuten für viele Stress, verunsichern und rufen Angst hervor. Je abwechslungsreicher die Methoden zur Vorbereitung auf Lernkontrollen sind und je stärker die Schüler in die Vorbereitung eingebunden sind (indem sie sich z. B. am Erstellen von Übungsmaterialien beteiligen), umso größer wird ihre Sicherheit gegenüber dem Stoff und damit ihre Selbstsicherheit im Hinblick auf die Lernkontrolle.

Der Weg durch das Gitternetz   ab Klasse 5

Intention: Auf selbst entwickelten Fragekarten dokumentieren die Schüler ihr Vorwissen. Das Spiel ist zur Wiederholung oder Vorbereitung auf Lernkontrollen in vielen Fächern geeignet.

Zeitbedarf: Spielvorbereitung ca. 45 Minuten, Spieldauer 15–30 Minuten (Das Spiel kann mehrmals eingesetzt werden.)

Material: pro Lerngruppe ein DIN-A4-Kartonbogen, Lineal und Bleistift, Karteikarten, ein Zahlenwürfel, ein Buchstabenwürfel (dazu können die Zahlen eines zweiten Würfels mit Klebepunkten abgedeckt werden, auf die die Buchstaben A-F geschrieben werden); pro Schüler eine Spielfigur

Sozialform: Partner- oder Gruppenarbeit

Vorbereitung: Jede Lerngruppe erstellt zunächst nach nebenstehendem Muster ein Spielfeld im Format 20 x 20 cm.

Spielfeld

	A	B	C	D	E	F
1	0	3		1	5	1
2		5	1		3	1
3	1		5		3	
4		1	3			3
5		3		1	5	
6	1			3	1	0

Anschließend stellt jede Lerngruppe Fragen zusammen, die sich auf das behandelte Unterrichtsthema beziehen. Die Fragen werden auf die Vorderseite der Karteikarten geschrieben, auf der Rückseite werden die richtigen Antworten notiert.

Spielverlauf: Anfangen darf der Schüler, der die höchste Zahl würfelt. Nacheinander würfelt jetzt jeder Schüler mit beiden Würfeln (z. B. 3/C) und setzt seine Spielfigur auf das entsprechende Feld. Setzt er dabei seine Figur auf ein Feld mit der Ziffer 1, 3 oder 5 (in diesem Fall ist es die Ziffer 5), muss er vom Stapel der erstellten Karteikarten eine aufnehmen und die gestellte Frage beantworten. Nennt er die richtige Lösung, so erhält er die Punktzahl, die sein Feld trägt (z. B. 3/C — 5 Punkte). Die Punkte, die ein Spieler in der nächsten Spielrunde erzielt, werden zu dieser Zahl addiert. Das Spiel ist beendet, wenn ein Spieler eine vorher festgesetzte Anzahl von Punkten (z. B. 30) erreicht hat.

Das Spiel kann wiederholt werden, indem man die Fragekarten mit einer anderen Lerngruppe austauscht.

Bedeutung der Felder:

1 = 1 Punkt für die richtige Antwort

3 = 3 Punkte für die richtige Antwort

5 = 5 Punkte für die richtige Antwort

weißes Feld = Es wird keine Frage gestellt, der Spieler erhält 0 Punkte.

schwarzes Feld = Es wird keine Frage gestellt, für den Spieler werden alle erreichten Punkte gestrichen. Er fängt wieder bei 0 Punkten an.

0 = Der Spieler zieht keine Karte. Er muss zusätzlich in der nächsten Runde aussetzen.

Variante: Die Fragen können in drei Gruppen eingeteilt werden (leicht — mittel — schwer). In diesem Fall bedeuten die Zahlen 1, 3 und 5 zusätzlich: 1 = leichte, 3 = mittlere, 5 = schwere Frage.

C Entspannungs- und Konzentrationsübungen tun allen gut

„Reiß dich zusammen, konzentrier dich!" „Sei nicht so verkrampft, entspann dich doch erst einmal!" So oder ähnlich lauten viele Tipps, die Schülern beim Lernen anspornen sollen. Doch leider finden diese Tipps nur selten einen tragfähigen Nährboden. Dabei sprechen sie wichtige Aspekte an, die für effektive Lernprozesse zu beachten sind. Der natürliche Rhythmus von Aktivität und Passivität bzw. von Anstrengung und Entspannung ist ein wesentliches Element des Lernens. Unter Konzentration verstehen wir „die gebündelte Aufmerksamkeit auf einen Gegenstand, einen Sachverhalt, auf einen Denkinhalt oder ein Tun" (Lenninger 1995, S. 10). Die Konzentrationsfähigkeit der Schüler wird jedoch durch viele Faktoren behindert: durch Hektik, Reizüberflutung, Stress, Konkurrenz, aber auch durch Ängste oder Störungen in den sozialen Beziehungen und einer daraus resultierenden emotionalen Verarmung.

Entspannungsübungen sollen deshalb dazu beitragen, die Ablenkung durch Reize von außen zu verringern. Bin ich unkonzentriert, unaufmerksam oder aufgeregt, so fehlt mir die innere Ruhe. Innere Ruhe, dazu gehört auch unterstützend die körperliche Entspannung. Sie setzt Kräfte frei, die uns helfen, unsere Aufmerksamkeit auf einen Punkt zu richten, sie setzt Kreativität frei, die es jedem auf seine Art ermöglicht, in tiefere Schichten des Wissens vorzudringen.

Entspannungsübungen fördern die Selbstwahrnehmung, geben verlorene Muße zurück und unterstützen zielgerichtetes Lernen, indem sie die Aufnahme- und Konzentrationsfähigkeit fördern. Informationen können so besser verarbeitet und kognitive Lernprozesse gestützt werden. Wenn heute Entspannungsübungen in der Schule eingeübt werden, so setzt sich hier eine Tradition fort, die in Pestalozzis Einsatz für eine Erziehung mit Kopf, Herz und Hand begründet ist. Die heute unbestrittene Notwendigkeit einer ganzheitlichen Erziehung sieht die lernfördernden Auswirkungen, die sich durch den Einsatz bewusst ausgewählter Entspannungsübungen ergeben. Sie leisten einen Beitrag zur ganzheitlichen Selbstbetrachtung und Selbstwahrnehmung. Selbstwahrnehmung und daraus erwachsendes Selbstbewusstsein, Selbstwert und Selbstakzeptanz „sind die Bedingungen und Voraussetzungen schlechthin, um ein selbst verantwortliches Leben führen zu können" (Miller 1997, S. 90) – und darauf will ja unsere Schule ihre Schüler vorbereiten. „Ich empfinde, ich fühle, ich handle, ich bin..." (Miller 1997, S. 87)

Dem Klassenlehrer kommt in diesem Zusammenhang eine besondere Aufgabe zu. Er ist in der Regel die Lehrkraft, die ein gutes Vertrauensverhältnis zu den Schülern entwickeln kann. Vertrauen ist eine wichtige und hilfreiche Voraussetzung für den Einsatz von Entspannungsübungen im Unterricht. Kann dieses Verhältnis zu den Schülern – aus welchen Gründen auch immer – nicht aufgebaut werden, so sollte der Klassenlehrer nach Absprache mit der Klasse und anderen Lehrkräften diesen Bereich des Unterrichts vertrauensvoll in andere Hände legen. Eine solche Entscheidung wird bestimmt von der Klasse honoriert und führt nicht zu einem befürchteten Autoritätsverlust.

Die in diesem Kapitel vorgestellten Übungen sind nicht als ein geschlossenes Programm zu verstehen. Sie sollen dazu anregen, Konzentrations- und Entspannungsübungen zu einem festen Bestandteil des Unterrichts werden zu lassen. Die Übungen sind leicht durchzuführen und benötigen wenig Vorbereitung und Zeit. Darüber hinaus sind die Übungen so ausgewählt, dass unterschiedliche Lern- und Lebensbereiche angesprochen werden. Dabei geht es um die angesprochene Aktivierung beider Gehirnhälften und um die Berücksichtigung der verschiedenen Lerntypen (s. S. 75–84).

Abschließend noch ein paar wichtige Hinweise:

Entspannungs- und Konzentrationsübungen sind Angebote, sie
- sind keine therapeutischen Hilfsmittel,
- sind keine Beruhigungs- oder Disziplinierungsmaßnahmen,
- ersetzen nicht die Arbeit innerschulischer oder außerschulischer Beratungsdienste.

Um die Schüler bei den Übungen richtig anleiten zu können, ist es für den Lehrer wichtig, die Übungen zuvor alleine oder zusammen mit interessierten Kollegen durchgeführt zu haben.

1. Hinweise für den Einstieg

Die folgenden Hinweise erheben nicht den Anspruch auf Vollständigkeit, die Reihenfolge will weder gewichten noch Prioritäten setzen. Einzelne Hinweise können auch mit den Schülern durchgesprochen, ergänzt oder verändert werden, Gesprächsanlässe für Elternabende sein und Orientierungshilfen für einen Erfahrungsaustausch im Kollegium geben.

Hinweise zum Einsatz von Konzentrations- und Entspannungsübungen

- Schüler und Eltern über den Zweck der Übungen aufklären. (Antipathien erschweren die Arbeit und verhindern den Erfolg.)
- Mit kleinen Übungen anfangen. (Oft reicht schon eine Minute.)
- Bei den Übungen improvisieren und variieren. (Neue Übungen können für die eigene Lerngruppe motivierender sein.)
- Einfache Übungen einsetzen. (Sie sollten mühelos zu verstehen sein.)
- Die Umgebung beachten. (Nicht jeder Raum ist geeignet.)
- Durchführungsrituale festlegen.
- Auf sprachliche Formulierungen achten: Ich möchte euch zu einer Entspannungsübung/Fantasiereise *einladen*... Schließe die Augen, *wenn du magst*. (Nicht jedes Kind mag die Augen schließen.)
- Bestimmte Zeiten festlegen. (Übungen sollten konsequent und kontinuierlich eingesetzt werden.)
- Jeder ist für seine Konzentration/Entspannung selbst verantwortlich. (Jeder hat dabei sein eigenes Tempo und seine eigene Methode.)
- Zeit geben. (Gespräche, Malen/Zeichnen oder Bewegung nach der Übung dient der Verarbeitung.)
- Ablehnung und Unlust akzeptieren. (Nicht jeder Schüler ist am Anfang bereit, sich auf die Übungen einzulassen.)
- Sich von Erwartungen frei machen. (Es gibt kein Erfolgs- oder Lernziel.)
- Die persönliche Befindlichkeit überprüfen. (Ärger und Aufregung wirken sich störend auf die Anleitungen aus.)
- Anfang/Zeiträume festsetzen. (Nach den Ferien sind Schüler offener für neue Erfahrungen.)
- Weniger ist mehr.

2. Minutenübungen

In diesem Abschnitt werden kleine Übungen vorgestellt, mit deren Hilfe die Schüler erste Erfahrungen mit Konzentrations- und Entspannungsübungen machen können. Sie dienen der Selbstwahrnehmung, der Orientierung nach innen und bieten Grundlagen für Gespräche über gemachte persönliche Erfahrungen. Wichtig ist hierbei, in Absprache mit den Schülern zu einer gewissen Ritualisierung zu kommen, d. h. Zeiten festzusetzen, zu denen diese Übungen durchgeführt werden sollen. Die Schüler müssen sehen, dass auch wir Lehrer uns die Zeit für diese Übungen nehmen und sie nicht anderen Verwaltungsaktivitäten des Klassenlehrers unterordnen. Unregelmäßig oder schnell noch einmal nebenbei durchgeführte Übungen erschweren deren Akzeptanz.

Die ersten Übungen werden sehr ausführlich vorgestellt, um Anregungen zu geben für eigene Anleitungen und Auswertungsfragen zu weiteren Übungen.

Die stille Zeit

Intention: Die Schüler sollen sich in entspannter Haltung auf ihre akustischen Wahrnehmungen konzentrieren und sich über ihre Erfahrungen austauschen.

Anleitung: Setz dich auf deinem Stuhl bequem hin, − du kannst den Kopf auch auf den Tisch legen. − Wenn du magst, schließe nun die Augen. − Achte nur auf die Geräusche, die du wahrnimmst. − Du hast dafür eine Minute Zeit. − Pause (eine Minute) − Jetzt ist eine Minute vergangen. − Öffne langsam wieder die Augen. − Rekle dich, wenn du magst − und sei wieder ganz in diesem Raum.

Varianten: Durch die Anleitung kann die Aufmerksamkeit auf ganz bestimmte Geräusche gerichtet werden, z. B.: Achte nur auf die Geräusche im Klassenzimmer. − Achte auf die Geräusche, die von außen zu uns hereindringen.

Die Übung kann auch außerhalb des Klassenraumes durchgeführt werden (auf dem Schulhof, an einem Gewässer, auf dem Sportplatz, während einer Rast auf einer Wanderung...). Dabei ist es wichtig, vorher sicherzustellen, dass die Schüler auch hier eine bequeme Sitzhaltung einnehmen können.

Kommentar: Die Schüler werden in der Anleitung persönlich angesprochen. Sie sollen wissen, dass sie die Übung für sich und nicht für den Lehrer durchführen. Nach der Übung ergeben sich durch gezielte Fragen wichtige Gesprächsanlässe, z. B.: Wie hast du dich während der Übung gefühlt? Wie lang hast du die Phase der Stille empfunden? Welche Geräusche hast du wahrgenommen? *Wichtig:* Erhalten die Schüler zu ihren Äußerungen eine Rückmeldung, so dürfen hierbei keine Analysen oder Bewertungen stattfinden.

Der konzentrierte Blick

Intention: Die Schüler sollen sich in entspannter Haltung auf ihre optischen Wahrnehmungen konzentrieren und sich über ihre Erfahrungen austauschen.

Anleitung: Setz dich bequem hin. − Du bist ganz ruhig und entspannt. − Du lässt deine Augen durch den Raum schweifen. − Welche Bilder, welche Einzelheiten nimmst du wahr? − Du hast jetzt eine Minute Zeit. − (Pause von einer Minute) − Jetzt ist eine Minute vergangen. − Rekle dich, wenn du magst − und sei wieder ganz in diesem Raum.

Variante: Durch die Anleitung wird der Blick auf bestimmte Gegenstände oder in eine bestimmte Richtung gelenkt, z. B.: aus dem Fenster heraus, auf einen Stein, eine Blume, ein Stück Holz, ein Stück zerknülltes Papier, ein Radiergummi...

Mögliche Fragen nach der Übung: An welchen Dingen ist dein Blick hängen geblieben? Gab es etwas Besonderes, auf das du vorher noch nie geachtet hast?

Kommentar: Der „konzentrierte Blick" kann auch der Vorbereitung auf eine Beschreibung oder zeichnerische Darstellung dienen. Z. B. können Schüler nach einer Bildbetrachtung angeleitet werden, in Gedanken noch einmal über das eben gesehene Bild zu gleiten, sich an Einzelheiten zu erinnern, die sie bei der Rückführung mit in den Raum nehmen. So werden persönliche Empfindungen und Assoziationen verstärkt, die mit einer Bildbetrachtung verbunden sind.

Schulung der Sinne

Im Folgenden werden zwei Übungen skizziert, die verschiedene Sinne ansprechen. Auf konkrete Anleitungen und Auswertungsfragen wird verzichtet, da dies je nach Unterrichtssituation und Intention des Lehrers unterschiedlich sein wird. Es ist aber auch hier darauf zu achten, dass jede Übung mit einer Rückführung in den Raum abgeschlossen wird.

Wir achten auf unseren Atem

Die Schüler setzen oder legen sich bequem hin. Sie werden angeleitet, die Augen zu schließen, sich zu entspannen und ihren Atem zu beachten. Sie genießen die Ruhe und Entspannung und spüren die durch die Atmung erzeugte Bewegung des Körpers (z. B. der Bauchdecke).

Wir „erfühlen" einen Gegenstand

Die Schüler wählen aus einer bereitgestellten Materialkiste einen Gegenstand und legen diesen vor sich auf den Tisch (z. B. Stein, Holz, Becher, Löffel, Bürste, Stoffrest, Kerze, Heft...). Sie werden angeleitet, die Augen zu schließen und den Gegenstand zu befühlen: Fühlst du die Form, – das Gewicht? – Wie fühlt sich die Oberfläche an? – Versuche auch einen Geruch wahrzunehmen. – Welche Farben siehst du vor deinem inneren Auge? – Stell dir einen Geschmack vor.

3. Mein persönlicher Merksatz

Das Formulieren und Vergegenwärtigen von Merksprüchen kann der Entspannung in Stresssituationen dienen, z. B. vor oder während einer Klassenarbeit. Zur Einübung sollten aber zunächst stressfreie Situationen gewählt werden.

Eingeleitet wird die Übung mit Sätzen, die auf die anstehende Situation hinweisen. Es folgt eine allgemeine Entspannungsformel (s. u.). Zum Schluss wird ein Merksatz-Beispiel genannt. Wichtig ist, dass die Merksätze kurz und eindeutig formuliert sind und eine positive Grundstimmung wiedergeben. Die Sprüche können von den Schülern im Klassengespräch oder in Kleingruppen erarbeitet werden. Aus den Beispielen sucht sich dann jeder Schüler seinen persönlichen Merksatz heraus.

> **Mein persönlicher Merksatz** *(Beispiele)*
>
> Immer ruhig, etwas Mut, dann geht alles gut.
> Mit Mut geht's gut.
> Konzentriert geht's wie geschmiert.
> Ruhig und still geht's wie ich will.
> Nicht verzagen, auch was wagen.
> Mit Gefühl durch das Gewühl.
> Augen wach, ich denk erst nach.
> Ruhig und klar geht's wunderbar.
> Ich bin frisch und wach – wie ein Fisch im Bach.
> An jedem Ort, zu jeder Zeit, Ruhe und Gelassenheit.
> Klar und kühl in dem Gewühl.

Bei der Einführung wird die Anleitung vom Lehrer gesprochen. Später können die Schüler die Übung je nach Bedarf vor oder während einer Arbeit selbstständig und still durchführen.

Die Schüler setzen sich dazu bequem hin. Sie atmen ruhig ein und aus. Sie sprechen innerlich zu sich:

- Ich habe mich gründlich vorbereitet.
- Ich bin ruhig und sicher.
- Ich werde die Aufgaben erfolgreich erledigen.

Es folgt die Entspannungsformel:

- Ich bin ganz ruhig,
- ich bin ganz schwer,
- ich bin ganz warm.

Und nun folgt der Merksatz:

- Ruhig und klar geht's wunderbar.

Variante: Die Anleitung wird vor einer Lernkontrolle vom Lehrer gesprochen. Damit die Schüler Vertrauen und Sicherheit entwickeln, können bei kleineren unzensierten Lernkontrollen (z. B. Übungsdiktaten) an geeigneter Stelle Hinweise zu Formeln, Merksätzen, schwierigen Wörtern oder Vokabeln gegeben werden.

4. Fantasiereise

Fantasie wird als Einbildungskraft, schöpferischer Geist oder Erfindungsgabe bezeichnet. Sie ist eine ganzheitliche innere Wahrnehmung, dabei wird die Wechselwirkung von Emotion und Kognition gezielt angesprochen.

Durch die *Fantasiereise* werden über Texte innere Bilder und Gedanken aktiviert, die Schüler „leben" für eine kurze Zeitspanne in der Welt des Textes und kombinieren dabei Sinneseindrücke und Erlebnisinhalte. Da sie dabei immer neue Erfahrungen machen und neue kreative Formen der Auseinandersetzung mit den angebotenen Texten oder Bildern entwickeln werden, ist es sinnvoll, Schülern nach einer Fantasiereise Zeit für einen Austausch und Ausklang zu geben (s. u.).

Der Wert von Fantasiereisen ist sehr vielschichtig. Sie können entspannen, Freude bereiten, Bilder „wachsen" lassen, Gefühle ansprechen/-rühren, Unbewusstes bewusst machen, Kreativität anregen, Wissen vermitteln, Sprechanlässe schaffen, Neugier wecken, erziehen, Grenzen erfahrbar machen, einen Beitrag zur Psychohygiene leisten ... Dabei wird jeder Schüler seinen eigenen Weg gehen und eigene Verarbeitungsformen entwickeln. Auf diesem Weg gibt es kein Richtig und kein Falsch. In der Schule sollten Fantasiereisen so eingesetzt werden, dass sie bei der Aufnahme des Positiven ansetzen.

Für eine Fantasiereise wird eine Textvorlage oder ein eigener Text mit ruhiger Stimme vorgetragen. Der Text kann auch auf ein bestimmtes Thema bezogen und mit Musik untermalt sein.

Wichtig: Über Sinn und Zweck einer Fantasiereise, ihren Ablauf und die sie bestimmenden Rituale wird mit den Schülern im Vorfeld gesprochen. Während der Fantasiereise finden solche Gespäche nicht statt. Der Lehrer bekommt durch die *freiwillige Verarbeitung* und die *Gesprächsrunden* (s. u.) sehr viele Rückmeldungen zu seiner Anleitung und kann für spätere Fantasiereisen entsprechende Rückschlüsse ziehen.

Variante: In vielen Fällen — besonders im Deutsch- oder Kunstunterricht — wird es sich anbieten, neben der freiwilligen Verarbeitung und den Gesprächsrunden weitere Phasen der kreativen Auseinandersetzung mit den erfahrenen Bildern anzuschließen. Durch Versprachlichung oder eine künstlerische Darstellung werden die inneren Bilder bewusst gemacht, konkretisiert oder weiter bearbeitet. Hierzu bieten der handlungs- und produktionsorientierte Unterricht und im Besonderen das kreative Schreiben zahlreiche Möglichkeiten.

Hinweise zum Einsatz von Fantasiereisen

Material
- ggf. Wolldecken
- Türschild: „Bitte nicht stören! – Danke!" (unbedingt anbringen!)
- für den Innenkreis z. B.: Decke mit Steinen, Blumen, Kerzen oder thematische Gestaltung
- Musik/Textvorlage
- Sprechstein
- Arbeitsmaterialien (Papier/Wachskreide/Zeichenstifte…)

Rahmenbedingungen, die zu beachten sind
- Bodenbeschaffenheit
- Raumtemperatur
- mögliche Störfaktoren (Nachbarklasse, Straßenlärm…)
- Sitzordnung/Lage (ideal: kreisförmig um den Innenkreis
- kein Körperkontakt
- eigene Verfassung des Lehrers (innere Ruhe, Erkältung…)

Durchführung
- Hinweise zu Ablauf und Dauer der Übung (Ablauf jedes Mal wieder erklären)

Einstimmungsphase
- Hinweis auf bequeme Körperhaltung
- Ruheformeln
- Hinführung/Überleitung (z. B.: „Ihr seid nun ganz bei euch selbst. Ich erzähle euch nun eine Geschichte und ihr versucht, mir in Gedanken zu folgen, eure Gedanken gleiten zu lassen. – Wenn du deinen eigenen Gedanken nachgehst, ist das auch in Ordnung.")

Imaginationsphase
- Vortrag des freien oder thematisch/objektgebundenen Imaginationstextes (Pausen beachten)

Rückführungsphase
- Verabschiedung aus dem imaginären Raum (z. B.: „Deine Reise geht nun langsam zu Ende. Verabschiede dich von… und kehre wieder zu uns zurück.")
- „Rückkehr" in den realen Raum
- tiefes Durchatmen
- Spannungsausgleich (Fäuste machen – sich rekeln – strecken – gähnen)

Austausch/Ausklang

- *freiwillige Verarbeitung* der Erlebnisse/Eindrücke durch Malen bzw. Schreiben oder durch Austausch mit Gesprächspartnern.
- *Gesprächsrunden/Sprechsteinrunden,* um sich zu Empfindungen und Bildern zu äußern: 1. Wie habe ich mich gefühlt? Was hat mich gestört? 2. Was habe ich gesehen? (Ggf. Erläuterung der Zeichnung/des Geschriebenen.) *Regeln für die Sprechsteinrunden:* Es darf nur reden, wer den Stein hat! Keine Frage! Kein Kommentar! Keine Unterbrechung! Die Wortbeiträge sind freiwillig (gilt auch für den Lehrer).
- Eine Auswertung oder Besprechung durch den Lehrer sollte — wenn überhaupt — erst dann erfolgen, wenn allen Teilnehmern klar ist, dass die Fantasiereise beendet ist. Die Gesprächsrunden sind Teil der Fantasiereise.

Literatur

Endres, W. u. a.: So macht lernen Spaß. Weinheim 1995

Gaudig, H.: Die Schule im Dienste der werdenden Persönlichkeit. Leipzig 1922 (teilweise abgedruckt in: Reble, A. (Hrsg.): Die Arbeitsschule. Bad Heilbrunn 1979, S. 72–90)

Keller, G.: Lehrer helfen lernen. Lernförderung, Lernhilfe, Lernberatung. Donauwörth 1993

Klippert, H.: Methoden-Training. Weinheim 1997

Krüger, F.: Mind Mapping. München 1997

Lenninger, I.: Entspannung und Konzentration. Frankfurt/M. 1995

Miller, R.: Beziehungsdidaktik. Weinheim 1997

ders.: Lehrer lernen. Weinheim 1995

Müller, E.: Du spürst unter deinen Füßen das Gras. Frankfurt 1983

Reichgeld, M.: Wege zur Stille. Kinder finden zu sich selbst. München 1995

Schräder-Naef, R. D.: Schüler lernen Lernen. Weinheim 1996

Vester, F.: Aufmerksamkeitstraining in der Schule. Heidelberg 1979

ders.: Denken, Lernen, Vergessen. Stuttgart 1993

Siga Diepold

Kapitel 4
Konflikte nicht unter den Teppich kehren

Konflikte, aber leider auch Gewalterfahrungen, gehören zum Leben von Kindern und Jugendlichen, sei es in der Schule, im Jugendklub oder auf der Straße. Neben Formen von physischer Gewalt breiten sich besonders vielfältige Formen von sogenannter „stiller Gewalt" aus. Dazu gehören Quälereien, Mobbing, Denunziation, Verächtlichmachung von Schülern insbesondere bei äußerlichen Auffälligkeiten, Ausgrenzung und Unterdrückung bis hin zu Erpressungen. Viele Jugendliche fühlen sich bedroht und damit in ihren Bewegungs- und Handlungsräumen stark eingeschränkt. Auffällig ist in diesem Zusammenhang, dass diese Erfahrungen zunehmend auch für jüngere Kinder gelten. Gerade im Bereich der „stillen Gewalt" ist ein Eingreifen von Seiten der Erwachsenen schwierig, da sie häufig nur über Umwege, unter dem Siegel der Verschwiegenheit oder auf dem Wege sehr genauer und einfühlsamer Recherchen davon erfahren.

Eine Chance zur Verbesserung dieser Situation bietet die konstruktive Konfliktbearbeitung und die langfristige Veränderung des Konfliktklimas in der Klasse und in der Schule – eine Chance zur Verbesserung und Entwicklung der gegenseitigen Beziehungen und eine Möglichkeit für Wachstum und Weiterentwicklung der Persönlichkeit.

Ein konstruktives Konfliktklima basiert auf dem Grundsatz, nicht die Konflikte selbst als Problem zu sehen, sondern die Art, wie häufig mit ihnen umgegangen wird. Schädlich ist es z. B., den Konflikt „unter den Teppich zu kehren" – erfahrungsgemäß wächst er dort noch weiter und gelangt an anderer Stelle wieder an die Oberfläche. In der Schule werden Konflikte oft „von außen" gelöst, z. B. durch Schlichtung vonseiten der Lehrer, Verurteilungen, In-Schutz-Nahme oder Sanktionen. Dies lässt sich sicher nicht immer vermeiden. Eine Lernchance in Sachen Konflikte ist es aber gerade, wenn den Schülern selbst Verantwortung dafür übergeben wird, ihre Konflikte frühzeitig zu erkennen und zu bearbeiten, sich gegenseitig bei Konfliktlösungen zu unterstützen oder Hilfe von außen zu beanspruchen. Es geht im Kern um eine Konfliktaustragung, die Gesichtsverlust auf beiden Seiten vermeidet. Positive Erfahrungen bei der Konfliktbearbeitung führen dazu, dass das eigene Selbstbewusstsein gestärkt wird und zugleich die Empathiefähigkeit wächst – und damit auch die Konfliktkompetenz.

Die Grundfähigkeiten, die für eine konstruktive Konfliktbearbeitung nötig sind, können im Rahmen des Schulunterrichtes vermittelt und eingeübt werden. Hier können gerade Klassenlehrer durch eingestreute Übungen, Unterrichtseinheiten, Projekttage oder auf Klassenreisen viel erreichen.

Im ersten Teil dieses Kapitels werden zunächst die Merkmale und Grundstrukturen konstruktiver Konfliktbearbeitung vorgestellt. Basis dafür ist eine differenzierte Betrachtung des so häufig benutzten Begriffes Konflikt. Im zweiten Teil möchte ich Sie einladen, mit Übungen und Arbeitseinheiten an einer Veränderung des Konfliktklimas in der Klasse zu arbeiten. Im dritten Teil geht es um das noch viel zu selten beachtete Gebiet der Körpersprache und ihre Signalwirkung. Die vorgestellten Übungen sind voneinander unabhängig einsetzbar, können aber auch im Sinne eines Sozialtrainings aufeinander aufbauend in den Unterricht eingebaut werden. Der vierte Teil stellt die in letzter Zeit vieldiskutierte Methode der Mediation vor und zeigt auf, wie Konfliktschlichtung unter Gleichaltrigen in der Schule aussehen kann.

A Konflikte als Chance

1. Die Inflation des Konfliktbegriffs

Die Ausdifferenzierung in fast allen Bereichen unserer Gesellschaft hat u. a. zur Folge, dass verschiedenste Denk- und Verhaltensmuster und die unterschiedlichsten Vorstellungen von gesellschaftlicher Entwicklung, von Normen und Werten verstärkt aufeinander prallen. Verbindliche Regeln, die sich aus der gesellschaftlichen oder familiären Tradition herleiten, werden zunehmend außer Kraft gesetzt. Dies gilt sowohl für Politik und Wirtschaft als auch für die Gestaltung von Freizeit- und Familienleben, von privaten Beziehungen oder Organisationsstrukturen. Seit Anfang der 70er-Jahre hat das öffentliche Interesse für soziale Konflikte stetig zugenommen. Dabei ist deutlich geworden, dass ein schlechter Umgang mit Konflikten nicht nur das Wohlbefinden des Einzelnen beeinträchtigt, sondern auch ein erheblicher Zeit- und Kostenfaktor im Arbeitsleben ist. Teamfähigkeit, Kommunikations- sowie Konfliktfähigkeit gehören zu den sogenannten *Schlüsselqualifikationen*, die – so wird gefordert – schon in der Schule erlernt und geübt werden sollen. Denn bei jeder Zusammenarbeit ergeben sich zwangsläufig Reibungspunkte, Spannungen und Konflikte.

Heute sitzen in einem Klassenverband oft Schüler mit verschiedensten ethnischen, religiösen und sozialen Hintergründen. Ziel einer zeitgemäßen Pädagogik sollte es daher sein, Verständigungsprozesse im Sinne von Differenzpflege aufzuzeigen. Dazu ein Beispiel:

Die deutschen Schülerinnen einer 7. Klasse erscheinen auf Klassenpartys neuestens in knapp sitzender Kleidung und stark geschminkt. In derselben Klasse sind drei Mädchen aus türkischem Elternhaus, die seit einiger Zeit Kopftücher und eher verhüllende Kleidung tragen. Sie finden das Verhalten der anderen Mädchen provozierend und „nuttenhaft", werden ihrerseits von diesen aber auch als Provokation, als „brav" und „langweilig" erlebt. Zusätzlich fühlen sich die deutschen Mädchen durch ihr häusliches Umfeld bestätigt, in dem die Meinung vertreten wird, Ausländer sollten sich gefälligst anpassen. Hänseleien und kleine Boshaftigkeiten sind plötzlich an der Tagesordnung, wo früher relativ einträchtige Mädchensolidarität vorherrschte.

Es ist offensichtlich, dass es hier nicht darum gehen kann, einen gemeinsamen Kleidungs- und Verhaltenskodex zu vereinbaren. Sinnvoll ist es vielmehr, beide Gruppen darin zu unterstützen, das jeweils fremde Verhalten differenziert wahrzunehmen und zu hinterfragen – mit dem Ziel, die unterschiedlichen Sichtweisen und Einstellungen zu respektieren. Der Schlüssel hierzu liegt darin, fremdes Verhalten subjektiv bewerten zu dürfen und für sich anzunehmen oder abzulehnen ohne es jedoch im Falle der Ablehnung bekämpfen zu müssen. Viel zu häufig wird Respekt und Anerkennung für fremdes Verhalten damit verwechselt, „alles gleich gut" finden zu müssen.

In der Fachliteratur, die im Moment geradezu überfüllt ist mit Untersuchungen und Modellen zum Umgang mit Konflikten, wird der Begriff „Konflikt" in den seltensten Fällen klar umrissen und gewinnt immer mehr den Charakter einer Sammelbezeichnung. Er steht damit in der Gefahr, entweder bagatellisiert oder dramatisiert zu werden. Meinungsverschiedenheiten, Spannungen, Streit, Probleme bis hin zu bewaffneten Auseinandersetzungen – alles Mögliche wird unter „Konflikt" subsumiert. Die negative Konnotation scheint allerdings weitgehend festzustehen: Jemand, der zugibt, viele Konflikte zu haben, wird stigmatisiert, ein Konflikt ist etwas, was man selber nicht gerne hat, sondern eher den anderen zuschreibt.

Auf der Grundlage eines so schwammig-negativen Konfliktverständnisses wird es kaum gelingen, mit Schülern, aber natürlich auch mit Erwachsenen einen tendenziell angstfreien Umgang mit Konflikten einzuüben. Basis der konstruktiven Konfliktbearbeitung ist daher eine differenzierte *Konfliktdefinition*. Sie muss folgenden Kriterien genügen:

A Konflikte als Chance

- Klare Abgrenzung zu Spannungen, Meinungsdifferenzen usw., um Hochstilisierungen zu vermeiden, also nicht aus der Mücke den berühmten Elefanten zu machen und so im Sinne einer sich selbst erfüllenden Prophezeiung den Konflikt erst zu produzieren.
- Bereitstellung eines fein abgestimmten Instrumentariums, das es erlaubt, Konflikte frühzeitig wahrzunehmen und zu bearbeiten, um eine schwelende Eskalation zu verhindern.
- Neutrale Konnotation des Begriffs, die einen niedrigschwelligen Zugang ermöglicht: Konflikte werden als normale Bestandteile des Zusammenlebens und als eine Lernchance verstanden. Sie können bildlich als sich öffnende und schließende Figuren gesehen werden, die den Prozess von innerem Wachstum und Veränderung erst möglich machen.
- Salopp ausgedrückt: Konflikte sind zwar oft durchaus unangenehm, aber wer keine hat, ist bereits tot.

Friedrich Glasl hat in seinem Standardwerk zur Konfliktforschung die folgende Definition formuliert (1992, S. 15):
„Sozialer Konflikt ist eine Interaktion

- zwischen Aktoren (Individuen, Gruppen, Organisationen usw.)
- wobei wenigstens ein Aktor
- Unvereinbarkeiten
  im Denken/Vorstellen/Wahrnehmen
  und/oder Fühlen
  und/oder Wollen
- mit dem anderen Aktor (anderen Aktoren) in der Art erlebt,
- dass im Realisieren eine Beeinträchtigung
- durch einen anderen Aktor (die anderen Aktoren) erfolge."

Diese Definition soll näher erläutert werden:

Ein *sozialer Konflikt* grenzt sich ab von intrapersonellem Konflikt, z. B. der inneren Unschlüssigkeit eines Menschen, ob er sich einen neuen Anzug kaufen oder lieber das Geld für ein Sofa sparen soll.

Interaktion meint aufeinander bezogene Kommunikation (verbal oder nonverbal) oder aufeinander bezogenes Verhalten (nicht zwangsläufig ein Gewalthandeln).

Die *Unvereinbarkeit im Denken/Vorstellen/Wahrnehmen, Fühlen* oder *Wollen* kann auch subjektiv im inneren Erleben eines Menschen gegeben sein, ob zu Recht oder zu Unrecht ist dabei gleichgültig. Ein Konflikt entsteht dann, wenn sich mindestens einer der Aktoren durch den anderen beeinträchtigt fühlt. Ein Beispiel:

Die unterschiedlichen Ansichten eines konsequenten Fahrradfahrers und eines Porsche-Liebhabers sind kein sozialer Konflikt, auch wenn sich daraus eine feurige Diskussion entwickelt. Der Konflikt ist dann gegeben, wenn z. B. der Fahrradfahrer durch Belehrungen über umweltgerechtes Verhalten und Bekehrungsversuche den Porsche-Fahrer dazu bringt, sich im Realisieren seines Willens (Porsche fahren) beeinträchtigt zu fühlen.

Andersherum könnte der Porsche-Liebhaber, den wunden Punkt des Fahrradfahrers treffend, diesen in seinen Gefühlen beeinträchtigen, indem er behauptet, dass dem Fahrradfahrer nur das nötige Geld fehlt und er sich ansonsten ja auch nicht umweltgerecht verhält – und damit seine Selbstwahrnehmung und sein Gefühl der inneren Konsistenz verletzen. Dabei ist es unerheblich, ob diese Verletzung bewusst oder unbewusst, willentlich oder unabsichtlich geschieht. Denn selbst wenn nur eine Partei dies so erlebt, wird sie ihre Kommunikation und ihr Verhalten gegenüber der anderen Partei verändern, um die Beeinträchtigung unwirksam zu machen.

Ein sozialer Konflikt liegt nach diesem Verständnis nicht vor, wenn die in der Definition von Glasl genannten Kriterien nur teilweise erfüllt sind. Meine Kollegin kann z. B. eine völlig andere Wahrnehmung über das Verhalten eines Schülers haben als ich, ohne dass eine von uns dies als Beeinträchtigung erlebt. Unvereinbarkeiten im Fühlen existieren, wenn es z.b. in der Klasse die „Hip-Hop-Fraktion" und die „Kuschelrock-Fans" gibt. Zu einem sozialen Konflikt wird diese Tatsache erst dann, wenn anlässlich einer Klassenparty der Streit um den CD-Player entbrennt oder eine Seite sich benachteiligt und unterdrückt fühlt.

2. „Ich habe kein Problem!" oder: Was ist überhaupt ein Konflikt?

Auf die Frage nach Konflikten stößt man – so zeigt meine Erfahrung in Trainings, Seminaren und Beratungen – häufig zunächst auf Abwehr. „Wir haben untereinander kein Problem", sagen Schüler einer als Problemklasse schulbekannten 9. Klasse. „Zu Konflikten ist es bei uns noch nicht gekommen", meint der Leiter einer Behörde und „Bei uns wurschtelt zwar jeder so für sich, aber Konflikte gibt es keine richtigen", erklärt ein Lehrer bei einer Lehrerfortbildung.

Besonders Jugendliche erleben das Angebot eines Konflikttrainings im Vorfeld häufig als stigmatisierend und befürchten, dass ihnen ihr Verhalten pädagogisierend vorgehalten und „abgewöhnt" werden soll. Es empfiehlt sich daher, das oben beschriebene niedrigschwellige Konfliktverständnis aus dem Alltag der Schüler heraus zu entwickeln. Dafür eignet sich z. B. folgende Übung:

Konflikte als normale Bestandteile des Zusammenlebens   ab Klasse 5

Intention: Die subjektiv sehr unterschiedlich erlebte Beeinträchtigung des Denkens, Fühlens, Vorstellens und Wollens werden differenzierter wahrgenommen, die Hemmschwelle, über Konflikte zu sprechen, herabgesetzt.

Sozialform: Einzelarbeit, Auswertung im Klassenverband

Zeitaufwand: ca. 25 Minuten

Material: Arbeitsblatt „Hitliste der Provokationen" für jeden Schüler

A Konflikte als Chance

> **Hitliste der Provokationen: Was mich auf die Palme bringt**
>
> Hier ist mit „Provokation" alles gemeint, was uns ärgert oder aufregt, Situationen, in denen wir uns hilflos, wütend oder traurig fühlen.
>
> *Aufgabe:* Kreuze die Provokationen an, die dich besonders ärgern und ergänze die Liste durch eigene Beispiele. Namen sollen hier nicht genannt werden!
>
> ❑ nicht beachtet werden
> ❑ Schimpfwörter an meine Adresse
> ❑ „Stinkefinger" gezeigt bekommen
> ❑ wenn jemand meine Hilfe nicht annimmt
> ❑ wenn meine Familie beleidigt wird
> ❑ geschubst oder angerempelt werden
> ❑ angestarrt werden
> ❑ ausgelacht werden
> ❑ wenn über meine Klamotten gelästert wird
> ❑

Durchführung: Einzelarbeit: Das Arbeitsblatt wird ausgefüllt. Nicht erlaubt sind dabei Namensnennungen, z. B.: „...wenn Ronny mich ‚du Brühwürfel' nennt..."

Auswertung: Die Hitlisten bleiben anonym, die Beispiele und die Zahl ihrer Nennungen werden visualisiert.

Leitfragen für die Auswertung: Fühlt ihr euch in jeder Situation und von jedem gleich stark provoziert? Wie kommen die Unterschiede bei den Nennungen zustande?

In der Diskussion sollte deutlich werden, dass jeder sich gekränkt oder verletzt fühlen darf, sei er nun „im Recht" oder „selbst dran schuld". Jeder hat so seine „roten Knöpfe" und kann deshalb vielleicht auch leichter die der anderen akzeptieren. Sehr häufig ist das, was uns am meisten zusetzt, auch die Waffe, die wir gegen andere einsetzen.

Tipp: Füllen Sie ebenfalls eine Hitliste aus und legen Sie sie ggf. sogar offen. Kontraproduktiv ist auf jeden Fall, in dieser Übung das Konfliktverhalten von Schülern zu thematisieren. Hier geht es erst einmal darum, was mich als Betroffener ärgert, und nicht darum, welche Mittel und Methoden ich benutze, um andere zu treffen. Dazu ein Beispiel: Als Supervisorin erlebte ich einmal eine Lehrerin, die – ganz wohlwollend gemeint – auf den Beitrag eines Schülers bemerkte: „Na, Tobias, das ist aber doch etwas, was du auch recht gerne machst!" Der Bumerang-Effekt trat sofort ein: Tobias fühlte sich ertappt und „störte" für den Rest der Stunde und auch der Rest der Klasse hielt sich jetzt mit Redebeiträgen sehr zurück.

3. Was ist konstruktive Konfliktbearbeitung?

Das Gefühl, im Konflikt verloren zu haben, bleibt uns meist viel deutlicher im Gedächtnis als ein Erfolgserlebnis und führt auf die Dauer zu einem Verlust von Selbstbewusstsein und Selbstwirksamkeitserwartung. Im Verlauf einer konstruktiven Konfliktbearbeitung werden deshalb die Parteien ausdrücklich darin bestärkt, sich über ihre eigenen Interessen und Bedürfnisse im Klaren zu sein und diese auch zu vertreten. „Konflikte konstruktiv auszutragen" (wörtlich: „aufbauend, auf die Erhaltung, Stärkung und Erweiterung des Bestehenden gerichtet") „bedeutet, eine Lösung für das Problem zu suchen ohne die Person des Gegenübers anzugreifen." (Besemer 1993, S. 25) So bleibt die Beziehung der Konfliktparteien erhalten oder wird sogar gefestigt. Christoph Besemer stellt dies grafisch so dar (1993, S. 25):

Die andere Person/Partei wird als Problem angesehen. Es kommt zu destruktiver Konfliktaustragung.

Konstruktive Konfliktaustragung unterscheidet sich hiervon, indem alle Konfliktbeteiligten Verantwortung für das Problem übernehmen und im Kontakt miteinander nach Lösungen suchen.

Konstruktive Konfliktaustragung:

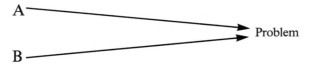

Daher lautet der 1. Grundsatz konstruktiver Konfliktbearbeitung:

● *Unterscheide zwischen Person und Problem.*

Die Position einer Partei und ihre Interessen und Bedürfnisse sind nicht identisch. Hierzu ein Beispiel aus dem Schulalltag:

Die Lehrerin erklärt gerade eine komplizierte Gleichung. Schüler Benno öffnet ein Fenster. Von draußen dringt Straßenlärm herein.

Variante 1: *Die Lehrerin, Frau A., verlangt, dass das Fenster wieder geschlossen wird (Position A). Benno behauptet, fast zu ersticken und verlangt, dass das Fenster offen bleibt (Position B). Schnell ist ein Machtkampf zwischen Frau A und Benno entbrannt.*

Variante 2: *Die Lehrerin nennt ihr Interesse (sie will Ruhe, wenn sie etwas erklärt) und Benno das seinige (er will frische Luft). Die Problemlösung (Lüftpause) liegt jetzt auf der Hand.*

Beide Varianten sind sicher nicht selten, die zweite ist aber bestimmt diejenige, die weniger Energie kostet. Sie berücksichtigt den 2. Grundsatz der konstruktiven Konfliktbearbeitung:

A Konflikte als Chance

- *Unterscheide zwischen Position und Bedürfnis/Interesse.*

Stellen wir uns, um das obige Beispiel fortzuführen, vor, Frau A. und Benno haben schon so manchen Strauß miteinander ausgefochten. Benno langweilt sich gerade, außerdem hat er sich neulich furchtbar über Frau A. geärgert, weil sie ihn vor allen anderen als Faulpelz bezeichnet hat. Da will er Frau A. mal ein bisschen aus der Reserve locken! Frau A. merkt: Benno langweilt sich, er hat als Einziger die Gleichung längst begriffen. Benno soll aber auch Rücksicht auf die anderen nehmen. Sowas wie jetzt mit dem Fenster macht Benno in letzter Zeit öfter. Frau A. versteht das als Provokation!

In diesem Fall ist der offenkundige Konflikt (Fenster auf/zu) nicht der ausschlaggebende, sondern es gibt Hintergrundkonflikte, die im Sinne einer nachhaltigen Lösung und einer Verbesserung der Beziehung angesprochen werden müssten. Es gilt der 3. Grundsatz der konstruktiven Konfliktbearbeitung:

- *Unterscheide verschiedene Ebenen des Konfliktes.*

Konstruktive Konfliktbearbeitung versucht einen Weg zu finden, bei dem auf der ausschlaggebenden Konfliktebene *alle* Konfliktbeteiligten Lösungen suchen, die *jedem Vorteile* bringen. In der Fachliteratur wird dies als „Win-win-Lösung" bezeichnet. (Den Kollegen, die Anglizismen gerne vermeiden, schlage ich statt dessen den Begriff „Doppelgewinn-Lösung" vor; bei drei Parteien müsste es dann – ganz korrekt – natürlich Dreifachgewinn-Lösung heißen.)

Eine solche Herangehensweise wird nur möglich, wenn jede Partei bereit ist, die andere Person mit ihren Wünschen, Befürchtungen und Motiven zu erkennen. Damit ändert sich das Konfliktklima, kreative Lösungen werden möglich. Als weiteren Grundsatz formuliere ich daher:

- *Beachte Konflikthintergründe und Gefühle (die eigenen und die der anderen Partei).*

Die gemeinsame Konfliktbewältigung stärkt in aller Regel das Gefühl gegenseitigen Vertrauens und das eigene Selbstwertgefühl.

Zusammengefasst ergibt sich als Zielvorstellung:
Konstruktive Konfliktbearbeitung unterstützt die Parteien darin

- kreative (Win-win-) Lösungen zu finden,
- ihre Beziehung wieder herzustellen oder sogar zu verbessern,
- ihre Konfliktkompetenz zu erweitern.

4. Voraussetzungen für konstruktive Konfliktlösung

Eine Konfliktbearbeitung, bei der alle Parteien nach Win-win-Lösungen suchen, setzt den zumindest rudimentär vorhandenen Wunsch voraus, weiterhin eine wie auch immer zu gestaltende Beziehung mit den anderen Konfliktparteien zu unterhalten. Ein Beispiel:

In der U-Bahn spuckt mir ein Unbekannter auf die Jacke und verlässt unmittelbar danach den Wagen. Sicherlich werde ich kaum daran interessiert sein, diesen Konflikt konstruktiv zu lösen. Ich halte den Unbekannten zwar für ungehobelt und mache vielleicht meinem Ärger Luft, hoffe ansonsten aber, diesem Rüpel nie wieder zu begegnen.

Anders sieht die Sache schon aus, wenn es sich bei dem Übeltäter um meinen Nachbarn handelt, mit dem ich immerhin das Treppenhaus gemeinsam benutze. Die Überschneidung unseres Interesses „Treppenhausbenutzung" und unser gemeinsames Umfeld im Haus kann bereits ein ausreichender Grund sein, in mir (und möglicherweise auch in meinem Nachbarn) den Wunsch nach einem konfliktfreieren Umgang miteinander zu wecken.

Dementsprechend ist z. B. der Besuch derselben Schule oder Klasse, die Nutzung derselben Ressourcen wie Klassenräume, Materialien oder Freizeitgeräte, der gewünschte Kontakt zu denselben Personen oder die Bevorzugung derselben Plätze für die Freizeitgestaltung ein ausreichender Grund für den Wunsch, die Beziehung zu der anderen Konfliktpartei vorteilhafter zu gestalten.

5. Konstruktive Konfliktbearbeitung: alter Wein in neuen Schläuchen?

Lehrer stehen täglich vor der Anforderung, kleinere und größere Konflikte schlichten zu müssen, sei es bei Streitigkeiten unter Schülern, sei es bei eigenen Konflikten mit Schülern oder – in der Funktion des Klassenlehrers – als Vermittler zwischen Fachlehrern und Schülern. Sie können in Sachen Konfliktschlichtung auf einen breiten Erfahrungsschatz zurückgreifen. Gerade die intuitiv und quasi automatisch eingesetzten Methoden führen dabei häufig zum Erfolg. Analysiert man die so erzielten Lösungen, wird deutlich, dass gerade die „Doppelgewinn-Lösungen" sich als haltbar und befriedigend erwiesen haben.

Die folgenden Übungen und Anregungen sollen daher dazu dienen, sich die Funktionsweise von erfolgreichen Methoden bewusst zu machen, manche „Werkzeuge" der Konfliktbearbeitung zu verfeinern und eventuell einige neue dem „Werkzeugkasten" einzuverleiben.

B Übungen zum konstruktiven Konfliktverhalten

Ich möchte Sie einladen, die folgenden Übungen und Unterrichtseinheiten auszuprobieren, die Sie darin unterstützen, schrittweise eine Veränderung des Konfliktklimas in der Klasse zu bewirken.

1. Wege aus der Eskalationsspirale – Vom Umgang mit Wut und Hilflosigkeit

Wenn ein Konflikt uns bedrohlich erscheint, wenn Kränkungen den Konflikt aufheizen oder einer unserer „roten Knöpfe" getroffen wird, ist es schwer, kühlen Kopf zu bewahren. Wut, Trauer, das Gefühl der Bedrohung oder der Machtlosigkeit – das sind heftige Emotionen, die jeder von uns kennt. Auffällig ist, dass die Innenwahrnehmung sich umso stärker von Beobachtungen und Interpretationen von außen unterscheidet, je stärker die Gefühle sind. Leicht kann es zu Missverständnissen kommen. Nicht selten signalisieren wir dann, quasi als Prävention vor weiterer Enttäuschung oder Kränkung, Unnahbarkeit und Stärke. Gerade das, was wir uns von unseren Mitmenschen als Unterstützung wünschen, weisen wir so zurück. Je mehr ich mir über Vorstadien der Wut und die oft angrenzenden Gefühle von Ohnmacht und Trauer bewusst bin und die zu mir passenden Hilfsstrategien erkenne, desto größer ist die Chance, dass ich meine Wut habe und sie steuern kann und nicht die Wut mich hat.

Fantasiereise zur eigenen Wut*   ab Klasse 5

Intention: Die Schüler lernen eigene und fremde Konfliktmuster und Eskalationsspiralen genauer kennen. In der zweiten Phase werden neue Möglichkeiten entwickelt, mit der eigenen Wut und Hilflosigkeit umzugehen. Die Übung stärkt das Vertrauen und die Bereitschaft, sich über Gefühle auszutauschen.

Sozialform: Einzelarbeit und Arbeit im Klassenverband bis zu 15 Schülern; ggf. Klasse teilen

Zeitaufwand: ca. 80 Minuten bei 15 Schülern. Auf keinen Fall darf Zeit in der Rückkehrphase der Fantasiereise eingespart werden, da die Reise in einen Spannungszustand hineinführt und daraus wieder herausführen muss.

Material: Wachsmalstifte (ca. vier Kästen, besser mehr), 15 weiße DIN-A3-Blätter, 15 DIN-A4-Blätter mit der Überschrift: „Wenn du so wütend bist, möchte ich…"

Durchführung (in drei Schritten):

1. Schritt – Fantasiereise (ca. 20 Minuten): Laden Sie die Schüler zu einer Fantasiereise ein. (Vorbereitungen und Hinweise s. S. 101 ff.)

---

*) Die Idee zu dieser „Reise" lernte ich bei Dissens e.V., Berlin, *kennen.*

Einstimmungsphase: Setzt/legt euch gemütlich hin und atmet tief ein und vor allem aus… Spür deine Füße, wie sie auf dem Boden stehen/liegen, die Beine… euren Körper… wie du auf dem Stuhl sitzt/Boden liegst… spür die Arme und Hände… Rücken… Bauch… wie fühlt sich dein Hals an, angespannt oder leicht… dein Gesicht… wie fühlt sich das Kinn an und der Mund, zusammengebissen oder locker… und atme/t gut aus.

Imaginationsphase: Stell dir nun eine Situation vor, in der du ganz furchtbar wütend warst, wo du dich unglaublich geärgert hast… Stell dir noch einmal genau vor, wie das war… welche Personen waren beteiligt, was passierte, und wie hast du dich gefühlt… Lass die Wut für einen kurzen Moment noch einmal in deinem Körper wachsen und spüre, wie es sich anfühlt… Wie fühlt sich die Wut in deinen Händen an, wie im Bauch und im Gesicht…

Stell dir vor, deine Wut hätte eine Farbe, welche Farbe wäre das… lass die Farbe vor deinem inneren Auge kräftig werden… Wenn deine Wut eine Form hätte, welche wäre das… stell dir eine Form für deine Wut vor, vielleicht ist sie spitz oder rund… vielleicht hat deine Wut auch eine Konsistenz, aus welchem Material könnte sie sein…

Rückkehrphase: Und nun lasse die Farben und das Bild deiner Wut langsam verblassen, atme tief aus, lass die Wut immer kleiner und blasser werden bis sie verschwindet… Und spür einmal, wie sich dein Körper jetzt anfühlt, wie deine Füße auf dem Boden stehen/liegen… spür die Beine… wie du auf dem Stuhl sitzt/Boden liegst… spür die Arme und Hände, lass sie ganz locker und entspannt werden… Rücken… Bauch… atme tief aus, entspanne dich… Wandere mit deinen Gedanken in dein Gesicht… und lass die Lippen ganz leicht aufeinander liegen… und atme gut aus. Du kommst jetzt langsam hier in diesen Raum zurück, stell ihn dir ohne die Augen zu öffnen vor, wo du sitzt/liegst, wer noch hier im Raum ist. Spüre deine Füße und öffne langsam die Augen, rekele und strecke dich vielleicht ein bisschen… Herzlich willkommen!

2. Schritt – „Wutbilder" (ca. 15 Minuten): Das DIN-A3-Blatt wird durch Knicken in drei gleich große Felder unterteilt. Die Felder werden mit den Überschriften (von links nach rechts) „vorher" „Wut" „nachher" versehen. Die Schüler malen für jede Phase ein Bild, abstrakt oder auch figürlich. Abschließend schreiben sie in jedes Feld einen Kommentar, der mit den Worten „Wenn ich so bin, möchte ich…" beginnt.

3. Schritt – Gegenseitiger Kommentar (ca. 25 Minuten): Die Schüler legen jetzt das vorbereitete DIN-A4-Blatt („Wenn du so wütend bist, möchte ich…") neben ihre Zeichnung. Lehrerkommentar: „Wechselt jetzt zum Bild eures rechten Nachbarn. Schaut euch sein Bild und die Kommentare an und schreibt spontan auf das DIN-A4-Blatt, was ihr tun möchtet, wenn ihr jemanden erlebt, der so wütend ist, wie es auf dem Bild zu sehen ist."

B Übungen zum konstruktiven Konfliktverhalten

vorher
...dann sammelt sich alles in mir auf, oft sage ich lange nichts

Wutbilder (Schüler, 16 J.)

Wut
...und irgendwann platzt es und alles kommt raus

nachher
...dann frage ich mich auch: Warum ...dann fühle ich mich leer, meist auch einsam, allein
...dann kann ich es lange danach nicht verstehen

Reihum schreibt jetzt jeder Schüler bis zu drei Sätze zu dem Bild jedes Mitschülers. Gewechselt wird zweckmäßigerweise immer gleichzeitig nach etwa 1,5 Minuten. Wenn jeder Schüler wieder bei seinem eigenen Bild angekommen ist, liest er den inzwischen gefüllten Arbeitsbogen genau durch.

4. Schritt: Abschlussdiskussion (ca. 20 Minuten): Leitfragen: Welche der Kommentare kannst du gebrauchen? Was würde dir, wenn du so wütend bist, helfen? Was von den Aussagen auf deinem Zettel ist eher wenig hilfreich für dich oder würde dich vielleicht sogar noch wütender oder hilfloser machen?

Auswertung: Die Diskussion macht deutlich, dass es sehr unterschiedliche Ausdrucksweisen von Wut gibt, die nach außen hin z. T. bedrohlich wirken, z. T. als Traurigkeit oder als abweisendes Verhalten wahrgenommen werden. Dies spiegelt sich auch deutlich in den Bildern der Schüler.

Tipp: Erfahrungsgemäß malen insbesondere Mädchen häufig sehr traurige Bilder oder Bilder, aus denen hervorgeht, dass sie ihre Wut nicht zeigen. Sie können dann darauf hinweisen, dass es wichtig ist, seiner Wut Ausdruck zu verleihen, weil sie sonst im Inneren weiter rumort und quält.

2. „Ich kann dich einfach nicht verstehen!" – Stärkung des Einfühlungsvermögens

Einfühlungsvermögen scheint in unseren Zeiten wachsender Konkurrenz und Individualisierung und auch angesichts einer Medienwelt, die Mitgefühl oft geradezu verbietet, in der Gefahr zu stehen, zu verkümmern. Eine indianische Weisheit bringt die Rolle von Einfühlungsvermögen bei der konstruktiven Lösung von Konflikten auf den Punkt: „Urteile nie über jemanden, ohne einen Tag in seinen Mokassins herumgelaufen zu sein!" Allerdings, bei heftigem Streit und bei Antipathie regen sich – um in dem Bild zu bleiben – erhebliche Widerstände, die Schuhe des Gegners auch nur anzufassen, geschweige denn sie auszuprobieren; und der Gegner wird sie mir auch schwerlich überlassen. Es braucht Überwindung und Übung, sich im Streitfall in Einstellungen der anderen Seite hineinzuversetzen und diese zu respektieren (wenn auch vielleicht nicht zu akzeptieren).

Aktives Zuhören und die konsequente Verwendung von Ich-Botschaften sind die Techniken, die die Empfindung von Empathie kommunizierbar machen. Beim *aktiven Zuhören* wird besonders darauf geachtet, was der Partner neben dem Sachinhalt auf der Gefühlsebene, der appellativen Ebene und der Beziehungsebene zum Ausdruck bringen möchte. Der Partner fühlt sich so verstanden und akzeptiert und hört dann seinerseits offener zu. *Ich-Botschaften* haben einen Gefühls- und einen Faktenteil. In diesem erläutert der Sprecher, welche Tatsache, welches Verhalten usw. bei ihm das benannte Gefühl ausgelöst hat. Z. B.: „Ich bin enttäuscht, weil du die Verabredung nicht eingehalten hast" anstelle von „Auf dich ist kein Verlass".

Übungen zu Empathie und Wahrnehmung ambivalenter Gefühle

Auf eine besonders harte Probe wird die Fähigkeit und der Wille zur Einfühlung gestellt, wenn es um die Wahrnehmung und das Respektieren von Ambivalenzen geht, Gefühlen, die sich gegenseitig zu widersprechen scheinen, aber doch beide gleichzeitig vorhanden sind. Dazu zwei Übungsvorschläge.

Experiment: „An wen denkst du wohl?" ab Klasse 7

Intention: Ein Experiment, das überrascht und das Vertrauen in das eigene Einfühlungsvermögen stärkt.

Zeitaufwand: ca. 10 Minuten

Durchführung: Eine „Versuchsperson" setzt sich neben Sie. Sie wird gebeten, sich nacheinander zwei Personen vorzustellen, die nicht im Raum sinA. Alle Schüler sollen die „Versuchsperson" ganz genau beobachten. Wichtig: Erklären Sie, dass weder während noch nach dem Experiment geraten oder veröffentlicht wird, welche Personen gemeint waren.

Die Anweisung für die „Versuchsperson" lautet: Die erste Person soll jemand sein, den du überhaupt nicht leiden kannst, ganz unsympathisch findest... Stell dir vor, wie die Person aussieht... wie sich ihre Stimme anhört... wie es wäre, ihr die Hand zu geben... Jetzt stelle dir die zweite Person vor: Jemand ganz Nettes, den du wirklich gut leiden kannst... (weiter wie bei der ersten Person)

Experiment: Ich werde dir jetzt Fragen stellen, und du stellst dir immer die betreffende Person vor. Du schaust dabei am besten nach unten oder schließt die Augen. Die anderen raten schweigend, an welche der beiden Personen du gerade denkst: Daumen hoch heißt: die nette Person, Daumen runter: die unsympathische Person.

Fragen (Vorschlag): Denk an die Person, die größer ist/die älter ist/die dunklere Haare hat/deren Vorname zuerst im Alphabet kommt usw. Nach jeder Frage braucht die „Versuchsperson" etwa fünf Sekunden Zeit, um sich die Person wirklich vorzustellen. Die anderen Schüler zeigen an, auf welche Person sie tippen. Daraufhin schaut die „Versuchsperson" auf und bestätigt oder verneint das Ergebnis.

Auswertung: In der Gruppe wird zusammengetragen, woran zu erkennen war, an welche Person die „Versuchsperson" gedacht hat (unwillkürliche kleine Veränderungen der Mundwinkel, Kaumuskeln, Finger- und Handhaltung wie leichte Krümmung zur Faust, Stirnfalten, Atmung verhalten bzw. gelöst usw.).

Tipp: Wahrscheinlich werden nie alle Schüler einer Meinung sein. Es kommt darauf an, dass die Mehrheit der Klasse mit ihrer Einschätzung in den allermeisten Fällen richtig liegt. (Eine gute Gelegenheit, die Einfühlungsfähigkeit als Gruppenleistung zu würdigen.)

Unterrichtseinheit: Fotoroman mit Gutgeh-Punkten* ab Klasse 8

Intention: Beim Erstellen des „Fotoromans" werden das Einfühlen in andere Personen sowie das Beschreiben von Gefühlen und Ambivalenzen ausgiebig geübt. Thematik und Personen des Romans sollten dem Alltagsleben der Jugendlichen nahe sein, so dass ein Transfer auf eigenes Verhalten und persönliche Erlebnisse nicht schwer fällt.

Sozialform: Gruppenarbeit; Präsentation im Klassenverband oder auch in größerem Rahmen

Zeitaufwand: ein Projekttag; bei sehr sorgfältiger und kunstvoller Ausführung auch zwei Tage; evtl. Entwicklungszeit der Filme einrechnen; möglich ist auch, die Fotoaktion an einem Schultag durchzuführen und die schriftlichen Arbeiten auf mehrere Schulstunden zu verteilen

Material: Polaroid-Kamera und pro Arbeitsgruppe ca. zwölf Bilder oder Fotoapparat mit Film, farbige DIN-A4-Bögen zum Aufkleben der Fotos, ein Arbeitsblatt; evtl. ein kleiner Fundus Verkleidungsmaterial (Altkleider, Tücher, Hüte und ein wenig Haarspray und Schminke)

---

*) *Diese Übung und andere der hier vorgeschlagenen habe ich gemeinsam mit meinem Kollegen Dirk Splinter (inmedio, Berlin) in verschiedenen Trainings entwickelt und erprobt, die wir in Schulen, in der offenen Jugendarbeit, in Heimen und mit jugendlichen Gewalttätern durchgeführt haben.*

Die Foto-Story

Die Hauptpersonen:

Sven (17) und *Tina* (16) gehen in eine Klasse. Sie sind schon seit drei Monaten zusammen. *Sven* verbringt allerdings eigentlich mehr Zeit mit seinen Fußballkumpels als mit *Tina*. *Nadja* (16) ist neu in der Klasse.

1. Foto:

Auf der Klassenparty sieht *Tina*, wie *Nadja* mit *Sven* eng umschlungen tanzt. *Tina* rennt raus...

Auf der Party bei Atze sieht Tina ihren Freund Nick, mit dem sie schon drei Monate zusammen ist, mit Nadja eng umschlungen tanzen und rennt wütend raus.

Nick: 4 Ggp:
   bisschen nachdenklich wegen Tina
   er fühlt sich bestätigt, weil nicht nur eine Frau sich für ihn interessiert

Nadja: 5 Ggp oder mehr:
   fühlt sich bei Nick wohl
   Tina hat sie im Moment vergessen

Tina: 1 Ggp:
   ist stinksauer, aber sie weiß, dass sie sich so leicht nicht abservieren lässt

Beispielseite: Fotoroman

Tipp: Die Arbeit in geschlechtsgetrennten Gruppen erwies sich als sehr sinnvoll, da so eine Diskussion über geschlechtsspezifische Einstellungen, Normen und Werte initiiert werden kann.

Fotoaktion: In Kleingruppen (maximal zehn Schüler, idealerweise sechs) werden „Fotoromane" angefertigt. Der Romananfang ist für jede Arbeitsgruppe gleich, darauf aufbauend sind die verschiedensten Geschichten denkbar, das Drehbuch dazu entwickeln die Jugendlichen selbst.

Zuordnen von Sprechblasen und Gutgeh-Punkten: Die Fotos werden einzeln auf DIN-A4-Blätter geklebt und mit entsprechenden Sprech- oder Denkblasen versehen. In einer Gruppendiskussion wird für jede Person in jeder Szene der momentane Stand der Befindlichkeit festgelegt und in „Gutgeh-Punkten" ausgedrückt. Die Skala dieser Punkte reicht von 0 (der Person geht es sehr schlecht) bis 5 Punkte (der Person geht es supergut). Die Punktvergabe wird auf jedem Blatt mit der Gefühlslage (meist mehrere Gefühle) der Person schriftlich begründet.

Kommentar: Dies ist eine etwas aufwendigere Übung, die sich aber lohnt! In unseren Trainings war sie durchgängig ein großer Erfolg: Sie macht viel Spaß, weckt nicht selten bei Schülern, die sonst wenig im Vordergrund stehen, plötzlichen Ehrgeiz und stärkt die Kooperation in der Gruppe.

Übungen zur Konfliktanalyse

Nachdem allgemeine Empathiefähigkeit und die Wahrnehmung ambivalenter Gefühle geschult worden sind, wird es leichter sein, konkret auftretende Konflikte gemeinsam mit den Schülern differenziert zu analysieren. Die Schüler können üben, im Konfliktfall Person und Problem auseinander zu halten und nicht länger auf Positionen zu verharren, sondern an den verschiedenen Interessen orientierte Doppelgewinn-Lösungen zu finden (s. S. 110ff.).

Konfliktanalyse bedeutet zunächst, genau zu definieren, wer an dem Konflikt beteiligt ist und sich von der Ebene sichtbaren Verhaltens zu den Hintergründen durchzuarbeiten. Erlittene Kränkungen und Enttäuschungen werden ausgesprochen und verlieren damit an Schärfe. Die andere Partei kann, ebenfalls auf der Gefühlsebene, darauf reagieren. Die Fähigkeit zur Einfühlung wird so am konkreten Beispiel erprobt. Ist es den Konfliktbeteiligten gelungen, die Situation der anderen Seite wenigstens teilweise emotional nachzuvollziehen, fallen ihnen häufig aus eigenem Antrieb Schritte zur Wiederannäherung und zur Beilegung des Konfliktes ein. Es geht ausdrücklich nicht darum, das Verhalten des anderen gutzuheißen oder die eigenen Interessen zu vernachlässigen. Häufig wird deutlich, dass sich alle Beteiligten in einer Sackgasse glaubten, aus der sie keinen Ausweg ohne Gesichtsverlust oder völlige Aufgabe eigener Vorstellungen sahen. Die Energien, die durch kompromissloses Verharren auf der eigenen Position gebunden waren, können jetzt für eine gemeinsame Suche nach neuen Lösungsmöglichkeiten eingesetzt werden. Lösungen werden in diesem Zusammenhang nach den Grundsätzen der Mediation definiert: Es soll keine „Verlierer" geben, sondern die Konfliktparteien gehen Schritte aufeinander zu und verhandeln ggf., wie ein Interessenausgleich zustande kommen kann. Ernst gemeinte Entschuldigungen (z. B. auch in Anwesenheit Dritter), Schadensausgleich für zerstörte Gegenstände, Verabredungen für zukünftige Konfliktpunkte und die Klärung von Missverständnissen spielen hier eine wichtige Rolle.

Konfliktanalyse „Wurzeln eines Konfliktes" ab Klasse 5

Vorbemerkung: Die Konfliktwurzel-Analyse ist ein wirksames Instrument, Konflikt-Hintergründe überschaubar und dadurch oft weniger bedrohlich zu machen. Genauso wichtig wie das Arbeitsergebnis ist der Gruppenprozess, der auch Hinweise für künftiges Konfliktverhalten gibt. In vielen Fällen ergeben sich schon während der Analyse Lösungsoptionen, es empfiehlt sich aber, diese erst im 5. Schritt der Analyse zu diskutieren.

Die Übung beschäftigt sich mit Ängsten und Befürchtungen der Konfliktbeteiligten. Sie setzt daher das Einverständnis der Parteien voraus, sich in dieser Form mit dem Konflikt zu beschäftigen. Es sollte zudem klar darauf hingewiesen werden, dass es *nicht* darum gehen wird, Schuld oder Unschuld der Beteiligten festzustellen.

Intention: Analyse von aktuellen Konflikten in der Klasse bis hin zu Lösungsoptionen. Stärkung von Empathiefähigkeit und Einfühlungsvermögen der Schüler.

Sozialform: Gruppenarbeit und Klassengespräch

Zeitbedarf: ca. 80 Minuten

Material: Plakate oder Tapete, dicke Filzstifte

Durchführung (in fünf Schritten):

1. Schritt (Klassengespräch, ca. 10 Minuten): Das Fünf-Ebenen-Modell eines Konfliktes wird der Klasse vorgestellt:

Fünf Ebenen eines Konfliktes – „Das Wurzelwerk"

1. Ebene: *Thema* des Konfliktes
2. Ebene: *Wer* ist beteiligt?
3. Ebene: *Was tun* die einzelnen Parteien konkret?
4. Ebene: *Wünsche/Motive/Interessen* der Parteien
5. Ebene: *Befürchtungen* der Parteien

Die ersten drei Ebenen werden von allen gemeinsam erarbeitet und auf einem großen Plakat visualisiert: 1. Ebene: Das *Konflikt-Thema* wird wertneutral formuliert (Beispiel: „Streit um den CD-Player" und nicht: „Erpressungsversuch von Laszlo"). 2. Ebene: *Wer* sind die Konfliktbeteiligten? (Achtung, auch Personen, die auf den ersten Blick unbeteiligt wirken, können zu den Konfliktbeteiligten gehören. Bei der „schweigenden Mehrheit", „den Genervten" oder auch Freunden und Cliquen lohnt sich oft genaueres Hinschauen.) 3. Ebene: *Was tun die Beteilig-*

ten? Meist gehören zu einem Konflikt mehrere „Taten". Diese sind jeweils in eigene Kästchen zu schreiben. Auch etwas nicht tun kann in diese Ebene gehören, z. B. „Ida wehrt sich nicht", „Die schweigende Mehrheit schaut weg".

2. Schritt (Gruppenarbeit, ca. 15 Minuten): Die Gruppe wird – den Konfliktparteien entsprechend – in verschiedene „Unterstützergruppen" geteilt. Jede Kleingruppe hat die Aufgabe, sich in eine der beteiligten Konfliktparteien hineinzuversetzen, aus diesem Blickwinkel heraus „mögliche Wünsche und Motive von ..." zu notieren und so die 4. Ebene zu erarbeiten.

Leitfragen: Welche Gründe hat die Person/Partei für ihr Verhalten? Was wünscht sich die Person/Partei? Was will die Person/Partei erreichen? Erklären Sie, dass es immer „gute Gründe für vielleicht auch doofes Verhalten" gibt.

3. Schritt (in denselben Gruppen, ca. 15 Minuten): Die Gruppen sammeln Stichpunkte auf einem zweiten Plakat mit der Überschrift: „5. Ebene: Mögliche Befürchtungen von..." Leitfragen: Was befürchtet die Person/Partei? Was will die Person/Partei nicht? Was will die Person/Partei vermeiden?

4. Schritt (Klassengespräch, ca. 25 Minuten): Die Wünsche und Befürchtungen jeder Konfliktpartei werden von den einzelnen Gruppen anhand der Plakate vorgetragen. Bisher hat es sich ja um Vermutungen gehandelt, die durch Einfühlung erarbeitet wurden. Diese Vermutungen werden jetzt durch direkte Fragen an die Konfliktparteien verifiziert, modifiziert oder (deutlich sichtbar!) gestrichen.

5. Schritt (Fortsetzung des Klassengespräches, ca. 15 Minuten): Es werden nun „Brücken der Verständigung" – gemeinsame Wünsche und Interessen gesucht, aber auch Unvereinbarkeiten und Kränkungen aufgespürt. Auf dieser Basis können auch Vorschläge für Lösungsoptionen gemacht werden.

Leitfragen zur Auswertung der Arbeitseinheit: Wie war diese Form der Konfliktbearbeitung für euch? Was war angenehm bzw. unangenehm? Was habt ihr Neues über den Konflikt und über euch selbst herausgefunden? Das letzte Wort haben auf jeden Fall die Konfliktparteien.

Fallbeschreibung: „Außenseiter in der Klasse"

Thorsten und Kemal, die Wortführer in der 7. Klasse, haben Ida zum wiederholten Mal Prügel angedroht „weil sie nervt und eine blöde Kuh ist". Diesmal hat Ida sich zusammen mit Mirjam und Ilona an die Lehrerin gewandt. Ida ist ein wenig attraktives, dickes Mädchen. In der Klasse hat sie einen schlechten Stand, wird gehänselt und gepiesackt. Immer wieder gibt es unaufgeklärte Zwischenfälle, mal ist Idas Jacke in der Pfütze gelandet, mal fehlt ihr Radiergummi. Bisher hat sich Ida nur selten gewehrt. Sie verhält sich einerseits anbiedernd, meckert und kritisiert aber auch viel. Mirjam und Ilona sind die Einzigen in der Klasse, die öfter etwas mit Ida unternehmen und die Pause mit ihr verbringen. Ida hat aber gehört, wie die beiden hinter ihrem Rücken bei den allgemeinen Lästereien über sie mitmachen.

Konfliktwurzel-Analyse

		Außenseiter in der Klasse		
I				
II	Kemal und Thorsten	Ida	Ilona und Mirijam	„Der Rest"
III	Lästern über Ida und schnauzen sie an	Meckert und quatscht viel		
	Drohen, Ida zu verprügeln	Wehrt sich nicht		
		Wendet sich an die Lehrerin		
IV	Sind genervt von Idas Meckern und Jammern	Fühlt sich verletzt und beleidigt		
	Sind empört, weil Ida sie bei der Lehrerin gemeldet hat	Ist wütend auf Kemal und Thorsten		
	Wollen weiterhin Anführer der Klasse sein	Wünscht sich mehr Anerkennung		
	Wollen gut vor den Mädchen dastehen	Will Freundschaft mit Ilona, Mirijam und den anderen Mädchen		
V	Haben Angst, bestraft zu werden	Hat Angst vor Prügel		
	Haben Angst, für die Mädchen uninteressant zu sein	Befürchtet, dass die anderen sie langweilig finden		
	Haben Angst, selbst Außenseiter zu werden	Hat Angst, alleine dazustehen		

3. Konstruktive Kritik üben und annehmen können

Konstruktiv mit Kritik umgehen – das heißt gerade nicht, mit seiner Meinung hinter dem Berg zu halten oder Ärger hinunterzuschlucken. Im Gegenteil, wir alle sind auf Rückmeldungen (Feedback) über unser Verhalten, auf positive wie auf negative Kritik angewiesen. Dies sollte aber in nicht verletzender Weise geschehen. Ansonsten ist, gerade im Konflikt, eine Eskalation vorprogrammiert.

Jeder kennt Situationen, in denen gut gemeinte Kritik „in den falschen Hals" geraten ist. Andererseits gibt es durchaus Situationen, in denen Kritik, die uns zunächst gar nicht schmeckte, letztlich zur persönlichen Weiterentwicklung beitrug.

Als Erwachsener macht man sich selten klar, wie häufig Kinder und Jugendliche Kritik ausgesetzt sind, und zwar in einer Form, die wir als Erwachsene zu Recht als grenzverletzend empfinden würden. „Kau nicht mit offenem Mund! Findest du nicht, dass du dich entschuldigen solltest? Du bist mal wieder unerträglich..." Ähnliches, oft noch im Beisein anderer zu hören, härtet ab und schafft nicht gerade günstige Voraussetzungen, Altersgenossen wie Erwachsenen gegenüber konstruktive Kritik zu üben. Erziehung kommt ohne Kritik nicht aus, entscheidend ist aber in jedem Fall das *Wie*.

Erarbeitung von Regeln für konstruktive Kritik   ab Klasse 7

Zeitbedarf: 30 Minuten

Material: pro Schüler zwei verschiedenfarbige DIN-A4-Blätter (z. B. rote und grüne)

Durchführung: Einführung durch den Lehrer: „In der nächsten halben Stunde werden wir uns mit verschiedenen Formen von Kritik beschäftigen: Ich möchte mit euch gemeinsam Regeln für eine konstruktive Kritik erarbeiten. Erinnert euch – jeder für sich – an eine Situation, als ihr kritisiert wurdet und es für euch unangenehm oder ärgerlich war. Schreibt auf den roten Zettel, was daran so unangenehm war, wie der Kritik-Geber sich verhalten hat und wie ihr euch dabei gefühlt habt. Inhaltlich spielt die Kritik keine Rolle. – Nun erinnert euch bitte an eine Situation, in der es vielleicht nicht unbedingt angenehm, aber doch o. k. war, wie ihr kritisiert wurdet. Macht wieder entsprechende Notizen, diesmal auf den grünen Zettel.

Auswertung: In der Auswertungsrunde werden Feedback-Regeln gesammelt und visualisiert. Die Liste kann eine Weile in der Klasse hängen bleiben, Äußerungen von Kritik daran immer wieder überprüft werden. Das heißt nicht, dass ab jetzt nie mehr „gemeckert", gestöhnt oder beschuldigt werden darf. Kein Mensch kann immer nur konstruktiv sein! Es geht lediglich darum, zu überprüfen, wann konstruktive Kritik geplant und vor allem wann sie gelungen ist.

> **Wichtige Feedback-Regeln**
>
> *Klarheit, Genauigkeit, Nachdrücklichkeit.*
> D. h., konkret an Beispielen bleiben.
>
> *„Ärgerpunkte" möglichst wertneutral formulieren.*
> Was ist konkret passiert? Feedback über das Verhalten geben, nicht über die Person. Z. B.: „Du bist nicht gekommen" versus „Auf dich ist ja kein Verlass".
>
> *Offenlegen, was dieses Verhalten bei mir ausgelöst hat, wie ich mich gefühlt habe.*
> Z. B.: „Ich habe mich im Stich gelassen gefühlt." „Ich fühle mich von dir nicht ernst genommen."
>
> *Zukunftsorientiert kritisieren, konstruktiv im Sinne von „etwas verbessern wollen", „aufbauen".*
> Z. B. „Ich würde mir wünschen, dass du das nächste Mal anrufst."
>
> *Rahmenbedingungen beachten.*
> Entblößende Situationen, Tür-und-Angel-Situationen vermeiden und auch darauf achten, ob der Kritik-Nehmer gerade in der Lage ist, wirklich zuzuhören. Das heißt nicht, die Kritik auf den Sankt-Nimmerleins-Tag zu verschieben.

C Körpersprachliche Signale in gewaltträchtigen Situationen

Körpersprache ist unsere Primärsprache, die erste Ausdrucksmöglichkeit, die wir als Kleinstkinder zur Verfügung hatten. Sie ist eng mit unseren Gefühlen verbunden, ist spontaner Ausdruck von ihnen und wird genauso spontan und unbewusst von unserem Gegenüber wahrgenommen und interpretiert.

So wie sich nicht sinnvoll zwischen richtigen und falschen Gefühlen unterscheiden lässt, ist auch eine Bewertung von Körperhaltungen kontraproduktiv. Ein reflektierter Umgang mit der eigenen Körpersprache und eine geschulte Wahrnehmung fremder Körpersignale kann – besonders in gewaltträchtigen Situationen – als eine Art Frühwarnsystem genutzt werden. Ehe das erste böse Wort gefallen ist, wird (oft auch unbeabsichtigt) durch Signale und Gegensignale schon eine Eskalation angebahnt. Insbesondere gewaltbereite Kinder und Jugendliche haben häufig das

C Körpersprachliche Signale in gewaltträchtigen Situationen

Gefühl, keine Wahlmöglichkeit in ihren Reaktionen zu haben. Sie fühlen sich als Opfer ihrer eigenen gewalttätigen Reaktionen. Die Differenz zwischen innerem Gefühl und Außenwirkung spielt hierbei eine wichtige Rolle. Häufig verbirgt sich gerade hinter als provokativ wahrgenommenen Haltungen Unsicherheit oder Angst. Erklärungen von *beiden Beteiligten* einer Prügelei, wie: „Da musste ich einfach zuschlagen, sonst hätte der mich ja platt gemacht!" oder: „Schließlich kann ich mich ja nicht vor allen Leuten fertig machen lassen!" verdeutlichen dies.

Für Jugendliche ist es daher wichtig, körpersprachliche Signale wahrzunehmen, zu verstehen und ggf. zu verändern, um gewaltträchtige Situationen zu deeskalieren und – allgemein gesprochen – mehr Entscheidungsfreiheit darüber zu erlangen, was sie wann signalisieren wollen.

Die praktische Beschäftigung mit diesem Thema führt dazu, dass fremde Haltungen nicht mehr so eindimensional wahrgenommen werden. So verbessern sich die Chancen für Einfühlung und Empathie.

Die Veränderung unserer Körperhaltung kann uns auch darin unterstützen, innere Haltungen zu verändern. Dazu ein Beispiel: Wenn ich traurig und geknickt bin, laufe ich eingesunken, mit kleinen Schritten und leicht gesenktem Kopf herum. Verlängere ich meine Schritte, hebe den Kopf und richte mich auf, verändert dies ein kleines bisschen auch schon meine Grundstimmung. Ich nehme die Welt anders wahr, atme freier und kann, wenn ich mich dazu entschließe, vielleicht leichter von meiner Traurigkeit lassen.

Die Arbeit mit Körpersprache ist eine sehr persönliche Sache und muss natürlich von entsprechendem Respekt und Rücksichtnahme getragen werden. Sie bringt z. T. überraschende Aha-Erlebnisse und macht nicht zuletzt gerade (mit) Schülern viel Spaß!

Zur Einführung in das Thema Körperhaltungen soll die folgende Liste von häufigen Körperhaltungen und ihren gängigen Interpretationsmustern dienen. Zwangsläufig handelt es sich hierbei natürlich immer um eine vereinfachte Darstellung der komplexen Körperhaltung. Probieren Sie die Haltungen aus, bevor Sie sie mit Schülern durcharbeiten, am besten vor dem Spiegel, noch besser mit einem Partner, und prüfen Sie, wie die jeweiligen (meist unbewussten) Gedanken oder Mottos dazu passen.

Häufige Körperhaltungen und ihre Interpretationsmuster

Kurzbeschreibung des spontanen Eindrucks*	a) Fuß- und Beinstellung b) Arm- und Handhaltung	Körper- und Kopfhaltung	Zugeschriebenes „Motto", Wahrnehmung/Interpretation von außen
„der/die Schüchterne"	a) eng zusammengestellt b) eng am Körper, Hände hängend	Schultern nach vorn gebeugt, Brust eingesunken, gesenkter Kopf, Blick von unten nach oben	„Mir kann man jede Menge aufladen!" Oder „Ich trau mich nicht." Wird leicht als „Opferhaltung" wahrgenommen.
„der/die Liebenswürdige"	a) Standbein und Spielbein b) Hände hängend ineinander verschränkt	Schultern leicht nach vorne gezogen, Kopf schräg geneigt	„Tu mir nichts, ich tu dir auch nichts!" Kann als Opferhaltung interpretiert werden, bei Mädchen auch als einladend-kokett.
„der/die Verschlossene"	a) schmal bis hüftbreit b) Arme fest vor dem Körper verschränkt	Schultern gerade und etwas steif, Kopf etwas zurückgenommen	„Ich gebe nichts von mir preis!" Wird häufig als arrogant oder uninteressiert wahrgenommen.
„der/die Herausforderer/in" (1)	a) über hüftbreit b) Hände in die Hüfte gestemmt	Schultern zurückgenommen, Brust rausgestreckt	„Mich haut nichts um – versuch es doch!" Wird leicht als Provokation oder Angeberei interpretiert.
„der/die Herausforderer/in" (2)	b) Hände hinter dem Rücken	Kinn etwas erhoben, Blick fixiert das Gegenüber	„Keinen Schritt näher!" Wird meist als bedrohlich wahrgenommen, die Handlungsabsichten sind nicht erkennbar.
„der/die Selbstbewusste" oder „der/die Neutrale"	a) hüftbreit b) Arme locker und ohne Anspannung hängend, Hände sichtbar	Kopf und Rücken ohne Anspannung gerade, sucht den Blick des Gegenübers ohne ihn zu fixieren	„Ich weiß, wer ich bin und schau, was so kommt!" Wird als selbstbewusst, aber nicht übertrieben wahrgenommen.

*) Nicht unbedingt gleichzusetzen mit den Gefühlen, die die Person in dieser Haltung tatsächlich hat

C Körpersprachliche Signale in gewaltträchtigen Situationen

Übung „Typisch Angeber oder was?" ab Klasse 7

Intention: Die Schüler nehmen eigene Körperhaltungen bewusst wahr. Eigene und fremde Körperhaltungen werden auf die Diskrepanz zwischen innerer und äußerer Wahrnehmung hin untersucht.
Sozialform: Klassenverband oder geteilte Klasse
Zeitaufwand: ca. 25 Minuten
Material: Tabelle „Häufige Körperhaltungen"
Durchführung: Alle Schüler nehmen die erste Körperhaltung aus der Tabelle ein. Der Lehrer liest dazu die Anweisungen vor und macht auch selber mit. Die Schüler äußern spontane Eindrücke zu den jeweiligen Körperhaltungen und dem möglichen „Motto". So werden der Reihe nach alle „Typen" oder eine Auswahl davon besprochen. *Leitfragen:* „Was denkt die Person, die so steht, wohl gerade?", „Was glaubt ihr, wird sie gleich tun?", „Was hat sie im Moment für ein Gefühl?", „Schaut euch euren Nachbarn an, wie würdet ihr reagieren, wenn ihr jemandem gegenübersteht, der so dasteht?"
Auswertung: Die wichtigsten Körpersignale werden noch einmal wiederholt und die jeweilige Außenwirkung beschrieben (z. B. Hände hinter dem Rücken wird leicht als Provokation verstanden, weil man nicht sieht, was der andere vorhat bzw. in der Hand hat).
Tipp: Machen Sie deutlich, dass hier nicht über die Schüler gesprochen wird, die jetzt die entsprechende Körperhaltung einnehmen, sondern über Körperhaltungen und unbewusste Signale, die jeder von uns aussendet. Körpersprache lernt man über Nachahmung und das sogenannte Körpergedächtnis. Daher ist es wichtig, dass jeder die Haltungen ausprobiert – notiert werden muss nichts.

Übung „Bis hierher und nicht weiter!" ab Klasse 7

Intention: Die Schüler untersuchen den Einfluss von Körpersprache auf spontanes Verhalten und lernen das eigene Nähe/Distanz-Verhalten kennen.
Sozialform: Klassenverband oder geteilte Klasse
Zeitaufwand: ca. 15 Minuten
Vorbereitung: genug Platz im Raum schaffen oder ins Freie gehen; es ist hilfreich (und besitzt außerdem einigen Unterhaltungswert), die Übung vorher im Bekanntenkreis einmal auszuprobieren
Durchführung: Erklären Sie, dass die Übung eine Simulation von Begegnungen mit unbekannten Personen z. B. auf der Straße oder in der Disco ist. Die Schüler stehen sich paarweise im Abstand von etwa 5 Metern gegenüber. Schülerin A(nke) hat Schüler B(ob) den Rücken zugekehrt. Bob nimmt jetzt eine Körperhaltung ein (z. B. drohende Gebärde, in die Hüfte gestemmte Hände, wie ein verschüchtertes Kleinkind, neutral und selbstbewusst usw.). Nach dem Startsignal von Bob („Los!") dreht Anke sich um und läuft zügig auf Bob zu. Sie stoppt in dem Moment, wo sie – ohne zu überlegen – das Gefühl hat, „bis hierher und nicht weiter". Wichtig

ist, dass Anke so zügig geht, dass ihr während der Annäherung keine Zeit zum bewussten Nachdenken bleibt. Die Schüler tauschen sich kurz aus und wechseln dann die Rollen.

Auswertung: Nach drei- bis viermaligem Wechsel gibt es einen Austausch in der Gruppe. *Leitfragen:* Bei welcher Körperhaltung seid ihr näher herangegangen? Wo habt ihr großen Abstand gewahrt? Was genau hat euch veranlasst, den jeweiligen Abstand einzuhalten? (Vormachen lassen!)

Variante: (besonders für jüngere Schüler): Ein Paar führt die beschriebene Übung aus, die anderen beobachten und analysieren nach jedem Durchgang die Signalwirkung der Haltung.

Tipps für einige typische Reaktionen:

Neutrale Körperhaltung: Ihnen wird auffallen, dass es hier einen natürlichen Sicherheitsabstand gibt. Er bemisst sich exakt nach der Reichweite der Faust des Gegenübers bis einen Zentimeter vor der eigenen Nasenspitze. Diese instinktive Grenze ist bei den meisten Menschen noch voll intakt. Innerlich distanzlose Menschen erkennt man oft auch an einer Unterschreitung dieser Grenze.

Hilflose Haltung oder „Opferhaltung": Der Partner wird in der Regel nahe an das „Opfer" herangehen oder sogar etwas seitlich hinter die Person treten, um ihr „den Rücken zu stärken". Manche Schüler deuten an, dass sie in diesem Fall dem Opfer einen Stoß versetzen würden. So hart es auch klingt – auf der Straße, in der U-Bahn usw. ist dies tatsächlich die Haltung, die am ehesten Gewalt provoziert.

Provozierende Haltung: Hier wird der Abstand in der Regel sehr groß bleiben, die Schritte des Partners verlangsamen sich, er wartet ab. Manche Schüler wollen ihren Mut unter Beweis stellen und gehen extra dicht heran oder stellen sich ebenfalls provozierend vor dem Partner auf. Eventuell sollten sie den Hinweis wiederholen, dass die Übung eine Begegnung mit einem unbekannten Menschen simuliert. Die gespiegelte provozierende Haltung macht deutlich, wie Körpersignale ohne vorherige verbale Kontaktaufnahme unmittelbar aufgenommen und beantwortet werden. Dies entspricht durchaus dem Alltag insbesondere älterer Jungen.

Übung „Kein Bock auf Zoff"* ab Klasse 7

Intention: Den Schülern wird deutlicher, wo eigene Anteile an gewalttätigen Übergriffen liegen können und wie es möglich wird, ohne Gesichtsverlust und selbstbewusst einer Provokation aus dem Wege zu gehen.

Sozialform: Klassenverband, bei über 25 Schülern ist es sinnvoll, die Klasse zu teilen

Zeitaufwand: 30-45 Minuten

---

*) Eine Grundform dieser Übung lernte ich bei einem Seminar mit Sabine Mühlisch kennen.

C Körpersprachliche Signale in gewaltträchtigen Situationen

Vorbereitung: genug Platz im Raum schaffen oder ins Freie gehen; dieser Übung sollten andere zum Thema Körperhaltung und Signalwirkung vorausgegangen sein

Durchführung (in zwei Schritten):

1. Schritt: Kurze Wiederholung der Körperhaltungen und ihrer Signalwirkung. Ergänzung einiger Hinweise zu *Gehhaltungen.*

Nicht provozierende Gehhaltungen

- Aufrecht gehen mit sichtbaren offenen Händen und lockeren Armen.
- Zügiges Tempo.
- In etwa 3 Metern Entfernung kurz den Entgegenkommenden anschauen, und wieder wegschauen (signalisiert: „Ich nehme dich wahr und respektiere dich, will aber keinen weiteren Kontakt").
- Dem Partner die Vorderseite, nicht die Rückenseite zuwenden, wenn es eng wird und man sich aneinander vorbeidrängeln muss.

Provozierende Körperhaltungen

- Breite Geh- oder Stehhaltung.
- Arme hinter dem Rücken.
- Hände in der Tasche oder in die Seite gestemmt.
- Starrer Blick oder betontes Ignorieren des Gegenübers.

2. Schritt: Zwei Gruppen (mindestens fünf, höchstens acht Schüler) stehen einander in etwa acht Metern Abstand gegenüber. Die anderen Schüler sind Beobachter. Ohne das Wissen der jeweils anderen Gruppe bekommen die beiden Gruppen nun verschiedene Aufgaben: Die eine Gruppe soll mit nicht provozierender und selbstsicherer Körperhaltung auf die anderen zu und an ihnen vorbeigehen. Die andere Gruppe soll aggressiv gestimmt und „auf Randale aus" den anderen begegnen.

Ergebnis: Erfahrungsgemäß gelangt die erste Gruppe ohne nennenswerten Körperkontakt und ohne aufgehalten zu werden an ihr Ziel. Häufigste Reaktion der verblüfften „Randale-Gruppe" ist: „Die waren schon vorbei, ehe ich was machen konnte..." Mit vertauschten Rollen wird das Experiment mehrmals wiederholt. Dabei schadet es nichts, dass die Schüler nun natürlich wissen, wer welche Gruppenstimmung spielen soll. Weitere Variationen (s. u.) werden gespielt und ausgewertet. Die Aufmerksamkeit sollte darauf gerichtet sein, dass es der jeweils „friedlich" gestimmten Gruppe gelungen ist, durch die Signalwirkung ihrer Körpersprache ohne „Zoff", aber auch ohne Gesichtsverlust ihren Weg fortzusetzen.

Tipp: Wenn es doch zu einem Gerangel von einzelnen Mitgliedern der beiden Gruppen kommt, lässt sich oft eine spontan veränderte Haltung des „friedlichen" Partners rekonstruieren (etwa ein spontan in die Seite gestemmter Arm oder z. B.

die versäumte Blickaufnahme). Anhand dieser Veränderungen, die Ihnen und der Beobachtergruppe sicher auffallen, nicht aber den Beteiligten, lässt sich dann umso besser die Wirkung der körpersprachlichen Signale erläutern.

Variationen und die zu erwartenden Ergebnisse:

a) Eine Gruppe nimmt „Opferhaltungen" (gesenkter Kopf, eingezogene Schultern, kleine, ängstliche Schritte) ein, die andere „Randale-Haltung". *Ergebnis:* Die „Opfer-Gruppe" wird angerempelt und aufgehalten.

b) Zwei Gruppen in selbstbewusster Haltung begegnen sich. *Ergebnis:* Jeder geht seiner Wege.

c) Eine „Randale-Gruppe" und eine „selbstbewusste": Letztere bleiben etwa einen Meter nach der Stelle, wo sie aneinander vorbeigegangen sind, stehen und schauen sich nach den anderen um. *Ergebnis:* Einige Mitglieder der „Randale-Gruppe" kehren meist um und fangen eine Rempelei an. Opfer von Übergriffen durch Gruppen berichten häufig Folgendes: Der unangenehmen Begegnung kaum entronnen schauten sie sich aus Angst vor Verfolgung oder auch nur aus Neugier um und zogen so die gewaltbereite Gruppe praktisch an.

D Mediation, ein Weg zu mehr Verantwortung in der Schule

1. Die Methode der Mediation

Mediation unterscheidet sich von anderen Modellen der Konfliktbearbeitung insbesondere dadurch, dass hier ein unparteiischer Dritter den beteiligten Parteien einen Rahmen schafft, in dem sie selbst an der Wiederherstellung oder Verbesserung ihrer Beziehung arbeiten und gemeinsam Win-win-Lösungen entwickeln können. Eine der schwierigsten Herausforderungen für den Mediator ist es daher, nicht zu werten, sich mit Lösungsvorschlägen zurückzuhalten und darauf zu vertrauen, dass die Beteiligten die besten Experten ihres eigenen Konfliktes sind. Dies widerspricht der oft gängigen Praxis in Schulen oder anderen pädagogischen Einrichtungen, wo der Pädagoge eher als „Schiedsrichter" einen Ausgleich schafft oder als „Richter" bewertet, wer Recht bzw. Unrecht hat, wer „Täter" oder „Opfer" ist, und entsprechende Sanktionen verhängt.

Mediation folgt einem Phasenmodell in fünf Schritten, jeder Phase entsprechend werden gezielte Gesprächstechniken eingesetzt.

D Mediation, ein Weg zu mehr Verantwortung in der Schule

> **Phasen des Mediationsgesprächs**
>
> *1. Phase: Einführung.* Erläuterung der Mediationsmethode und der neutralen Rolle des Mediators. Einigung auf Grundregeln: nicht unterbrechen, keine Beleidigungen oder Tätlichkeiten, Vertraulichkeit.
>
> *2. Phase: Sichtweisen der Konfliktparteien darstellen.* Jeder stellt *seine* Wahrnehmung des Konfliktes dar. Der Mediator stellt Übereinstimmungen und Differenzen fest. Gesprächstechniken: spiegeln, zusammenfassen, wertneutral umformulieren.
>
> *3. Phase: Hintergründe des Konfliktes herausarbeiten.* Unterscheidung zwischen Vordergrund- und Hintergrundkonflikten (s. S. 110 ff.). Herausarbeiten von Motiven und Gefühlen, Interessen, Wünschen und Befürchtungen (s. Konfliktwurzel-Analyse, S. 120 ff.). Der Mediator stellt direkte Kommunikation zwischen den Parteien (wieder) her. Techniken: wie in der 2. Phase sowie: Perspektivwechsel, drastifizierendes Umformulieren, Rollenspiel, Standbilder, Aufzeichnung der Situation und andere kreative Methoden.
>
> *4. Phase: Entwickeln von Lösungsoptionen durch die Parteien.* Techniken: Brainstorming (oder Gedankengewitter), Standbilder (die in drei Schritten vom Ist-Zustand zum Wunsch-Zustand führen), Statuen zur zukünftig gewünschten Beziehung zwischen den Konfliktparteien. Die Lösungsoptionen werden auf ihre Realisierbarkeit hin (nicht daraufhin, ob sie dem Mediator ideal erscheinen) bewertet.
>
> *5. Phase: Vereinbarungen formulieren.* Die gewählten Lösungsschritte werden konkret formuliert und festgehalten (Was wird jede Partei wie und bis wann tun?) und z. B. durch Unterschrift oder Händedruck oder andere symbolische Handlungen bekräftigt.

Die Aufgabe des Mediators ist es, besonders in den ersten Phasen des Mediationsgespräches zu „dolmetschen" und die Parteien darin zu unterstützen, von der Sachebene auf die Beziehungsebene, von Positionen zu den Interessen zu gelangen. Dazu das Beispiel einer Mediation zwischen zwei 14-jährigen Mädchen:

Hannah hat absichtlich ein hässliches Loch in den schönen Pullover gerissen, den sie Jenny vor einem Jahr gestrickt hatte. Die Positionen der beiden ehemaligen Freundinnen sind klar: Jenny will einen neuen Pullover bekommen, denn geschenkt ist geschenkt. Hannah ist dazu nicht bereit. Schließlich hat sie den Pullover ja mal gestrickt.

Im Mediationsgespräch werden Konflikthintergründe erhellt: Jenny hat ein „Beste-Freundin-Geheimnis" von Hannah ausgeplaudert: Hannah ist in Alex verknallt. Jenny wollte der etwas schüchternen Hannah „auf die Sprünge" helfen, indem sie Alex Hannahs Geheimnis erzählt. Hannah hat davon erfahren und auf drastische Art die

Freundschaft aufgekündigt. Die Gefühle der beiden können nun deutlich gemacht werden: Jenny ist gekränkt, weil Hannah ihre gute Absicht nicht bemerkt. Hannah ist gekränkt über den Vertrauensbruch. Die Einbeziehung der entstandenen Gefühle schafft Entlastung für die Kontrahentinnen, aber auch ein besseres und nachhaltigeres Verständnis für die andere. Die Lösungsoptionen scheinen jetzt „vom Himmel zu fallen": Im dargestellten Fall entschuldigte Jenny sich für den Vertrauensbruch, Hannah für die Zerstörung des Pullovers. Hannah reparierte mit einem Herzaufnäher den Pullover. Die beiden gingen zu Alex und Jenny „rehabilitierte" Hannah, indem sie erklärte, dass sie damals aus eigenem Antrieb gekommen und nicht von Hannah geschickt wurde. (Alex, der das Ganze schon fast vergessen hatte, staunte nicht schlecht!)

Das Mediationsgespräch dauerte 25 Minuten. Die Mädchen waren sehr stolz darauf, „ganz alleine eine Lösung gefunden zu haben".

Mediation schafft mehr als die Beilegung aktueller Streitigkeiten. Als angewandtes Konflikttraining hat sie einen Lerneffekt, der über die aktuelle Situation hinausreicht.

2. Einwände gegen Mediation in der Schule

Viele Institute und Fortbildungseinrichtungen bieten inzwischen Unterstützung bei der Einführung von Mediation in Schulen an. Anfänglich gibt es oft Bedenken Mediation in der Schule einzusetzen. Die beiden Einwände, die mir am häufigsten begegnet sind, möchte ich hier kommentieren, nicht zuletzt um Ihnen Mut zu machen, die Methode einmal auszuprobieren.

● *Einwand:* „Mediation ist zu zeitaufwendig und daher nicht in den Schulalltag zu integrieren."

Die Dauer von Mediationsgesprächen ist sehr unterschiedlich. Oft sind im Schulalltag 10–15 Minuten dafür ausreichend. In komplizierteren Fällen, bei hoch eskalierten Konflikten oder solchen mit vielen beteiligten Parteien, kann es allerdings sogar erforderlich sein, die Sitzungen auf mehrere längere Termine (z. B. je 45 Minuten) zu verteilen. Die Techniken der Mediation kann man auch in einer Unterrichtsstunde anwenden, die für die Klärung von aktuellen Konflikten in der Klasse genutzt wird. Zu bedenken sind auch eingesparte Zeit, Kraft und Nerven, die bei schwelenden Konflikten für Störungen im Unterricht, Eskalationen auf dem Schulhof, Elterngespräche usw. aufgewendet werden müssen.

● *Einwand:* „Wir können nicht jeden Konflikt nach dem Win-win-Modell lösen. In der Schule muss es Regeln, im Notfall auch Sanktionen geben."

Regeln und auch Maßnahmen der Sanktionierung werden durch den Einsatz von Mediation nicht in Frage gestellt, sondern behalten ihre Existenzberechtigung. Jede funktionierende Einrichtung, also auch Schule, hat drei Grundformen der Konfliktlösung zur Verfügung (vgl. Kerntke 1998, S. 38ff.). Machtausübung (z. B. durch die Schulleitung oder die Beschlüsse der Lehrerkonferenz), Bezug auf Regeln (z. B.

durch die Schulordnung festgelegte oder zwischen Lehrern und Schülern vereinbarte) und die Vermittlung zwischen unterschiedlichen Meinungen, Bedürfnissen und Interessen (z. B. Absprachen im Kollegium oder die gemeinsame Planung der Klassenreise mit den Schülern). Für eine lebendige Institution ist es vorteilhaft, wenn ein möglichst großer Anteil der Konflikte über Vermittlung gelöst, ein kleinerer Teil über den Rekurs auf Regeln gesteuert, und nur ein sehr geringer Teil durch Anweisungen oder Beschlüsse „von oben" entschieden wird. Kein noch so perfektes Regelwerk kann die Vermittlung ersetzen: Wenn es zu viele Regeln gibt, wird die Organisation starr und undurchdringlich. Gibt es einen zu großen Machtanteil, wird das Individuum machtlos und auf die Dauer entweder passiv oder aufrührerisch. Die Einführung konstruktiver Konfliktlösungsmodelle schafft neue Handlungsräume, in denen das Mengenverhältnis der einzelnen Grundformen zugunsten des Vermittlungsbereiches verändert wird.

3. Peer-Mediation – Konfliktschlichtung unter Schülern

Wege aus der Eskalationsspirale von „stiller" wie auch von offener Gewalt können langfristig nur über eine Veränderung des alltäglichen Konfliktverhaltens von Kindern und Jugendlichen führen. Untersuchungen belegen, dass ein Großteil der Konflikte und der daraus resultierenden Gewalthandlungen unter Jugendlichen selbst stattfindet, also dieselben Jugendlichen potentielle Opfer *und* Täter sind. Es müssen also Modelle der gewaltlosen Konfliktbearbeitung auch direkt bei den Jugendlichen ansetzen. Weitere Argumente dafür liefert die Forschung zu „Peergroup-education", deren Resultate zeigen, dass Kinder und Jugendliche, gerade wenn es um Einstellungen und Verhaltensänderungen geht, sehr viel mehr von der Peer-group lernen als von Erwachsenen. Daher können Jugendliche auch geeignete Schlichter bei Konflikten und Streitigkeiten im jugendlichen Milieu sein: Sie kennen die Normen und Werte der beteiligten Personen aus eigener Perspektive und können sich anders als Erwachsene in die Konfliktparteien einfühlen. Ihre Interventionsberechtigung ist häufig höher als die von Erwachsenen, d. h., sie werden von den Konfliktparteien eher in der Rolle eines Schlichters oder als Person, die sich „einmischt", akzeptiert. Wie anders hört sich z. B. der Satz: „Ich finde es gemein, wie du Eva behandelst!" aus dem Mund des Lehrers oder der Mutter an, als aus dem einer Freundin oder eines Freundes! Kritische Hinweise durch Gleichaltrige können häufig viel eher angenommen werden. Ähnliches gilt übrigens auch für Anerkennung und Lob. Praktisch heißt das, gerade „schwierige" Schüler nicht nur als „Problemverursacher", sondern sozusagen als „Spezialisten in Sachen Probleme" zu sehen und ihnen Möglichkeiten der Konfliktbearbeitung an die Hand zu geben. Gerade die nicht „pflegeleichten", sondern die lautstarken, frechen, eben „coolen Typen" besitzen häufig die höchste Interventionsberechtigung in ihren Cliquen oder Klassen. Wenn es gelingt, die unter den Schülern angesehenen Jugendlichen zu einem konstruktiven Verhalten in Konflikten zu befähigen, dann ist mit starken Multiplikationseffekten in den Peer-groups zu rechnen.

4. Einrichtung schulischer Konfliktschlichtungs-Programme

Eine mittelfristige und sehr sinnvolle Perspektive ist es daher, ein Konfliktschlichter-Programm an der Schule einzurichten. Natürlich muss ein solches Programm im Einzelnen sehr genau auf die Bedürfnisse und Realitäten der jeweiligen Schule zugeschnitten sein.

Voraussetzung ist, dass ein solches Programm von Seiten des Kollegiums eine breite Unterstützung erfährt und einige Lehrer dauerhaft als Berater für die beteiligten Schüler zur Verfügung stehen, in schwierigen Fällen eingreifen und nicht zuletzt das Ganze auch immer wieder „in Gang" halten. Zu beachten ist auch der Modellcharakter, den das Konfliktverhalten der Lehrer für die Schüler hat. Tatsächlich ändert sich das Konfliktklima an der ganzen Schule (und muss sich ändern), das schließt auch die Frage mit ein, inwieweit Veränderungen innerhalb des Kollegiums wünschenswert sind.

Erster Schritt wäre, dass insbesondere Klassenlehrer z. B. im Rahmen von Unterrichtseinheiten, Verfügungsstunden oder Projekttagen in ihren Klassen Konflikttrainings durchführen. Entsprechende Übungen und Arbeitseinheiten wurden in Abschnitt B und C vorgestellt.

Zweiter Schritt wäre, Schülern mit hoher Interventionsberechtigung und mit besonderer Motivation ein mehrtägiges Konflikt-Schlichter-Training anzubieten. In vielen Schulen geschieht dies zunächst in Zusammenarbeit mit Referenten von außen, um dann an der Schule institutionalisiert zu werden. Solche Maßnahmen werden von verschiedenen Instituten, die sich mit Mediation und Beratung befassen, angeboten, in einigen Bundesländern auch von den ländereigenen Fortbildungsinstituten. Die Jugendlichen werden aktiviert und befähigt, bei Streitigkeiten und Problemen für ihre Mitschüler als Ansprechpartner bereitzustehen, ohne sich über sie zu stellen. Eine nachhaltige Wirkung gelingt nur, wenn die Schlichter Zeit und räumliche Möglichkeiten für ihr „Amt" erhalten, wenn ihre Arbeit als Bestandteil des Schulalltags anerkannt wird.

5. Einwände gegen Peer-Mediation in der Schule

Die beiden häufigsten Einwände, die gegen die Einrichtung von Peer-Mediation in Schulen auftauchen, möchte ich hier zusammenfassen und kommentieren.

● *Einwand:* „Unsere Schüler sind mit der Verantwortung überfordert, Konflikte adäqat zu lösen. Sie haben keinen ausreichenden Überblick über die Ursachen und Folgen der Konflikte."

Nicht jeder Konflikt ist mit Mediation zu lösen. In manchen Fällen sind die Hintergründe so schwerwiegend, dass z. B. das häusliche Umfeld mit einbezogen werden muss oder psychologische Unterstützung angezeigt ist. In diesem Zusammenhang sei noch einmal darauf hingewiesen, dass jedes Modell der Peer-Mediation kontinuierliche Unterstützung braucht. Die Konfliktschlichtung durch Schüler ist aber in sehr vielen Fällen möglich: Bei einer frühzeitigen Intervention wird mancher Streit erst gar nicht zum Problem. Die Grenzen ihrer Verantwortung, ihres Könnens und ihrer Möglichkeiten schätzen jugendliche Mediatoren erfahrungsgemäß häufig sogar realistischer ein als ihre erwachsenen Kollegen.

● *Einwand:* Unsere Schüler sind intellektuell und auch aufgrund ihrer sprachlichen Fähigkeiten bzw. Defizite nicht in der Lage, Mediationsgespräche zu führen.

Auf sprachlicher und intellektueller Ebene verstehen sich die Schüler im Alltag ja auch. Sie drücken auch in der Rolle des Mediators so manches zwar vollkommen anders aus, als wir das tun würden, erbringen damit aber oft verblüffend gute „Dolmetscherleistungen" für die Konfliktparteien. Unsere Erfahrungen zeigen, dass Konfliktschlichter-Modelle in verschiedensten Schulformen möglich sind. Entscheidend ist, sie sehr genau auf die jeweilige Schule, ihr Umfeld, ihre Arbeitsweise und ihr „Klima" zuzuschneiden – und nicht nur auf die betreffende Schulform.

Literatur

Besemer, Ch.: Mediation – Vermittlung in Konflikten. Baden 1993

Glasl, F.: Konfliktmanagement. Ein Handbuch für Führungskräfte, Beraterinnen und Berater. Stuttgart 1997

Kerntke, W.: Streit selber regeln. In: Theorie und Praxis der Sozialpädagogik 4/98

Walker, J.: Gewaltfreier Umgang mit Konflikten in der Sekundarstufe I. Frankfurt/M. 1995

A. Ljubjana Wüstehube

Kapitel 5
Störungen im Unterricht

Störungen werden subjektiv unterschiedlich wahrgenommen und beschrieben. Nicht nur Disziplinstörungen hemmen bzw. unterbrechen den Unterricht, sondern auch Störungen von außen wie Straßenlärm oder eine Lautsprecherdurchsage. Und auch Lehrer selbst können den Unterricht stören, wenn sie z. B. eine Folie spiegelverkehrt auflegen, in den Tiefen der Aktentasche nach Arbeitsblättern kramen oder das Notenbuch suchen. Wie auch immer, Störungsmanagement ist eine der Haupttätigkeiten von Lehrerinnen und Lehrern und ohne Störungsbearbeitung kann kein Unterricht stattfinden.

Deshalb „haben Störungen Vorrang" in jedem Gruppengeschehen, wie Ruth Cohn postuliert (1975, S. 121 f.), sie müssen bearbeitet werden, um nicht zu Zer-Störern des Unterrichts zu werden. „Dieses Postulat besagt, dass Störungen sich immer ihr Recht verschaffen, egal ob Teilnehmende und Leitende dies wollen oder nicht. Störungen fragen nicht nach Erlaubnis, sie haben de facto Vorrang. Daher geht es darum, sie als Realität des Menschen in der konkreten Situation ernst zu nehmen… Störungen sind sowohl Zerstreutheit, Ärger, Langeweile, Konflikte mit anderen Gruppenmitgliedern als auch Freude, Begeisterung und Sachinteresse – kurz gesagt alles, was (scheinbar) nicht mit dem Thema zu tun hat und was die Aufmerksamkeit Einzelner oder der Gruppe von der vorgenommenen Aufgabe ablenkt. Lebendiges Miteinander-Lernen kann jedoch nur erreicht werden, wenn sich alle Teilnehmenden auf das Thema und den Gruppenprozess konzentrieren können… Oft reicht schon das Aussprechen der Störung aus, um die betreffende Person wieder in das Gespräch einzubeziehen. Unter Umständen beansprucht die Beseitigung der Störung auch viel Zeit. Diese Zeit ist jedoch nicht „vertan", da die Gruppe erfahrungsgemäß nach Beseitigung der Störung umso intensiver zusammenarbeitet. Im Unterschied dazu beeinträchtigt ein gewaltsames Verdeckthalten einer Störung den gemeinsamen Lernprozess anhaltend und entscheidend." (Löhmer/Standhardt 1992, S. 31 f.)

In diesem Kapitel soll es darum gehen, wie Störungen möglichst effektiv bearbeitet werden können, vor allem solche, die die Kommunikation zwischen Schülern und Lehrern beeinflussen. Die Themenzentrierte Interaktion (nach Ruth Cohn) und die Psychologie der Kommunikation (z. B. Schulz von Thun 1981, Gordon 1977 u. 1998) bieten uns konkrete Hilfestellungen für die Unterrichtspraxis.

A Störungen sind Botschaften, die entschlüsselt werden müssen

Störungen kommen in der Praxis laufend vor, in den Lehrplänen aber nicht. Würde es in unserem Unterricht keinerlei Störungen geben, würden wir uns vielleicht sogar Sorgen machen, warum sich unsere Schüler so untypisch und im eigentlichen Sinne „un-menschlich" verhalten. Störungsfreier Unterricht ist eine Illusion – glücklicherweise, denn er erforderte blinden Gehorsam. Ständige Störungen aber machen Unterricht unmöglich. Zwischen diesen Extremen liegt irgendwo der Bereich, in dem der Unterricht menschlich ist und trotzdem effektiv.

Die vielfältigen Ursachen für Störungen im Unterricht können ausgehen vom Einzelnen, von der Gruppe, vom Lehrer, vom Unterrichtsinhalt und vom schulischen bzw. privaten Umfeld (s. a. Hecker u. a., 1992, S. 18f.) Mehrere Faktoren können dabei auch Ursachensysteme bilden. Um die Gründe für Störungen im eigenen Unterricht zu erkennen, empfiehlt es sich, zunächst eine Unterrichtsstunde ganz bewusst im Hinblick auf Störungssituationen zu reflektieren.

Arbeitsvorschlag:
Sich und andere in Störungssituationen genau wahrnehmen

Notieren Sie nach einer Unterrichtsstunde alles, was Ihnen zu den Störungen einfällt, die Sie in dieser Stunde wahrgenommen bzw. empfunden haben. Dabei kann der folgende *Reflexionsbogen* eine Hilfe sein.

Reflexionsbogen: Störungsanalyse

1. Was genau?

Versuchen Sie, die von Ihnen empfundene Störung kurz und ohne Wertung (!) zu beschreiben. Sie werden vielleicht bemerken, dass es gar nicht so einfach ist, Verallgemeinerungen und den eigenen Ärger herauszuhalten.

2. Wer genau?

In einer spezifischen Situation hat jeder Beteiligte in jedem Augenblick etwas anderes getan. (Diese Regel stimmt fast immer, außer bei Formationstänzen, Militärparaden u. Ä.). Versuchen Sie herauszufinden, wer sich wann wie verhalten hat. Wer hat z. B. durch sein Verhalten andere beeinflusst? Wie eine Störung von anderen aufgenommen (bzw. bearbeitet oder übergangen) wird, hängt maßgeblich von der Stellung des Initiators der Störung innerhalb der Gruppe ab. So reagieren Klasse und Lehrer unterschiedlich auf Störungen, je nachdem, ob sie von beliebten Leiterfiguren, erfolgreichen Schülern, farblosen Mitläufern oder den „schwarzen Schafen" in der Klasse initiiert werden.

3. Welche vermuteten Ursachen?
Eine Deutung der Störungsursachen ist wichtig, denn nur so kann die Botschaft entschlüsselt werden, die in der Störung liegt. Wir sollten uns aber der Subjektivität unserer Zuschreibungen bewusst sein. Sammeln Sie alles, was Ihnen bei der Ursachenzuschreibung helfen kann: Informationen über den oder die Verursacher der Störung, über die Klassensituation usw.

4. Welche vermuteten Folgen?
Die Vermutung, welche Folgen ein Verhalten haben kann, ist elementar für die Einstellung gegenüber einer Störung. Versuchen Sie sachlich zu beschreiben, welche Folgen die Störung bzw. das Verhalten der Beteiligten für Sie hat: kurz-, mittel- und langfristig.

5. Meine eigene emotionale Reaktion?
Was ist eigentlich in diesem Moment mit mir selbst los gewesen? War ich z. B. eher wütend, zornig, verunsichert, ängstlich, gelangweilt, resigniert, verzweifelt? Kennen Sie diese Gefühle auch aus anderen Situationen? Oft erscheinen die eigenen Werte oder Grundprinzipien bedroht; dann reagieren wir besonders emotional. Erkenne ich vielleicht Mechanismen, nach denen bestimmte Störungsreize bei mir immer wieder spezifische Reaktionsmuster erzeugen?

Anhand des folgenden Beispiels aus dem Unterricht möchte ich dieses Vorgehen veranschaulichen.

Felix meldet sich im Unterricht nur selten, verkündet aber in jeder Stunde – ohne sich zu melden – mehrmals lautstark die Ergebnisse seiner Einzel- oder Gruppenarbeit. Er setzt seinen ganzen Ehrgeiz darein, als Erster fertig zu werden. Die anderen schnell arbeitenden Schüler rufen nun ebenfalls ihre Ergebnisse in die Klasse. Der Lehrer vermutet, dass Felix ehrgeizig und unbeherrscht ist. Die Mitschüler verhalten sich ähnlich, um gegenüber Felix nicht benachteiligt zu sein und auch zu zeigen, was sie können. Schwächere und vorsichtigere Schüler klinken sich immer mehr aus dem Unterrichtsgespräch aus. Sie teilen aber ihren Nachbarn ihr Ergebnis mit und es entsteht weiteres Gemurmel. Insgesamt steigt nach mehreren Einwürfen durch Felix der Lärmpegel in der Klasse stark an. Der Lehrer reagiert bereits auf die erste Störung durch Felix sehr zornig und autoritär. Bei weiteren Einwürfen resigniert er zusehends, denn er spürt den Zwiespalt zwischen der Anerkennung von Felix' Leistungen und der Ablehnung seines Verhaltens. Seine Drohung, Felix einen Verweis zu erteilen, setzt er nicht um. Felix und die Klasse beobachten dies genau. Wenn der Lehrer Felix keinen Verweis erteilt, darf er dies auch nicht bei anderen. Der Druck wächst und die Folge des autoritären Lehrerverhaltens ist – paradoxerweise – Autoritätsverlust.

Was genau? Felix arbeitet mit und spricht laut in die Klasse, ohne sich zu melden.

Wer genau? Felix ist ehrgeizig und äußerst schnell in der Auffassung neuer Sachverhalte. Seine allein erziehende Mutter kann nach eigenem Bekunden dem Temperament ihres Sohnes, der als Einzelkind aufwächst, nichts entgegensetzen. Felix fühlt sich oft unterfordert und ist nicht gewohnt, auf Schwächere Rücksicht zu nehmen.

Welche vermuteten Ursachen? Felix kann sich nicht disziplinieren, weil er es von zu Hause nicht kennt. Konsequenzen für sein störendes Verhalten widerfahren ihm nur selten. Er braucht viel Anerkennung. Oft ist er unterfordert.

Vermutete Folgen? Wenn Felix in die Klasse ruft, beginnen auch andere ehrgeizige Mitschüler mit dem störenden Verhalten. Es wird laut, und die ruhigeren Schüler kommen nicht mehr zu Wort. Sie stellen langsam ihre Mitarbeit ein, da sie nicht genügend Anerkennung dafür erhalten. Ich verliere die Kontrolle.

Meine eigene emotionale Reaktion? Mich ärgert es, dass ich die Schwächeren und die Stillen nicht beschützen kann. Außerdem befürchte ich, dass ich die Autorität verliere und sich dies auf den gesamten Unterricht überträgt. Ich erlebe Felix als einen Herausforderer und das empört mich so, dass ich manchmal wütend werde, wenn er das Reinrufen trotz aller Vorhaltungen nicht sein lässt.

Wenn es uns nur einmal pro Woche gelingt, eine solche Störungsanalyse für unsere Klasse anzufertigen, haben wir bereits wichtiges Material gesammelt für die nächsten Schritte der Störungsbearbeitung, auf die im folgenden Abschnitt eingegangen wird.

B Störungen bearbeiten

Wir alle wissen, dass man mit Strafen unerwünschtes Verhalten vielleicht verhindern, nicht aber wünschenswertes Verhalten schaffen kann. Aber auch eine Lehrerstrategie, die die Schüler gewähren lässt in der Hoffnung, Störungen durch Nichtbeachtung zu beseitigen, führt meist nicht zum gewünschten Erfolg. Wenn Lehrer auf Störungen sinnvoll reagieren wollen, müssen sie über eine Art „Werkzeugkasten" der Kommunikation verfügen, der ihnen den situationsadäquaten Zugriff aufs richtige Werkzeug ermöglicht. In diesem Kasten sollten möglichst viele Werkzeuge liegen, fürs Grobe und Feine, fürs Allgemeine und Spezielle. Und um die vorhandenen Werkzeuge auch bedienen zu können, ist es nötig, Ihre Verwendung zu üben. In diesem Sinne möchte ich hier einige Möglichkeiten der Störungsbearbeitung vorstellen.

1. Wie kann ich auf Störungen angemessen reagieren?

Wenn wir mit Du-Botschaften auf unerwünschtes Verhalten reagieren („Du störst schon wieder!"), erzeugen wir in der Regel Widerstände. Meist versucht das Gegenüber sich zu wehren oder zu rechtfertigen („Hab' ich gar nicht!"), die Situation zu verharmlosen („Ich habe ja nur...") oder andere verantwortlich zu machen („Fips redet viel mehr als ich").

Du-Botschaften bei Störungen signalisieren oft Aggressionen bzw. Machtausübung. Oder sie mobilisieren das Schuldbewusstsein. Nimmt der Angesprochene sie ohne Widerstand an, so riskiert er, in der Kommunikation der Unterlegene zu sein und/oder sich minderwertig zu fühlen.

Wirksamer ist es, solche „Du-Botschaften" durch konfrontierende „Ich-Botschaften" zu ersetzen. Sie drücken klar aus, welche Folgen das Verhalten des Schülers hat, ohne diesen bzw. sein Verhalten abzuwerten.

Anhand eines Beispiels aus dem Kunstunterricht sollen hier zunächst einige „Du-Botschaften" vorgestellt werden, die die weitere Kommunikation zwischen Lehrer und Schülern eher blockieren als befördern (nach Gordon 1977).

Situation: Am Ende der Kunststunde haben einige Schüler ihren Arbeitsplatz nicht aufgeräumt.

Die wichtigsten konfrontierenden Du-Botschaften und ihre Funktion

1. Du wirst nach Schulschluss hier bleiben und diese Unordnung aufräumen.	Befehlen
2. Wenn du noch einmal deine Malsachen liegen lässt, kriegst du einen Hinweis nach Hause.	Drohen
3. Du könntest deinen Mitmenschen gegenüber wirklich rücksichtsvoller sein.	Moralisieren
4. Mit ein wenig gesundem Menschenverstand sieht man doch ein, dass man bloß diese paar einfachen Regeln befolgen müsste.	Ratschläge erteilen
5. Du könntest dieses Problem lösen, wenn du in Zukunft deine Malsachen immer sofort aufräumen würdest, wenn du sie nicht mehr brauchst.	Belehren
6. Du räumst nie etwas auf. Du erwartest immer, dass andere für dich alles aufräumen.	Anklagen
7. Du bist doch sonst immer so nett; du hast mich bestimmt nicht ärgern wollen.	Loben
8. Seit einiger Zeit bist du unser Klassenferkel.	Beschimpfen
9. Du hast absichtlich dein Malzeug auf dem Tisch gelassen. Ich glaube, du bist böse auf mich und versuchst unbewusst, mich zu ärgern.	Analysieren
10. Ach je, du musst ja wirklich viel im Kopf gehabt haben, dass du keine Zeit hattest, zusammenzuräumen...	übertriebenes Bemitleiden

11. Meinst du, es gibt wirklich keinen besseren Platz für deine Malsachen? Warum tust du so etwas?	Verhören
12. Ich hoffe, dass du später mal so viel Geld verdienst, dass du dir einen Diener leisten kannst. Das geht ja angeblich auch ohne Abitur.	Sarkasmus, Ironie, Spott

Arbeitsvorschlag: Du-Botschaften durch Ich-Botschaften ersetzen

Für die folgende Übung sollten Sie sich einige der Störungen aus Ihrem Unterricht heraussuchen, die Sie bearbeiten möchten.

Schreiben Sie zunächst Du-Botschaften auf, die Sie im Unterricht verwendet haben bzw. in ähnlichen Situationen gerne verwenden. Auch die scheinbar unpersönlichen Man-Botschaften gehören dazu. Versuchen Sie dann, die betreffende Funktion dieser Botschaft aus der Übersicht zuzuordnen. Stellen Sie sich dazu die konkrete Situation genau vor und wandeln Sie die Botschaft in eine eindeutige Ich-Aussage um. Hier einige Beispiele:

Du-Botschaft	*Ich-Botschaft*
Da muss man eben zehn Minuten mehr einplanen, um immer pünktlich zu sein. (Ratschläge erteilen)	Mich ärgert es, wenn du zu spät kommst und dich zum wiederholten Male mit einem Ampelstau entschuldigst.
Du hast ja schon wieder den Zirkel vergessen. (Anklagen)	Ich fühle mich sehr gestört, wenn du ohne Zirkel in die Stunde kommst.

Wenn Ihnen das Formulieren von *Ich-Botschaften* geläufig ist, können Sie zum nächsten Schritt übergehen, dem Konfrontieren mittels solcher Ich-Botschaften.

Bei Störungen lassen sich zwei Arten der konfrontierenden Ich-Botschaften unterscheiden. Mit der *zweiteiligen Ich-Botschaft* bringen wir unsere eigene Person in Zusammenhang mit dem Verhalten eines Schülers. *Beispiel:* „Wenn du während meiner Arbeitsanweisung mit dem Nachbarn redest, dann ärgert mich das." Es kann natürlich sein, dass einen Schüler die Gefühle des Lehrers nicht so sehr interessieren wie sein eigenes Verhalten. Deswegen empfiehlt sich hier die *dreiteilige Ich-Botschaft*, bei der die konkret für den Lehrer und meist auch für den Schüler erlebbaren Folgen hinzugefügt werden. *Beispiel:* „Du redest während meiner Arbeitsanweisung mit Max. Ich kann mich nicht mehr auf den Unterricht konzentrieren und es fängt an mich zu ärgern." Diese längere Intervention zeigt, wie wichtig dem Lehrer die Störung ist. Die konkrete Auswirkung des störenden Verhaltens wird benannt (Beeinträchtigung des Lehrers beim Erläutern einer Aufgabe). Der Lehrer zeigt sich persönlich verärgert.

Die *dreiteilige Ich-Botschaft* (Konfrontierende Ich-Botschaft nach Thomas Gordon) besteht aus den Stufen:

1. *unannehmbares Verhalten* = eine vorwurfslose Beschreibung dessen, was der störende Schüler sagte oder tat,
2. *tatsächlich spürbare Folgen* = Beschreibung tatsächlicher, beobachtbarer Auswirkungen des Schülerverhaltens, das den Lehrer an der Erfüllung eines wichtigen Bedürfnisses oder Auftrages hindert,
3. *übereinstimmende Empfindungen* = Beschreibung, welche Gefühle das Verhalten des Schülers im Lehrer auslöst.

Arbeitsvorschlag: Dreiteilige Konfrontierende Ich-Botschaften senden

Bereiten Sie für die folgende Übung ein Blatt vor, auf das Sie im Querformat drei Spalten einzeichnen: unannehmbares Verhalten – spürbare Folgen für mich – übereinstimmende Gefühle. Spielen Sie nun nach diesem Muster möglichst viele vergangene Störungssituationen – auch mögliche künftige – durch. Hier ein Beispiel:

Katharina redet in jeder Unterrichtsstunde sehr häufig mit ihrer Banknachbarin Anne. Es geht meist um Belange des Unterrichts und Katharina betont dies auch immer wieder zu ihrer Rechtfertigung.

unannehmbares Verhalten	*spürbare Folgen für mich*	*übereinstimmende Gefühle*
Katharina spricht zu Anne, heute schon das 4. Mal.	Ich schaue dauernd hin, werde von unserer Arbeit abgelenkt, verliere den Faden.	Ich werde nervös, ärgerlich.

Je länger Sie üben und je bewusster Sie sich Ihr Ziel machen, desto häufiger werden Sie den Erfolg spüren. Ihre Schüler können Sie besser wahrnehmen und einschätzen und werden ebenfalls von Ihren neuen Schritten profitieren. Natürlich ist aller Anfang schwer und ungewohnt. Die Ich-Botschaften werden nicht immer gleich sicher von den Lippen kommen und nicht jede wird ihr Ziel erreichen. Eine Methode hört erst dann auf, mechanisch und aufgesetzt zu wirken, wenn sie ins eigene Denken, Fühlen und Handeln integriert ist.

Und was ist, wenn die Konfrontationen keinen Erfolg zeigen? Dann hilft nur noch die Ankündigung von *Konsequenzen*. („Katharina, du redest schon wieder mit Anne, und jetzt ärgere ich mich schon tüchtig. Wenn du mich noch einmal störst, werde ich euch einzeln setzen."). Die Schüler können so immerhin lernen: Wenn ich nicht vernünftig auf Konfrontationen reagiere, muss ich mit Konsequenzen rechnen.

2. Wie lassen sich Störungen präventiv bearbeiten?

Stellen Sie sich vor, Sie lesen gerade einen hochspezialisierten technischen Bericht und fühlen sich durch draußen im Hof spielende Kinder gestört. Dann können Sie entweder die lärmenden Kinder damit konfrontieren, dass Sie sich gestört fühlen (mit der soeben eingeübten Konfrontierenden Ich-Botschaft) – oder einfach das Fenster Ihres Arbeitszimmers schließen. Mit anderen Worten: Sie können Schritte unternehmen, um die Umgebung, in der das sich störende Verhalten abspielt, zu verändern bzw. umzugestalten. Hierzu werden im Folgenden drei wichtige Methoden vorgestellt: die Reizverminderung, das Erweitern des Arbeitsfeldes und das Umgestalten der Umwelt.

Reizverminderung

Reize oder Materialien, die zu unannehmbarem Verhalten führen, werden verringert.

Beispiel: Ein Kunstlehrer beobachtet immer wieder, dass Schüler den Papierschneider zweckentfremden und damit Bleistifte u. Ä. halbieren. Abgesehen von der Verschmutzung des Geräts erscheint dem Lehrer die Unfallgefahr erheblich.

Reizverminderung: Da der Papierschneider nicht einfach entfernt werden kann, baut der Lehrer eine Sperrholzhaube, die leicht abgenommen werden kann, und deckt das Gerät damit ab.

Erweitern des Arbeitsfeldes

Aktivitäten und/oder Materialien werden eingeführt, die das Interesse der Schüler fesseln, die Arbeitsfläche wird über die Tischplatte hinaus vergrößert.

Beispiel: Eine Geschichtslehrerin will große Plakate für eine Präsentation erstellen lassen, wobei möglichst viele Schüler gleichzeitig arbeiten sollen. Aber immer wieder gibt es Leerläufe und Wartezeiten, in denen die Schüler „Unsinn machen".

Erweitern des Arbeitsfeldes: Die Lehrerin lässt Tische und Stühle zur Seite rücken, sodass alle Schüler auf dem Boden sitzen können. Gegenstände, die zum Thema gehören (Globus, historische Karten und Abbildungen, Texte, Gegenstände...) werden in der Mitte ausgelegt. Jeder kann nun an alle Arbeitsmittel gelangen und so auch Wartezeiten sinnvoll nutzen.

Umgestalten

Das Klassenzimmer wird so verändert, dass Schüler weniger leicht in Versuchung geführt werden zu stören.

Beispiel: Beim Vorlesen von Aufsätzen lesen viele Schüler so leise, dass die hinter ihnen Sitzenden kaum etwas verstehen. Diese fangen an miteinander zu reden und unaufmerksam zu werden. Es wird laut.

Umgestalten: Der Lehrer lässt einen Stuhlkreis bilden. Alle haben nun direkten Blickkontakt und können sich beim Sprechen ansehen. Es werden Gesprächsregeln zum positiven Feedback eingeführt (s. S. 28 f.). Nun können die Schüler selbst einander Rückmeldung zu den Aufsätzen geben, die der Lehrer nur noch ergänzt. Durch die erhöhte Aufmerksamkeit und Interaktion reduziert sich die Zahl und Intensität der Störungen erheblich.

Arbeitsvorschlag: Das Lernumfeld verändern

Suchen Sie für konkrete Störungssituationen in Ihrem Unterricht Lösungen im Hinblick auf die Veränderung des Lernumfeldes. Teilen Sie dazu einen Übungsbogen in drei Spalten mit den Fragen: Welche Gegenstände verursachen das Problem? Wie zeigt es sich? Mögliche Lösungen (wegnehmen/vermindern, hinzufügen/erweitern, verändern/umgestalten)? Hier ein Beispiel:

Welche Gegenstände?	*Welches Problem?*	*Mögliche Lösungen:*
Sporttaschen...	...liegen neben den Tischen. Werden getreten und verschmutzt. Kinder können stolpern. Wenn die Sporttaschen am Tisch (Haken) hängen, liegen die Schultaschen im Weg.	Zu vereinbarende Regel: Schultaschen hängen zuverlässig an den Tischhaken (umgestalten), Sportzeug hat am Tisch nichts verloren (wegnehmen); Regal anschaffen (hinzufügen) oder stabile, große Kleiderhaken an der Wand anbringen (hinzufügen)

Vielleicht kommen Ihnen diese Veränderungen im Lernumfeld zu gering vor, gemessen an der Fülle Ihrer Störungsprobleme. Aber manchmal lassen sich gerade einfache Ideen präventiv einsetzen und sinnvoll mit anderen Maßnahmen verbinden.

3. Wie lassen sich Konflikte als Störungen konstruktiv bearbeiten?

Konflikte zwischen Lehrern und Schülern sind genauso unvermeidlich wie Störungen. Oft entstehen aus (unausgetragenen) Konflikten Störungen. Dabei gehen nicht alle Konflikte eindeutig von den Schülern aus. Viele von uns haben ein tiefsitzendes Harmoniebestreben. Ganz tief im Innern sitzt oft noch die Kindheitsangst, im Falle eines offen hervortretenden Konfliktes nicht mehr geliebt zu werden. So schwer der Entschluss auch fallen mag: Störungsbearbeitung beinhaltet auch das Erkennen und Lösen von Konflikten. (Siehe hierzu auch Kapitel 4.)

Drei Methoden zur Lösung von Konflikten (nach Th. Gordon)

Thomas Gordon unterscheidet drei Methoden zur Lösung von Konflikten, die zu Störungen im Unterricht werden (1977, S. 154 f.). Sie sollen hier kurz dargestellt werden.

Methode 1: Ich gewinne – du verlierst

Ziel des Lehrers bei dieser Methode ist es, zu „gewinnen", d. h. die eigenen Vorstellungen bzw. Wünsche durchzusetzen. Einmal ganz abgesehen davon, wie demokratisch ein solches Vorgehen ist, so erzeugt diese Methode häufig auch Widerstand: einseitige Maßnahmen, die Gehorsam bzw. Unterordnung erfordern, werden sabotiert – direkt oder indirekt, heimlich oder offen, mittelbar oder unmittelbar. Wollen beide Seiten Gewinner sein (wer hat hier die Macht?), kann keine förderliche Beziehung und kein sinnvolles Lernen entstehen.

Oft wird von Lehrern verlangt, dass sie mit einer Klasse „fertig werden", sie „in den Griff kriegen". In den letzten Jahren ist bei Eltern, Lehrern und sogar teilweise bei den Schülern ein Trend zu spüren, wieder mehr Macht und „Autorität" zu fordern. Dies ist wohl weniger auf den Erfolg solcher Methoden zurückzuführen als auf die Hilflosigkeit gegenüber gesellschaftlichen Tendenzen. Aber: Es erscheint kaum vorstellbar, dass alle Menschen sinnvolle Parkverbote respektieren würden, wenn es keine gebührenpflichtigen Verwarnungen gäbe. Auch eine Schule, in der die Lehrer auf jedes Machtmittel verzichten, erscheint unrealistisch. Selbst wenn wir uns um demokratische Mitbestimmung und Einsicht in Regeln bemühen, wird es wohl ganz ohne die Methode „Ich gewinne – du verlierst" nicht gehen.

Methode 2: Ich verliere – du gewinnst

Diese Methode wird von Lehrern nur selten und meist auch nur am Anfang der Ausbildung eingesetzt. „Mal nachgeben und den anderen gewinnen lassen" ist oft die Devise, denn: „Der Klügere gibt nach". Zwar kann sie kurzzeitig über den Mitleidseffekt („Lasst doch diesen armen Menschen da vorne am Leben!") oder über Schuldgefühle beim Gewinner erfolgreich sein. In der Regel setzt sich in der Klasse dann die Prämisse durch, dass der Lehrer zwar mit schlimmen Übergriffen verschont wird, aber auch nichts mehr zu bestimmen hat. Aus anfänglichem Mitgefühl wird oft Gleichgültigkeit („Wenn er/sie sich nicht durchsetzen kann: selber schuld!"), schnell sinken Leistung und Arbeitsmoral ins Bodenlose und die Klasse entwickelt sich nicht zu einer erfolgreichen Gruppe (s. S. 20 ff.). Ein kompensatorischer Effekt dieser Methode für mehr Demokratie und Selbstbestimmung ist nicht nachzuweisen. Vor allem aber lässt sich nur äußerst schwer auf eine andere Methode des Umgangs mit Konflikten umschalten. Die Methode „Ich verliere – du gewinnst" hat eine sehr beharrende Wirkung.

Methode 3: Ich gewinne – du gewinnst

Diese Methode erscheint vielleicht auf den ersten Blick eher idealistisch, führt aber mit etwas Übung immer wieder zum Erfolg. Bei dieser Methode soll es keinen Verlierer geben, sondern zwei gleichberechtigte Kommunikationspartner, die beide Gewinner der Konfliktbearbeitung sind. Sie kann vom Lehrer als Möglichkeit der Konfliktlösung z. B. in Form einer Lehrer-Schüler-Konferenz angeboten werden (s. u.). Die Konfliktlösung mit zwei Gewinnern erfordert Geduld und Lernbereitschaft von allen Beteiligten. Bis zu den ersten Erfolgen gilt es durchzuhalten, danach geht es leichter.

Thomas Gordon gibt in seinem Buch „Lehrer-Schüler-Konferenz" (1977) viele praktische Anregungen, wie man diese Methode erlernen und praktizieren kann.

Konfliktbearbeitung in einer „Lehrer-Schüler-Konferenz"

Thomas Gordon hat ein Modell entwickelt, Konflikte durch Anwenden der Methode „Ich gewinne – du gewinnst" demokratisch statt autoritär zu lösen. Die sechs Schritte dieser Methode sind:

0   Voraussetzungen schaffen
1   Bedürfnisse klären
2   Lösungen sammeln
3   Lösungen bewerten
4   Beste Lösung wählen
5   Realisieren
6   Bewährungskontrolle

Arbeitsvorschlag: „Lehrer-Schüler-Konferenz"
(nach Th. Gordon)

Im folgenden Beispiel soll ein Konflikt, der immer wieder zu Störungen führt, bearbeitet und gelöst werden.

In einer 5. Klasse (Gymnasium) stehen zu Beginn der Deutschstunde ständig mehrere Schüler wartend am Lehrerpult, um ihre Anliegen sofort dem Klassenlehrer vorzutragen. Die meisten haben aus unterschiedlichen Gründen Hefte und Arbeitsmaterial zu Hause vergessen oder die Hausaufgabe nicht angefertigt. Dazu kommen Wünsche und Anfragen an den Klassenlehrer. Dieser führt eine Liste über alle fehlenden Hausaufgaben, um die nachträgliche Anfertigung zu kontrollieren. Informationsfragen werden, so weit möglich, beantwortet. Dann soll die Unterrichtsstunde beginnen. Einige kramen aber noch in den Taschen, andere stellen fest, dass sie ebenfalls etwas vergessen haben. Währenddessen verlieren die zappeligen Schüler bereits die Konzentration, es wird immer schwieriger, Ruhe einkehren zu lassen.

0 Voraussetzungen schaffen

Nach einer Klassenarbeit, bevor eine neue Unterrichtssequenz beginnt, plant der Lehrer eine Doppelstunde für eine Lehrer-Schüler-Konferenz zu verwenden. Falls sie nicht ausreicht, will er außerdem die Deutschstunde am nächsten Tag hierfür verwenden. Große Plakate aus Druckereiabfällen und dicke Filzstifte stehen zur Verfügung.

Am Anfang steht die Überlegung, welches Ziel überhaupt erreichbar sein könnte. Weder Lehrer noch Schüler können ja bestimmen, dass niemand etwas vergessen darf. Es geht also nicht um Ordnung und Disziplin allgemein, sondern um eine immer wieder auftretende Störung der Anfangsphase des Unterrichts. Davon ist der Lehrer selber betroffen, da ihm die Klassenführung entgleitet, er den Faden verliert, seine Anfangsimpulse nicht wirken und sein Unterricht schlechter wird. Die Schüler sind betroffen, weil sie die nötige Konzentration nicht aufbringen, die Impulse nicht verstehen, keine ruhige Arbeitsatmosphäre haben. Für jene, die etwas vergessen haben, ist es aber wichtig, dies zu sagen, denn sie sollen sich ja entschuldigen; oft geben sie an, wie es dazu gekommen ist, um den Ängsten entgegenzuwirken, der Lehrer könnte sie vor den anderen maßregeln bzw. er könnte sie nicht mehr mögen.

Tipp: Planen Sie ausreichend Zeit ein, um die Lehrer-Schüler-Konferenz ohne Zeitdruck durchzuführen. Reicht hierfür eine normale Schulstunde nicht aus (vor allem ein Problem der weiterführenden Schulen mit ihrem 45-Minuten-Takt), so tauschen Sie rechtzeitig oder beziehen Sie Kollegen mit ein.

Setzen Sie in der Planung unbedingt eine *Zeitstruktur* für jeden Arbeitsschritt fest und teilen Sie den Schülern diesen Zeitplan mit. (Leichter Zeitdruck hebt die Effizienz.) Wenn sich im Verlauf der Sitzung herausstellt, dass ein Thema im vorgesehenen Zeitrahmen nicht befriedigend bearbeitet werden kann, sollte ein Teilbereich herausgenommen und die weiteren Aspekte vertagt werden. Keine Zeit? – Sie werden die aufgewendete Zeit – und mehr – wieder einsparen.

Versuchen Sie auch, den *Kompetenzbereich* abzugrenzen, in dem Sie bzw. die Klasse handlungsfähig ist. Es lässt sich beispielsweise nicht in der Klasse entscheiden, welches Schulbuch angeschafft wird. Es lässt sich aber sehr wohl entscheiden, wie es angewendet werden soll, ob es ergänzt werden muss usw.

Eine wichtige Vorarbeit: Versuchen Sie, Ihre eigenen *Bedürfnisse* und die (vermuteten) der Schüler zu antizipieren. Am Anfang empfiehlt sich auch eine Vorformulierung der Konfrontierenden Ich-Botschaft, mit der Sie Ihr eigenes Anliegen einführen wollen.

1 Bedürfnisse klären

Der Lehrer hängt ein Plakat im Raum auf mit der Überschrift: „Wodurch fühle ich mich hier gestört?"

Den Schülern erklärt er sein Problem durch eine kurze Konfrontierende Ich-Botschaft: „Vor jeder Deutschstunde kommen einige von euch heraus, um sich zu entschuldigen oder etwas zu fragen, manche kommen auch dann, wenn ich schon angefangen habe. Das stört mich sehr, ich verliere den Faden und dringe gar nicht mehr durch zu euch. Oft kommen meine Versuche, euch zu interessieren, gar nicht mehr an. In letzter Zeit ärgere ich mich immer mehr darüber, außerdem merke ich, dass ich euch gar nicht richtig zuhören kann in dem Durcheinander."

Bevor die Schüler anfangen sich zu rechtfertigen, bittet sie der Lehrer, sich kurz zu überlegen, was sie selber stört. Währenddessen schreibt er sein Problem in Stichworten auf das Plakat (Modellfunktion): „Wie können wir schneller und konzentrierter anfangen?" – Die Schülern nennen weitere Probleme. Die meisten geben dem Lehrer recht, fühlen sich ebenfalls gestört durch die Anfangssituation. Das Plakat kann später im Klassenraum hängen bleiben, damit die Bedürfnisse im Auge behalten werden.

Tipp: Notieren Sie die Störungen, die Ihnen und den Schülern wirklich unangenehm sind. Versuchen Sie, alle Störungen möglichst ohne Wertung zu thematisieren. Falls es viele Störungen gibt, nehmen Sie diejenigen Themen heraus, die den Beteiligten am wichtigsten sind. Bearbeiten Sie diese nacheinander in den Schritten 2 bis 5 bzw. vertagen Sie den Rest. Mehr als zwei bis drei Themen sind auf einmal nicht zu schaffen. Viele Störungen verringern sich auch durch eine Verbesserung des Gemeinschaftsklimas, die oft als Folge der Lehrer-Schüler-Konferenz auftritt. Häufig sind die Schüler stolz darauf, so wichtig und ernst genommen zu werden.

Bei vielen Themen lassen sich Klebepunkte für die Auswahl einsetzen. Lassen Sie in der Sitzung Raum für einzelne Wünsche aus der Klasse, machen Sie aber auch klar, wie wichtig Ihnen die eigenen Punkte sind.

2 Lösungen sammeln

Unter dem Thema „Wie möchte ich anfangen?" sollen Lösungen gesammelt, aber noch nicht diskutiert werden. Haben die Schüler die Regel, dass alle Lösungsvorschläge erst einmal unkommentiert bleiben, akzeptiert, füllt sich ein zweites Plakat: „entspannen – schweigen – alle Sachen parat – meine Fragen beantwortet – Klarheit, ob ich eine Nacharbeit machen muss – Lehrer soll Schwätzer bestrafen –..."

Tipp: Beim Sammeln kann der Lehrer Sicherheit vermitteln, wenn er strikt auf Einhaltung der Regel „*Nicht bewerten und nicht diskutieren!*" besteht... Je nach Komplexität eines Störungsthemas und Alter der Schüler können Lösungsvorschläge im Plenum oder in Kleingruppen gesammelt werden. Die Kleingruppenarbeit ist effektiv bei komplizierteren Themen, da sie für unterschiedliche Vorschläge Raum bietet.

3 Lösungen bewerten

Spätestens jetzt sitzen alle im Stuhlkreis. Das Plakat liegt in der Mitte. Mit der Frage „Wer möchte zu diesem Vorschlag etwas sagen?" beginnt die Runde. Ein Jonglierball wird dem ersten Schüler, der sich meldet, zugeworfen. Ist er fertig, wirft er ihn zum nächsten. Der Lehrer schreibt die wichtigsten Meinungsäußerungen mit.

Tipp: Wenn die Lösungsvorschläge sehr vielfältig sind, kann eine Bewertung auch in Kleingruppen vorgenommen werden.

4 Beste Lösung wählen

Ein neues Plakat mit derselben Überschrift „Wie möchte ich anfangen?" wird in die Mitte gelegt. Es geht jetzt um die Ausformulierung der Regeln. Alle helfen mit, der Lehrer ist Moderator, bringt aber auch sein eigenes Anliegen ein. Zum Schluss wird die Lösung mit den „feierlichen" Unterschriften aller Beteiligten versehen, im Klassenzimmer aufgehängt und auch auf ein eigenes Blatt übertragen. Hier ein Beispiel:

Wie möchte ich anfangen?
1. Zu Beginn der Stunde liegen alle Hefte, Bücher, Schreibzeug usw. auf dem Tisch.
2. Die Schüler, die etwas vergessen haben, füllen einen „Jokerzettel" aus, der als Vordruck bereitliegt, und geben ihn vor Beginn der Stunde an den Lehrer.
3. Fragen an den Klassenlehrer werden auf einen Zettel geschrieben und ebenfalls abgegeben.
4. Montags in der zweiten Pause ist Klassenlehrer-Sprechstunde für kurze Gespräche.
5. Nach dem „Countdown" sitzen alle auf den Plätzen. Wer noch etwas sagen will, muss sich melden.

Tipp: Jetzt soll die derzeit beste Lösung gefunden werden. Sie besteht oft aus Spielregeln. Wenn es bei der Diskussion heiß hergeht, sollte auf den Ball (oder ein Sandsäckchen) nicht verzichtet werden. Wer im Ballbesitz ist, spricht. Ballbesitz und Spielregel sind oft eine gute Assoziation zur Einführung des Arbeitsschritts. Die derzeit beste Lösung ist erreicht, wenn sie von allen akzeptiert werden kann.

5 Realisieren

In der Klasse gibt es noch Diskussionen über Konsequenzen, wenn die Regeln nicht eingehalten werden. Als positive Verstärkung erscheint der Vorschlag gut, dass bei Einhaltung über drei Monate die Klasse von Freitag bis Samstag zelten geht (mit Klassenlehrer, aber als außerschulische Veranstaltung). Wenn der Gesamtanteil der vergessenen Arbeiten und Hefte unter 10 Prozent liegt, gibt es eine Verlängerung bis Sonntag. (Auch Eltern haben sich später bereit erklärt, zum Zeltlager mitzufahren. Der Klassenlehrer stimmt zu; schließlich ist ihm klar, dass auch er etwas leisten muss, um seine Bedürfnisse durchzusetzen.)
Sanktionen werden von den Schülern befürwortet. Der Klassenlehrer soll unbedingt die Eltern anrufen, wenn ein Schüler sehr häufig etwas vergisst. In besonders schlimmen Fällen soll er auch Ordnungs- und Erziehungsmaßnahmen verhängen.

Tipp: Machen Sie von vornherein klar, dass die gefundene Lösung auch durchgesetzt und durchgehalten werden muss. Dies sollte ohne Androhung von Strafen, aber mit klaren Konsequenzen versucht werden. Gegen Bestrafungen ist vor allem einzuwenden, dass sie oft die Bestrafenden (auch die Denunzianten!) mächtig und den Bestraften ohnmächtig machen. Machen Sie den Schülern klar, dass die beste Belohnung für alle Beteiligten sehr gute Arbeitsbedingungen sein können, verbunden mit einem Gefühl der guten Laune und der Sicherheit.

Es ist aber denkbar, dass die Frage nach negativen Konsequenzen bzw. Sanktionen bei willentlichen Verstößen noch diskutiert werden muss. Sanktionen müssen genau überlegt werden, damit sie Einzelne in die Gruppe holen, statt sie auszugrenzen.

Machen Sie den Schülern aber auch klar, dass es sich bei dieser Methode der Konfliktbearbeitung um ein Angebot handelt, demokratische Lösungen zu finden, die im Rahmen der schulischen Bedingungen möglich sind, nicht aber um eine plebiszitäre Umgestaltung von Schule, die das System sprengen würde.

Einzelne Schüler und Schülergruppen, die gegen die Vereinbarungen verstoßen, können auch zu einem Gespräch gebeten werden. Stellt sich dabei heraus, dass sie generell mit der gefundenen Lösung unzufrieden sind, kann eine erneute Sitzung anberaumt werden.

Auch wenn dies alles in der Theorie etwas kompliziert und langwierig klingt, erweist es sich doch in der Praxis als zeitsparend und förderlich. Aber jede Klasse, jeder Klassenlehrer ist anders. Die Lehrer-Schüler-Konferenz gibt Ihnen die Chance, individuelle Lösungen für die Störungsbearbeitung zu finden, indem Sie experimentieren. Suchen Sie mit Ihrer Klasse Ihren eigenen Weg.

Jeden Tag ein Mosaikteil zur Störungsbearbeitung

Im Folgenden finden Sie eine Reihe weiterer Anregungen für die Bearbeitung von Unterrichtsstörungen, die sich in die tägliche Arbeit integrieren lassen. Probieren Sie einfach aus, welches „Mosaikteil" sich für die Störungsbearbeitung in Ihrem Unterricht eignet. Und bitte bedenken Sie: Je konkreter und kleinschrittiger Sie Ihre Störungsbearbeitung planen, desto leichter lässt sie sich umsetzen.

Handlungsplan erstellen

Notieren Sie Ihre geplanten Schritte der Störungsbearbeitung für jeweils eine Woche. Verwenden Sie dabei möglichst eindeutige Formulierungen, z. B.: „Ich will in der nächsten Woche an... Tagen mindestens je einmal..." Ergänzen Sie darunter die benötigte Zahl von Kontrollfeldern, in die Sie nach Erfüllung des Vorsatzes jeweils ein Kreuz zeichnen und legen Sie diesen Zettel für eine Woche gut sichtbar auf Ihren Schreibtisch. Hier ein Beispiel für einen solchen Plan:

Ich will in der 25. Woche täglich zwei dreiteilige Konfrontierende Ich-Botschaften (KIB) senden.					
	Montag	Dienstag	Mittwoch	Donnerstag	Freitag
KIB 1	X	X			
KIB 2	X				

Smalltalk einplanen

Sprechen Sie täglich mindestens einen Schüler einmal mit einem privaten Satz an, der nichts mit der Schule zu tun hat. Smalltalk hat die Funktion Kontakte zu knüpfen – nicht nur im Leben, sondern auch in der Schule.

Büchlein für Positives anlegen

Gerade die „ständigen Störer" sind oft auch Opfer ihrer Etikettierung. Führen Sie neben dem Notenbuch auch ein besonderes Büchlein, in das Sie alles Positive eintragen, das Ihnen jeweils bei einem bestimmten Schüler auffällt. Sagen Sie auch einem „Störer" gelegentlich mal etwas Nettes: Vielleicht können Sie einander einmal aus einer ganz anderen Perspektive wahrnehmen. Achten Sie dabei auch auf ganz alltägliche Dinge, die nichts mit Schule zu tun haben (vom guten Farbgeschmack bis zur Hilfsbereitschaft anderen gegenüber).

Feedback geben

Geben Sie den Schülern immer wieder Feedback. Dies kann auch im Zweiergespräch und/oder ganz informell stattfinden. Feedback ist beispielsweise die Antwort auf die Frage: „Wie hat das, was ich von dir wahrgenommen habe, auf mich gewirkt?" – Fordern Sie auch Schüler zu einem gegenseitigen Feedback und zum Feedback für Sie selbst auf (s. S. 28 f.).

Bei Störungen klar intervenieren

Störungen werden oft hervorgerufen durch Unsicherheit und mangelndes Vertrauen. Achten Sie deshalb auf Klarheit aller Störungsinterventionen und beziehen Sie diesen Aspekt in Ihre Unterrichtsplanung ein. Überdenken Sie Ihre früheren Reaktionen: Wo liegt Ihr kritischer Interventionspunkt, von wo ab Sie sich nichts mehr gefallen lassen wollen? Oft wird erst reagiert, wenn die Emotionen bereits ein souveränes Reagieren erschweren. Am günstigsten ist es, dann zu intervenieren, wenn wir uns bereits gestört fühlen, aber noch nicht heftig emotional reagieren. In diesem Moment sind wir noch voll handlungsfähig, schon eine Sekunde danach können die Emotionen bereits unser Handeln stärker beeinflussen als die Ratio. Überlegen Sie sich genau: Wann und wie will ich künftig bei welcher Störung reagieren?

In die Haut des anderen schlüpfen

Stellen Sie sich Ihren Hauptstörenfried einmal in Ihrer Fantasie genau vor. Versuchen Sie in seine Haut zu schlüpfen, wie er zu denken und zu fühlen. Wechseln Sie dann die Rollen, stellen Sie sich vor, wie Sie mit ihm sprechen und wenden Sie dabei die Methode „Ich gewinne – du gewinnst" an. Versuchen Sie sich in Ihrer Fantasie ein möglichst realistisches Bild von dem Gespräch zu machen, einschließlich möglicher Veränderungen.

Um ein Gespräch bitten

Bei Konflikten ist es wichtig, dass kein Beteiligter sein Gesicht verliert. Tadeln Sie Schüler möglichst nicht vor der Klasse, sondern bitten Sie um ein Gespräch. Bei Zurechtweisungen vor der Klasse sind Schüler vorwiegend mit der Abwehr von Scham und Gesichtsverlust beschäftigt und daher oft außerstande, ihr Verhalten zu verändern.

Schüler direkt und authentisch ansprechen

Sprechen Sie die Schüler bei Interventionen klar mit Namen an und nehmen Sie Blickkontakt auf. Bleiben Sie authentisch, d. h., zeigen Sie in Sprache und Körpersprache, welche Gefühle Sie bewegen. Wenn Sie z. B. ihren Ärger äußern, sollten Sie nicht gerade lächeln oder unbeteiligt wirken.

Konsequenzen sachlich benennen

Überlegen Sie sich genau, welche Konsequenzen aus dem Verstoß gegen Vereinbarungen erwachsen sollen. Stellen Sie die Konsequenzen klar dar, ohne sie als Drohung zu verwenden. Nichts macht Lehrer hilfloser als Drohungen, denen keine Taten folgen (können). Konsequenzen bzw. Sanktionen sollten Bestandteil klarer Regelvereinbarungen sein. Solche Regeln können z. B. in einer Lehrer-Schüler-Konferenz festgelegt werden.

Sich mit Kollegen abstimmen

Nehmen Sie als Klassenlehrer Kontakt mit anderen Kollegen auf, die in Ihrer Klasse unterrichten. Informieren Sie sie über Ihr Konzept der Konfliktbearbeitung. Eventuell bietet es sich an, einige Schritte mit anderen Kollegen zusammen zu realisieren (z. B. eine gemeinsam geplante Lehrer-Schüler-Konferenz durchzuführen).

Vielleicht können Sie auch bestimmte Bausteine zur Störungsbearbeitung, die auf die Individualität Ihrer Klasse und ihrer Persönlichkeiten zugeschnitten sind, gemeinsam ausprobieren und nach einer gewissen Zeit Ihre Erfahrungen damit austauschen.

Rituale einführen

Rituale fördern den Unterrichtsfluss, geben Sicherheit und fördern das soziale Klima. Versuchen Sie z. B. mit Ihren Schülern ein Anfangsritual zu vereinbaren. Wichtig ist, bei solchen Vereinbarungen keinerlei Druck auszuüben, damit Vertrauen entstehen kann. In jüngeren Klassen kann z. B. ein gemeinsam gesungenes Lied (warum kein Popsong?) zur Ritualisierung des Stundenanfangs dienen. Manche Mittelstufenklassen mögen es sehr, wenn am Anfang ein Song gespielt wird, den sie selbst ausgesucht haben und der wöchentlich wechselt. In diesem Fall empfiehlt es sich, zusätzlich zu vereinbaren, dass anschließend 30 Sekunden Stille herrschen soll.

Phasen der Stille einführen

Der Umgang mit Stille ist den meisten Schülern fremd geworden. Selbst in der Pause wird der Walkman aufgesetzt. Phasen der Stille sind oft entspannend und beruhigend. Die meisten Schüler sind allerdings am Anfang irritiert, manche halten kurze Phasen allgemeinen Schweigens kaum aus. Nach kurzer Zeit finden die meisten solche Stillesequenzen aber angenehm, sofern sie nicht zu lange dauern. Am besten beginnen Sie mit 20 Sekunden und steigern die Länge ganz langsam. Solche Stillphasen können sowohl zu Beginn als auch während des Unterrichts stattfinden. Stillarbeit kann den selben Zweck erfüllen; wichtig ist dann aber der Hinweis, dass wirklich geschwiegen werden soll.

Verantwortung für das eigene Tun fördern

Die Verantwortung für das eigene Lernen spielt eine große Rolle bei der Störungsbearbeitung. Nur wenn ein einzelner Schüler etwas lernen will, wird er sich und andere nicht stören. Eine wichtige Möglichkeit dabei sind – neben vorgegebenen – auch individuelle Hefteinträge. Sie können individuell formulierte Lernergebnisse beinhalten bzw. noch ungeklärte Probleme dokumentieren. So ist in Deutsch und in den Fremdsprachen das Lesetagebuch eine gute Möglichkeit, persönliche Hefteinträge zu verfassen. Die Gestaltung solcher Einträge (je nach Alter auch mit Illustrationen) kann Baustein des Unterrichts sein und auch zu Hause fortgeführt werden.

Die Unterrichtsstunde reflektieren

Mit Hilfe von vorbereiteten Fragebögen kann am Ende einer Stunde eine individuelle Reflexion der Unterrichtsstunde stattfinden. Die Schüler beantworten dabei z. B. folgende Fragen: Was war mir heute wichtig? Was habe ich gelernt? Woran möchte ich noch weiterarbeiten? Was ist mir noch unklar geblieben? – Anfangs werden wahrscheinlich Irritationen auftreten. Schließlich ist es für viele Schüler

ungewohnt, nach ihren Gedanken und Gefühlen gefragt zu werden. Lassen Sie nicht locker und machen Sie klar, wie wichtig Ihnen diese Äußerungen für die Unterrichtsgestaltung sind.

Das eigene Verhalten mit Videokamera überprüfen

Wenn die Rückseite jeder Klasse ein Spiegel wäre, würde sich manches Lehrerverhalten rasch verändern. Nutzen Sie die Videotechnik und installieren Sie eine Kamera, die Sie während des Unterrichts aufnimmt. Sie selbst und die Schüler werden sich überraschend schnell an das Gerät gewöhnen und sich ganz normal verhalten. Die entstandenen Filme können Sie sich alleine ansehen, Sie können sie aber auch wechselseitig mit anderen Kollegen zusammen auswerten.

Ganz Mutige freuen sich über die Möglichkeit, den Film ausschnittsweise in der Klasse zu zeigen, als Basis für Feedback-Stunden. In diesem Falle bietet sich – paritätisch – natürlich auch ein Film über das Klassenverhalten an, der aus der Perspektive des Lehrers aufgenommen wird. In einigen Fächern und Jahrgangsstufen lässt sich dies sogar in den offiziellen Lehrplan integrieren (Medienkunde, Sozialpsychologie usw.). Ein besseres Kompendium über Lehrer- und Schülerverhalten werden Sie kaum finden. Wenn Sie die Schüler daran beteiligen, sind Gespräche über die Ursachen, Folgen und Veränderungen von Störungen gut vorbereitet.

Lehrerfortbildungen zum Thema „Störungen" initiieren

Partnerschaftliche und selbstgesteuerte Lehrerfortbildung kann ebenfalls eine wichtige Hilfe bei der Bewältigung von Störungssituationen im Unterrricht sein. Das Konstanzer Trainingsmodell (KTM) bietet hierzu eine gute Möglichkeit (vgl. Tennstädt, 1987). Falls noch nicht vorhanden, würde sich die Anschaffung dieses Programms für Ihre Lehrerbücherei sicher lohnen, vorausgesetzt es finden sich genügend mutige Kollegen, die bereit sind, ein selbst gesteuertes Trainings- und Supervisionsprogramm durchzuführen. (Siehe hierzu auch Kapitel 8.)

C Umgang mit Ordnungsmaßnahmen

1. Was ist eine Ordnungsmaßnahme?

Vom Anspruch her sind Ordnungsmaßnahmen verwaltungsrechtliche Mitteilungen an die Erziehungsberechtigten über ein Fehlverhalten eines einzelnen Schülers. Je nach Art und Umfang der „Ordnungswidrigkeit" können Ordnungsmaßnahmen auch längerfristige Folgen für den Schüler nach sich ziehen. Was eine Ordnungs- bzw. Erziehungsmaßnahme der Schule rechtlich ist und welche praktischen Möglichkeiten sie umfasst, regeln die Gesetze und Verordnungen der Bundesländer.

Bei all diesen Maßnahmen unterscheidet sich die Kompetenz des Klassenlehrers nicht von der eines anderen Kollegen. Wohl scheint es aber in mehreren Bundesländern inzwischen üblich, pädagogische Klassenkonferenzen unter Leitung des Klassenlehrers zu veranstalten, auf denen auch über Erziehungsmaßnahmen diskutiert wird.

Je nach Bundesland beinhalten die Gesetze und Verordnungen unterschiedliche juristische Grundlagen, die wir als Klassenlehrer gut kennen sollten. Rein rechtlich gesehen ist eine einfache schulische Ordnungsmaßnahme, z. B. ein Verweis, die Reaktion einer Behörde auf eine begangene Ordnungswidrigkeit. Sie ist damit in etwa dem „Knöllchen" gleichzusetzen, das Verkehrsteilnehmer beim Falschparken bedroht – mit dem Unterschied, dass ein Verweis den Verursacher nichts kostet. Verweise haben demnach vorwiegend symbolische Bedeutung, wenn sich die Ordnungswidrigkeiten nicht allzu sehr häufen.

2. Wann können Ordnungsmaßnahmen sinnvoll sein?

Lernpsychologisch gesehen ist Strafe nur wenig wirksam. Sie kann Verhalten nur unterbinden, nicht per se verändern. Oft ist allerdings das Unterbinden von störendem Verhalten zunächst notwendig, bevor eine andere pädagogische Maßnahme ergriffen werden kann.

So können Ordnungsmaßnahmen sinnvoll sein,

- um auf bewusst begangene Verstöße gegen die schulische Ordnung zu reagieren.

Ähnlich wie der Strafzettel für Falschparker kann ein solches Signal notwendig sein, um Schülern, die immer wieder durch Verstöße gegen die schulische Ordnung auffallen, zu zeigen, wo sie die Grenzen der notwendigen Ordnung verletzt haben.

- um die Eltern nachdrücklich zu informieren, ihnen einen Teil der Verantwortung zu geben und sie aufzufordern, gemeinsam mit der Schule erzieherisch auf den Schüler einzuwirken (z. B. durch ein Gespräch).

In manchen Fällen können erst schulische Ordnungsmaßnahmen Eltern dazu bringen, den Kontakt mit den Lehrern zu suchen und mit der Schule zusammenzuwirken.

- um häufig auftretende Störungen genau zu dokumentieren.

Da eine graduelle Verschärfung der schulischen Ordnungsmaßnahmen möglich ist, können so weitere Maßnahmen vorgeplant, durchgeführt und gegenüber Eltern und Schulbehörde vertreten werden. Dies ist ebenfalls wichtig bei den (leider gar nicht mehr so seltenen) Verstößen von Schülern gegen das Strafgesetzbuch.

3. Warum Strafen in der Schule nur sehr bedingt greifen

Strafen *können* Verstöße gegen vereinbarte Regeln unterbinden. Dass diese Wirkung aber oftmals auch nicht eintrifft, zeigt sich z. B.beim Fußball, wo es u. a. verboten ist, den gegnerischen Spieler am Trikot festzuhalten. In der Praxis offenbart die Zeitlupe allerdings, dass dennoch immer wieder gegen diese Regel verstoßen wird. Ob eine Strafe in Kauf genommen wird, richtet sich hier mehr nach der Einschätzung, wie hoch das Risiko ist, erwischt zu werden, als nach der Einsicht in die Regel. So gesehen verhält sich der überwiegende Teil unserer Schüler auch dann konsequent, wenn sie Ordnungsmaßnahmen für störendes Verhalten riskieren. „Pech gehabt" als Ursachenerklärung führt eher zu einer Wiederholung („Beim nächsten Mal habe ich mehr Glück!") als zum Aufgeben des Verhaltens.

Je nach ausgeübtem Erziehungsstil wirken sich Ordnungsmaßnahmen bei den Schülern unterschiedlich aus und nicht immer ist dies vom Lehrer vorhersehbar. Die meisten Eltern werden versuchen, durch erhöhte Achtsamkeit, den Entzug häuslicher Vergünstigungen und/oder eingehende Gespräche mit Sohn oder Tochter zu reagieren. Auch dient die Mitteilung den Eltern als Information, wie sich ein Schüler außerhalb der familiär geprägten Rolle verhält. Hingegen werden sich z. B. Eltern, die ihre Kinder im Laissez-faire-Stil erziehen, auch durch häufigere Ordnungsmaßnahmen nicht sonderlich beeindrucken lassen. Im Gegenteil hierzu werden autoritär oder ängstlich geprägte Eltern überreagieren. Die schlimmsten Auswirkungen sind bei Eltern zu befürchten, die mit körperlicher oder psychischer Gewalt bestrafen.

Lehrer können daher nicht immer ermessen, was ihre schriftliche Mitteilung für die Kinder bedeutet. Auf keinen Fall stärkt sie die Fähigkeit zur Eigenverantwortung, die bei unseren pädagogischen Zielen ganz oben steht.

Auch Strafarbeiten als Disziplinierungsmittel bewirken wenig, meist werden sie mechanisch und ohne großen Bestrafungseffekt erledigt. Rechtskundige Eltern können Ihnen bei Zusatzarbeiten als Disziplinmaßnahme zudem Ärger bereiten, da diese in den meisten Bundesländern nicht zulässig sind. Zudem erscheint es nicht nur juristisch, sondern auch pädagogisch höchst zweifelhaft, wenn Lehrer durch zwangsweise verhängte Arbeit bestrafen.

4. Wie lassen sich Ordnungsmaßnahmen pädagogisch sinnvoll einsetzen?

Sollen Ordnungsmaßnahmen ihr Ziel – das Verhindern von Regelverletzungen – erreichen, sollten Sie folgende Aspekte berücksichtigen:

- Informieren Sie einen Schüler klar und rechtzeitig, dass er sich der nicht mehr tolerablen „Deadline" nähert. Verwenden Sie z. B. Formulierungen wie: „Wenn... dann..." oder „Je... desto...", um auf die Folgen seines Tuns hinzuweisen.
- Versuchen Sie möglichst schon vor der äußersten Konsequenz, Kontakt zum Schüler und den Eltern aufzunehmen, auch um sich ein Bild von den häuslichen Erziehungs- und Lebensweisen zu machen. Vielleicht ist ein verhaltensauffälliger Schüler gerade wegen seiner häuslichen Verhältnisse ein Problem. In solchen Fällen sind Hilfs- und Beratungsangebote sinnvoller als Verweise.

- Prüfen Sie Alternativen, bevor Sie sich für den Ausspruch einer Ordnungsmaßnahme entscheiden, weil andere Maßnahmen oft mehr Erfolg versprechen. Besprechen Sie dies auch mit den Fachkollegen in der Klasse. Versuchen Sie z. B., Schüler mit ihrem Verhalten zu konfrontieren und Lösungen mit ihnen zu finden (s. S. 144 ff. sowie Kapitel 4). Erst wenn das Gegenüber keine Bereitschaft zur gemeinsamen Problemlösung zeigt, sind die rechtlichen Konsequenzen angesagt.
- Bleiben Sie ruhig und sachlich, wenn Sie eine Ordnungsmaßnahme erteilen. Oft genügt es, sie dem Schüler in der betreffenden Situation anzukündigen und in der anschließenden Pause kurz zu erläutern. In der Regel wird der Schüler ein klares, konsequentes Verhalten verstehen. Versuchen Sie auch ihn zu verstehen. Machen Sie sich und dem Schüler klar, dass mit der Ordnungsmaßnahme die persönliche Beziehung nicht automatisch beeinträchtigt wird.
- Beschreiben Sie wertfrei und genau das Verhalten, welches die Ordnungsmaßnahme erforderlich gemacht hat. Falls nötig, beziehen Sie sich auf die entsprechenden schulrechtlichen Sachverhalte, gegen die sich der Schüler mit seinem Verhalten gewandt hat.
- Verbinden Sie die Ordnungsmaßnahme mit einem Gesprächsangebot an Eltern und Schüler. In der Erläuterung der Ordnungsmaßnahme sollten Vorwürfe, Moralisierungen usw. unterbleiben. In einem solchen Gespräch können Sie nach der Konfliktlösungsmethode „Ich gewinne – du gewinnst" (s. S. 145) eine pädagogische Lösung anstreben.

Literatur

Cohn, R. C., Terfurth, Ch.: Lebendiges Lehren und Lernen. TZI macht Schule. Stuttgart 1993

Gordon, Th.: Lehrer-Schüler-Konferenz. Wie man Konflikte in der Schule löst. München 1977

ders.: Das Gordon-Modell. Anleitungen für ein harmonisches Leben. Hrsg. v. K. Breuer. München 1998

Langmaack, B.: Themenzentrierte Interaktion. Einführende Texte rund ums Dreieck. Weinheim 1994

Löhmer, C., Standhardt, R.: Themenzentrierte Interaktion. Die Kunst, sich selbst und eine Gruppe zu leiten. Mannheim 1994

Schmidt-Oumard, W., Nahler, M.: Lehren mit Leib und Seele. Neurolinguistisches Programmieren in der pädagogischen Praxis. Paderborn 1993

Tennstädt, K.-Ch. u. a.: Das Konstanzer Trainingsmodell (KTM); ein integratives Selbsthilfeprogramm für Lehrkräfte zur Bewältigung von Aggressionen und Störungen im Unterricht. Bd. 1 Trainingshandbuch. Bern u. a. 1987

Dieter Enkhardt

Kapitel 6
Leben und lernen außerhalb der Schule

A Bestandsaufnahme: Außerschulische Unternehmungen heute

Wenn Erwachsene über positive Erinnerungen aus der Schulzeit Auskunft geben, stehen Schulreisen sowie Erlebnisse und Unternehmungen, die im Umfeld der Schule und im Freundeskreis geschahen, oft an erster Stelle. Dies verweist nicht nur auf Merk-Würdigkeiten des menschlichen Erinnerungsvermögens, sondern eben auch auf die Wichtigkeit des Lernens in Wirklichkeitsbezügen. Nebenbei zeigt es auch, wie wenig Erinnerungswert im Verhältnis dazu der Fachunterricht mit seinen stofforientierten Lehrzielen hat. Die schwache Erinnerungsspur darf sicherlich nicht als Gradmesser für die Bedeutung der Inhalte benutzt werden, sie verweist aber darauf, welche Ereignisse im Erwachsenenleben präsent bleiben und Relevanz entfalten.

Seit längerem wird in der Öffentlichkeit die Bedeutsamkeit schulisch vermittelter Bildung und Erziehung kritisch diskutiert. Dabei wird offensichtlich, dass die schulischen Inhalte sich nicht mehr auf einen unumstrittenen Bildungskanon stützen können. Die Schule reagiert auf diese Situation, indem sie sich bemüht Schlüsselqualifikationen zu vermitteln wie z. B. Fähigkeit zum Problemlösen und Teamfähigkeit. Bei der Suche nach geeigneten Konzepten zentrieren sich die Bemühungen um altbekannte Reformbegriffe wie „handlungsorientiertes" und „ganzheitliches Lernen" sowie um das Konzept des „Offenen Unterrichts". Bei außerschulischen Unternehmungen ergeben sich Möglichkeiten in dieser Richtung von selbst. Und: Wenn die schulische Praxis problematisch wird, liegt es nahe, sich zur Selbstvergewisserung in die Wirklichkeit zu begeben.

Eine weitere gesellschaftliche Veränderung zwingt die Schule, sich gründlich mit ihrem Auftrag auseinander zu setzen: Sie sieht sich mehr und mehr mit der Aufgabe konfrontiert, auch solche Erziehungsaufgaben übernehmen zu müssen, die sie innerhalb des Fachunterrichts nur schwerlich leisten kann. Gefordert wird deshalb seit langem, so auch in der neuesten Studie der Bundesregierung zur Lebenssituation von Kindern (1998), dass Schule sich nicht auf das Stundenhalten beschränken solle.

A Bestandsaufnahme: Außerschulische Unternehmungen heute

In schöner Hoffnung und langer Tradition verlässt die Schule ihr „Haus" und damit die Beschränkungen des schulisch veranstalteten Lernens und begibt sich „auf Reisen". Davon erhoffen sich Schüler und Lehrer seit jeher auch einen Gewinn für die Klassengemeinschaft und suchen die menschliche Begegnung jenseits der fixierten Rollen des Klassenzimmers.

Allerdings hatten solche „Unterbrechungen" des Schulalltags früher eine andere Bedeutung als im Zeitalter des Massentourismus und der Massenmobilität. Heute geht es nicht mehr darum, den Kindern und Jugendlichen die Welt zu zeigen oder ihnen gar Erholung von der Stadt in der gesunden Natur zu ermöglichen. Ihre Urlaubserfahrungen sind bereits vielfältig und meist international. Es geht heute eher darum, die Schüler als Personen darin zu stärken, sich der allgegenwärtig auf sie eindringenden Medien-Wirklichkeit zu erwehren und ihr eigene Erfahrungen entgegenzusetzen. Die Erlebnisarmut im Reizüberfluss sollte durch eine richtig verstandene Erlebnis-Pädagogik kompensiert werden.

1. Thesen für die eigene Standortfindung

Jeder Klassenlehrer muss aus seiner Situation entscheiden, welche Bedeutung er dem „Leben und Lernen außerhalb der Schule" für den Bildungsauftrag beimisst und welche konkreten Konsequenzen daraus für die außerschulischen bzw. außerunterrichtlichen Veranstaltungen zu ziehen sind. Die folgenden Thesen sollen dazu anregen, einen Standpunkt für die eigene Unternehmung zu erarbeiten, der die pädagogischen Absichten mit der Klassensituation und der Stellung im Schulleben zusammenführt:

- Die Erlebnisse, die das Lernen am außerschulischen Ort ermöglicht, müssen eine besondere Qualität erhalten und dürfen nicht bloß die touristische Wirklichkeit (Sightseeing) duplizieren. Anderseits kann das schulische Lernen aber auch nicht einfach an einen fremden Ort verlagert werden, ohne dass die Schüler mit Widerwillen auf diese Maskierung altbekannter schulischer Anforderungen reagieren. Das außerunterrichtliche Vorhaben sollte mehr sein als ein Verpackungstrick: Angestrebt werden könnte so etwas wie „praktisches Lernen vor Ort".
- Im Sinne von Lebenshilfe sollten die Schüler befähigt werden, ihre Erkundungen selbst zu planen und durchzuführen, um sie jetzt und künftig nicht als Secondhand-Produkt aus dem Pauschalreisenkatalog beziehen zu müssen. Die Schüler sollten sich als Gestalter ihrer eigenen Unternehmung fühlen.
- Ermöglicht werden sollte eine positive Verarbeitung und Verankerung von Lernen, Leistung, Versagen und Erfolg in der Lernbiographie.
- Bei außerunterrichtlichen Vorhaben ist auch an die schulische Anbindung zu denken: Sie sollten die Schüler voranbringen und auf die Schule zurückwirken. Dazu müssen sie in das pädagogische Profil der Schule und in den Unterricht eingebunden sein (s. S. 165).

- In einer von Vereinzelung und Individualisierung geprägten Kinder-Welt kann die Schulfahrt Chance sein, Defizite zu kompensieren. Als Gruppenveranstaltung von ungewohnter Dauer und hoher Intensität des Zusammenlebens ist die außerschulische Veranstaltung ein Ort, wo Schule einen begrenzten Beitrag für die Sozialerziehung der Schüler leisten kann.
- Bei der Klassenfahrt können die Schüler Erfahrungen damit machen, wie es ist, über die eigene Zeit zu verfügen und aufgabenbezogen den Tagesablauf selbst zu gestalten. So überwinden sie beispielhaft einen oft verplanten und zerteilten Tagesablauf, in dem sie sich kaum als Herr ihrer Lebenszeit erfahren.

Für außerunterrichtliche Veranstaltungen gibt es eine Vielzahl hier nicht angesprochener Sinnrichtungen, die in der besonderen Situation der Klassen begründet sind: Zentral und für die Schule besonders bedeutsam ist aber immer, dass das Lernen außerhalb der Schule mit dem Alltag der Schüler in Zusammenhang gebracht wird und dass die Schüler exemplarisch erfahren, dass Lernen für das „wirkliche" Leben wertvoll ist.

2. Zielsetzung: Anderes und anders lernen

In einer langen Schulkarriere verlieren viele Schüler den Sinn für persönlichkeitsbezogenes Lernen, das zugleich lebensrelevant ist. Genau solches Lernen kann nun aber mit der Schulreise angestrebt werden. Der Anspruch „anders" zu lernen beinhaltet dabei keinen Widerspruch zu der Forderung, den Sinn schulischen Lernens er-fahr-bar zu machen. Durch das Lehrgangs- und Fachprinzip ist das Lernen oft unzusammenhängend und abstrakt. „Anderes lernen" will dieses Schubladendenken überwinden, will Lernen in den komplexen Strukturen der tatsächlichen Zusammenhänge ermöglichen, exemplarisch zusammenführen, was in den Stundengrenzen isoliert bleibt. (Anregungen dazu im Themenheft „Anders lernen", Pädagogik 7–8/1998.) Es zeigt sich immer wieder, dass Schüler, die sonst schwer zu motivieren sind, in „Ernstfallsituationen" Erstaunliches vollbringen.

„Anders lernen" meint insbesondere auch, dass die Schüler das Lernen initiieren, mitsteuern und mitverantworten. Damit zielt es auf keine anderen Ziele als der herkömmliche Unterricht, nämlich die Trias der von Klafki und anderen so benannten Ziele: Autonomie, Selbstverantwortung und Selbstkritik. In unserer heutigen Medien- und Arbeitsgesellschaft sind diese Ziele jedoch auf den alten Wegen immer schwerer zu erreichen, während sie sich bei den außerunterrichtlichen Unternehmungen aus der Struktur der Gruppe und der Aufgabe von selbst ergeben.

Dabei ist die Angst des Lehrers vor Überforderung nicht begründet: Das „andere Lernen" bedarf keiner Verkünstelung der Methodik. Es sollte ein Lernen sein, das bei der „natürlichen" Neugier ansetzt. Allerdings birgt es wegen der Offenheit des Lernprozesses gewisse Risiken des Scheiterns.

Hier einige Elemente, die die Organisation selbst bestimmter Lernprozesse in komplexen Wirklichkeitsstrukturen stützen:

- die Schüler tragen Informationen zu sie interessierenden Unternehmungen zusammen,
- sie erstellen Arbeitspläne,
- sie produzieren und veröffentlichen Arbeitsergebnisse,
- sie reflektieren den Arbeitsverlauf begleitend.

3. Freiräume suchen und nutzen

Lernen jenseits schulischer Begrenzungen

Bei außerunterrichtlichen Unternehmungen kann man sich leichter von Hemmnissen befreien, die Lernprozesse behindern können wie Stundentafeln, rigide Zeitorganisation, Raumfestlegung, routinemäßiger Lehrerwechsel, Fachprinzip, verplanter Tagesablauf ohne Mußezeit und viele andere Selbstverständlichkeiten und Gewohnheiten. Diese Chance kann allerdings leicht vergeben werden, wenn das außerunterrichtliche Vorhaben lehrerzentriert organisiert und geplant wird. (Dabei können solche durchorganisierten Schulfahrten durchaus ankommen und in manchen Situationen auch angemessen sein.)

Regeln gemeinsam erarbeiten

Natürlich erfordern Schulfahrten auch viele neue Regeln und Rücksichten, die sich durch die Unterbringung und andere Sachnotwendigkeiten ergeben wie Öffnungszeiten, Nahverkehrsstrukturen, Vorsichtsmaßnahmen und nicht zuletzt die rechtliche Verantwortung. Diese sollten die Organisation jedoch nicht „beherrschen", sondern als Anlass genutzt werden, begründete Absprachen zu treffen und Konventionen gemeinsam zu erarbeiten.

Rechtliche Fragen zu einzelnen Unternehmungen werden erläutert in der Broschüre des Bundesverbandes der Unfallversicherungsträger der öffentlichen Hand (s. Literatur). Vorschläge für die Haus- und Verhaltensordnung und für Elterninformationen finden sich in Böhm (1994).

Die Planungsphase einplanen

Wenn die Initiative für ein Vorhaben von den Schülern ausgehen soll, wenn Lernen dabei als individueller und zugleich kooperativer Prozess mit neuen Lernformen geschehen soll, dann reicht ein fremder Ort und ein attraktives Programm allein nicht aus. Solches Lernen will vorbereitet sein. Die Schüler müssen sich auf die Schwierigkeiten einstellen können, die sie bewältigen wollen. Eine gut organisierte Vorbereitung ist hier deshalb der Schlüssel zum Erfolg, unorganisierte oder chaotische Planungsphasen dagegen zerstören jeden Ansatz von Selbstorganisation genauso gründlich wie Überregulierung.

Auf Selbststeuerungskräfte vertrauen

Die Merkmale veränderten Lernens – Eigenverantwortung, Selbstverwaltung und Autonomie – können und müssen nicht bei jedem außerschulischen Vorhaben in Reinkultur vorhanden sein. Es genügt, freie Formen des Lernens ohne Lehrbuch zu planen und praktisch anzugehen: als Projekte, freie Vorhaben, Stationen-Lernen, Erkundungen, Exkursionen, Besichtigungen, Anlass- oder Gelegenheitsunterricht, Spiele usw. Dann kann man darauf setzen, dass sich hieraus auch eigene Steuerungsprozesse entwickeln. Wenn nämlich das Interesse der Kinder und Jugendlichen am Gelingen ihres Aufenthalts geweckt ist, entwickeln sie enorme Kräfte und werden auch mit eventuell vorhandenen destruktiven Momenten fertig.

Außerschulische Wirklichkeit in vielen Dimensionen erschließen

Bei alledem geht es um ganzheitliche und experimentelle Erschließung eines Realraumes in allen möglichen und interessierenden Dimensionen: ästhetisch, handwerklich, sportlich, historisch, sozial, politisch, naturwissenschaftlich... Das Methodenlernen ereignet sich am Ernstfall, das Fächerverbindende ergibt sich aus dem praktischen Handeln, Arbeiten und Herstellen. Und man darf durchaus damit zufrieden sein, wenn die Erkenntnisse und Ergebnisse mehr dem Orientierungs-Lernen zuzurechnen sind, als dass sie den abfragbaren Wissensbestand vermehren.

4. Schulfahrten heute: Blick auf eine heterogene Wirklichkeit

Im Folgenden wird überblickartig und in Stichworten aufgelistet, was an außerunterrichtlichen Veranstaltungen machbar und wünschenswert erscheint. Vielleicht kann diese Auflistung zugleich Anregung sein für Planungen und Veränderungen in der eigenen Schule.

Allgemeine Tendenzen

In den letzten Jahren gab und gibt es eine Tendenz, die Schule als Reisebüro für Schultourismus zu sehen. Dabei gerieten Bildung und Pädagogik leider allzu oft ins Hintertreffen.

- Der außerunterrichtliche Veranstaltungskalender ist in der Vergangenheit immer öfter zum Werbeargument im Kampf um Schüler geworden. Dementsprechend wurde er als Jahrmarkt der unbegrenzten Möglichkeiten (miss-)verstanden.
- Die Erwartungen der Schüler gleichen sich dem Konsumentenstatus an: „Für mein Geld darf es schon etwas Besonderes sein!"
- Vor allem wegen knapper Kassen wird der Blick erst in letzter Zeit wieder auf die Kosten gelenkt und die Lehrer besinnen sich (notgedrungen) wieder stärker auf erziehende und bildende Angebote.
- Die Klasse ist oft nicht mehr die bevorzugte Gruppe, in der man sich auf Erfahrungssuche begibt. Die persönlich bedeutsamen Bezugsgruppen liegen als eine Folge der Individualisierung und der Entflechtung der Lebenswelten oft außerhalb des schulischen Lebensbereiches.

A Bestandsaufnahme: Außerschulische Unternehmungen heute

- Zur Entlastung der schulischen Funktionsabläufe werden die Reisetermine aus dem Schulleben genommen und als eine Art Unterrichtspuffer vor schulfreie Zeiten gelegt, wo sie erzieherisch kaum noch auf das Schulleben Einfluss haben können.
- Die Vielzahl von Veranstaltungen und Unternehmungen verunmöglicht zu bestimmten reiseaktiven Zeiten kontinuierliches schulisches Arbeiten.

Ein bunter Wiesenstrauß außerunterrichtlicher Veranstaltungen

Die Klassenreisen, die heute in Schulen durchgeführt werden, sind außerordentlich vielfältig. Noch vielfältiger dürften die Bezeichnungen sein, welche die einzelnen Veranstaltungstypen traditionell und lokal haben.

Da das Ökotop der außerunterrichtlichen Veranstaltungen von einem sympathischen Wildwuchs gekennzeichnet ist und die Schultheorie erstaunlich wenig Anstrengungen unternimmt, dieses Feld zu botanisieren und kategorisieren, folgt die Auflistung chronologisch den Klassenstufen bzw. Funktionen der Veranstaltungen:

Schullandheim

Es gibt ihn noch, den klassischen *Schullandheim-Aufenthalt* am Ende der 6. Klasse – je nach Schule oder Bundesland auch früher oder später – mit einer Dauer von ein bis zwei Wochen. Oft findet der Aufenthalt auch in Jugendherbergen oder -heimen statt. Berüchtigt bei Schülern und Lehrern sind die damit verbundenen Wanderungen. Vielerorts neu ist der Schullandheim-Aufenthalt zu Beginn eines Schuljahrs. Er dient vor allem der Integration von neu zusammengestellten Klassen (nach dem Übertritt in Realschule oder Gymnasien) und neuerdings nicht zuletzt auch der Schülerwerbung.

Schüleraustausch

Für die Jahrgangsstufen 8 bis 13 existiert eine Palette von z. T. ausgedehnten Austauschprogrammen im Fremdsprachenbereich. Je nach (Städte-)Partnerschaft und Schultraditionen sind sie meist auf bestimmte Klassenstufen verteilt. Durchgeführt werden sie meist von den Fremdsprachenlehrern, aber auch von Klassenlehrern. Häufige Schwierigkeiten: Wegen der geringen Zahl ausländischer Austauschschüler und einer Gabelung der Klassen entsprechend der Sprachenfolge sind oft nur Teile von Klassen beteiligt. Wenn der Gegenbesuch in die Unterrichtszeit fällt, leidet der kontinuierliche Unterricht darunter.

Klassenfahrt

Das Merkmal der Klassenfahrt ist, dass die ganze Klasse sich mit dem Klassenlehrer (und anderen Begleitern) aufmacht. Wichtiges Ziel ist dabei traditionell die Festigung der Klassengemeinschaft. Im Gegensatz zum Schullandheim-Aufenthalt ist die Klassenfahrt in den meisten Fällen von kürzerer Dauer und wird oft unter Einbeziehung „freier Tage" durchgeführt. Sonderformen sind die *Hauptstadtreise* sowie die *Abschlussfahrt* als letzte gemeinsame Klassenaktion mit leicht reminiszentem Charakter.

Klassenstufen-Fahrt

Vielerorts finden für eine gesamte Klassenstufe je nach Schulprofil thematisch gebundene Aufenthalte statt. Neben dem in manchen Bundesländern üblichen „Skischullandheim" rücken sportliche Freizeitunternehmungen wie Segeln, Reiten, aber auch vorstrukturierte Städtereisen und Jugendherbergs-Aufenthalte mit Schwerpunktprogrammen in den Vordergrund. Der Attraktionsgrad ist bei der Wahl entscheidend.

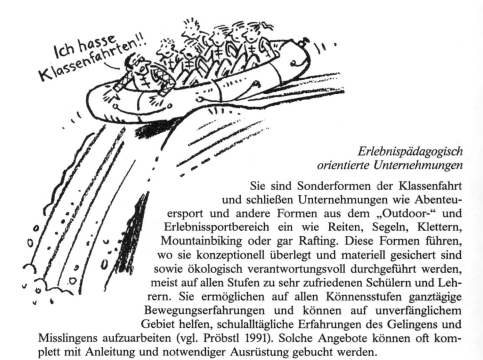

Erlebnispädagogisch orientierte Unternehmungen

Sie sind Sonderformen der Klassenfahrt und schließen Unternehmungen wie Abenteuersport und andere Formen aus dem „Outdoor-" und Erlebnissportbereich ein wie Reiten, Segeln, Klettern, Mountainbiking oder gar Rafting. Diese Formen führen, wo sie konzeptionell überlegt und materiell gesichert sind sowie ökologisch verantwortungsvoll durchgeführt werden, meist auf allen Stufen zu sehr zufriedenen Schülern und Lehrern. Sie ermöglichen auf allen Könnensstufen ganztägige Bewegungserfahrungen und können auf unverfänglichem Gebiet helfen, schulalltägliche Erfahrungen des Gelingens und Misslingens aufzuarbeiten (vgl. Pröbstl 1991). Solche Angebote können oft komplett mit Anleitung und notwendiger Ausrüstung gebucht werden.

Studienfahrten

In der Sekundarstufe II werden Studienfahrten in alle erdenklichen europäischen Großstädte in einer Art Konkurrenz der Attraktionen veranstaltet. Seit jeher gut im Rennen liegen Rom und Paris. Kulturreisen, auch Reisen in bestimmte Landschaften oder Erkundungen sind schwerer zu verkaufen. Eigentliche Studieninhalte geraten oft ins Hintertreffen.

Workshops

Tanz und Malen, Theater und Musik, Percussion und Pantomime ... Diese sicherlich sinnvollen Angebote haben gegenüber anderen, attraktiven Angeboten nicht immer einen leichten Stand.

Sonderveranstaltungen

Hier ist gedacht an Veranstaltungen, die oft mit AGs und besonderem Engagement der Lehrer verbunden sind: ein- und mehrtägige Musikveranstaltungen, Sportwettkämpfe aller Art, Exkursionen, Fahrten der SMV und was Lehrer und Schüler sonst interessiert.

Auf dem Markt der unbegrenzten Möglichkeiten muss diese Aufstellung sicher unvollständig bleiben.

Profilbildung

Wo dies noch nicht geschehen ist empfiehlt es sich, im Rahmen der Profilbildung der Schulen einen Diskussionsprozess im Lehrerkollegium einzuleiten, bei dem ein Konzept für außerschulische Unternehmungen und ein einheitliches Vorgehen in Schlüsselfragen entwickelt wird. Bei aller Freiheit und Spontaneität, die gerade auch die Schulfahrten brauchen, ist ein Konsens in der Schule sehr hilfreich. Wo dieser nicht zu erreichen ist, ist er zumindest auf der (Klassen-)Stufe bzw. im Begleitteam doch unbedingt erforderlich. Die Schüler vergleichen nämlich die „Angebote" der Klassenlehrer und die Begeisterung für eine Schulfahrt braucht ein breites Fundament an Unterstützung, gerade wenn die Klassenfahrt nicht aus Edutainment bestehen soll.

Was kann zum Schwerpunkt einer außerunterrichtlichen Unternehmung werden?

Die folgende Liste von Aspekten eines Schullandheim-Aufenthaltes kann helfen, den pädagogischen Schwerpunkt für eine Unternehmung zu reflektieren.

- Klassenklima: Gemeinschafts-Erziehung – eine Aufgabe von heute? In welcher Form soll Klassengemeinschaft erreicht werden? Wollen alle Schüler „Gemeinschaft"? Wie viel Gemeinschaft ist sozial? Soll das Ziel „Gemeinschaftsförderung" angesprochen werden? Soll es explizit oder implizit angestrebt werden?
- Die Gruppe als Thema: Freiheit(en) und Bindung(en), Spaß und Regeln.
- Bildungsreisen, Städtereisen – Welterfahrung? Erschließen von fremden Lebenswelten, fremde Perspektiven.
- Natur- und Ökologiebewusstsein.
- Gemeindearbeit, soziale Aufgaben.
- Erforschung sozialer und historischer Zeugnisse der Umgebung.
- Gesundheitserziehung: Lebens-Mittel und Körperbewusstsein.
- Medienfreie Zeit (Entzugserscheinungen und Widerstände sind vorprogrammiert!), aktive Medienarbeit.

- Werterziehung, emotionale Erziehung.
- Verhältnis von Fachunterricht und Projektunterricht.
- Partialisierte Lebenswelten durchbrechen.
- Erlebnispädagogik statt Erlebnisarmut.
- Entschleunigung des Erlebens: Didaktik der Langsamkeit.
- Selbstfindung: Meditation und Entspannung, Klöster und Kontemplation.

B Klassenfahrten

1. Das Verhältnis von Unterricht und Klassenfahrt

Jeder Lehrer, der mit seiner Klasse eine Fahrt plant, sollte sich zunächst über seine Ziele sowie die personellen und situativen Möglichkeiten klar werden. Dabei sollte einer weniger ambitionierten Konzeption im Zweifelsfall der Vorzug gegeben werden, damit „anders lernen" auch bedeutet: entspannter und weniger leistungsbetont lernen als dies im schulischen Unterricht meist der Fall ist.

Herbert Gudjons unterscheidet folgende fünf Möglichkeiten des Verhältnisses von Klassenreise und Schulunterricht:

- „Schule ist Unterricht; die Klassenreise ist eine (durchaus angenehme) Unterhaltungsmöglichkeit, die aber im Grunde zu Unterricht und Schule keinen Bezug hat >*Klassenreise als Vergnügen*.
- Die Klassenreise enthält durchaus pädagogisch wertvolle Erlebnis- und Lernmöglichkeiten (z. B. Spielen oder Stadtbesichtigungen), die auch gleichberechtigt neben dem Unterricht stehen. Es bleibt aber beim Nebeneinander, eine wechselseitige Durchdringung erfolgt nicht >*Klassenreise als erweiterte Lernform*.
- Die Klassenreise steht in direktem Bezug zur Lerngruppe in der Schule, sie dient der Intensivierung der Beziehungsebene, setzt das schulische soziale Lernen fort und wirkt auf dieses gezielt zurück >*Klassenreise als besondere Veranstaltung zum sozialen Lernen*.
- Schulunterricht und Klassenreise sind inhaltlich (z. B. durch ein Projekt) eng verzahnt. Die besonderen Tätigkeiten während der Klassenreise sind integrierter Bestandteil einer längerfristig angelegten thematischen Arbeit >*Klassenreise als alternativer Unterricht*.
- Die Gesamtkonzeption der Klassenreise ist so angelegt, dass Schüler/innen ein neues Verständnis von ‚Reisen' lernen >*Klassenreise als Freizeitpädagogik*."
(Gudjons 1998, S. 2–7)

2. Grundsatzentscheidungen

Hier einige Stichpunkte zu wichtigen Fragen, die vor einer Klassenfahrt entschieden werden müssen (stufenbezogen denken!):
- Pädagogische Absichten, Themen, Inhalte und Methoden.
- Thematische Leitgedanken.
- Form der Beteiligung von Schülern, Lehrern, Eltern und Schulträger.
- Verhältnis von Klassenfahrt und Schule bzw. Fachunterricht (s. o.), z. B. Klassenfahrt als Ausflug, als Projekt.
- Form des Gemeinschaftslebens.
- Begleitlehrer, Lehrerteam, Teambildung, Zahl der Begleiter, Absprachen, Verteilung der Arbeitsaufträge (Kreativitätspausen und Erholungsphasen einplanen!).

3. Klassenfahrten sind Gruppenfahrten

Wichtiger als jeder Inhalt ist den Schülern vor allem eines: ihre eigene Person. Sie wünschen personenbezogenes Lernen und die Bildung von Beziehungen und Freundschaften. Klassenfahrten sind Gruppenfahrten! Dies darf keineswegs idyllisch verklärt werden. Im außerschulischen Leben treten Egoismen und Verhaltensauffälligkeiten ebenso wie mangelnde Gruppen- und Teamfähigkeit besonders deutlich hervor. Die gemeinsame Unternehmung kann für den einzelnen Schüler eine Entwicklungschance, aber auch eine krisenhafte Belastung sein. Dabei werden Lernprozesse manchmal nur angestoßen, oft nicht abgeschlossen.

Eine Klassenfahrt ist nur dann wirklich erfolgreich, wenn sie Prozesse anstößt, die die Persönlichkeitsentwicklung der Kinder und Jugendlichen positiv beeinflussen. Nach aller Erfahrung wird dies auch von den Kindern und Jugendlichen so gesehen. Sie selbst suchen oft aktiv Situationen, wo es ihnen möglich ist, ihre Persönlichkeit zu erweitern, ihren Entwurf von Identität auszuprobieren, neue Möglichkeiten zu erobern. Dabei sind alle Dimensionen der Identität gemeint, auch solche, die Lehrer weniger gern sehen, wie die zum anderen Geschlecht.

Die Erwartung von Erweiterung wie die Gefahr der Destabilisierung der Identität wird begleitet von Gefühlen der Dekomposition mit Abwehr- und Bewältigungsmechanismen. Dies erzeugt oft – gerade in der Pubertät – eine hochgestimmte bis überreizte Atmosphäre. Diese Stimmung folgt einer gewissen charakteristischen Kurve:

- Sie beginnt im Gefühl der Unbestimmtheit mit Erwartungen und Befürchtungen,
- es folgen erste Festlegungen in der offenen Situation (Zimmergruppen, neue Cliquen usw.),
- Glück über Gelingen oder vermehrte Anstrengung zur Integration,
- Rückzugs- und Ausweichmanöver,
- Gespräche und Arbeit an Problemen,

- Aktivitätseinbrüche mit Rückzugsinseln,
- Müdigkeit und End-Euphorie,
- „Abfahrtsdepression" und Rückkehrfreude.

Im Zusammensein wird in vielseitiger Weise die emotionale Stabilität der Kinder und Jugendlichen erprobt. Es geht darum, Eigenständigkeit zu bewahren und Geborgenheit zu finden, sich anzupassen und sich zu wehren. Die Schüler müssen ein Bild von sich selbst und ihren Fähigkeiten entwickeln und den anderen zu vermitteln versuchen. Dazu entwickeln sie Selbstkenntnis und „emotionale Intelligenz" (Goleman 1995).

Besonders viele Entwicklungen ergeben sich da, wo Sympathien der Schüler untereinander entstehen. Die Schüler öffnen sich einander und erfahren Annahme, lernen sich besser kennen und überprüfen vorschnelle Urteile. Die soziale Kompetenz wird durch die Dichte der Beziehungsansprüche herausgefordert, Wahrnehmungen müssen gesammelt und geordnet werden, es gilt, eine Rolle für sich zu finden und sich gegenüber Rollenzumutungen zur Wehr zu setzen, dabei aber den Anschluss nicht zu riskieren. Nicht zuletzt fordert die Stellung in der Gruppe eine Art diplomatische Interessens- und Aufmerksamkeitsverteilung.

Die Schüler müssen in Solidarität Verantwortung für andere übernehmen, wo dies angeraten scheint (Stichwort: Freundschaft und Empathie). Sie müssen sich entscheiden, an wen sie sich halten, für wen sie Partei ergreifen und mit welchen Mitteln dies am besten geschieht. Bei den Aktivitäten geht es auch darum, mit Verantwortung betraut zu werden. Dabei entstehen Rivalitäten, es muss gekämpft werden und die übertragene Verantwortung muss „ausgehalten" werden. Die Handlungen und Beziehungen werden von der Clique und den rivalisierenden Gruppen ständig beobachtet und bewertet.

Mithin wird also für den Bereich der sozialen Verantwortung in einer größeren Gruppe (wofür die Schule quasi ein Monopol hat) eine Grundlage gelegt zur Bildung und Begründung von Werten und Überzeugungen. Dies gilt sowohl für die Wertschätzung von Personen als auch für die Einstellung zu Leistung.

Ein wichtiges Argument für ein solches Verständnis der Klassenfahrt kommt aus der neueren Unterrichtsforschung. Das Funktionieren der Klasse als Unterrichtsverband ist stark abhängig von dem Gefühl des Klassenzusammenhalts. Der Zusammenhang von Klassengemeinschaft und Schulleistung ist nachweisbar vorhanden (vgl. Fend 1997). Ebenso wird die Bedeutung der Klassengemeinschaft für das Wohlbefinden und die Lernkarriere der Schüler oft unterschätzt. Lernmotivation kann nur aufgebaut werden, wenn nicht ständig andere Motivationen und sogar latente Angstzustände oder Aggressionen vorhanden sind. Lernen geschieht in Konkurrenz zu anderen, aber auch im Miteinander aller. Es ist deshalb sehr wichtig, dass die Schüler gelernt haben, wie sie ihre Konflikte regeln (s. Kapitel 4).

B Klassenfahrten

4. Die Planung ist das Ziel

Die Einstellung der Schüler zur gemeinsamen Unternehmung entsteht während der Vorbereitung. Die gemeinsame Planung kann dabei viele inhaltliche und erzieherische Ziele verfolgen und die positive Einstellung zum Vorhaben wecken. In schwierigen und zerstrittenen Klassen kann nebenbei exemplarisch die Lösung von Konflikten gelernt werden.

Das folgende Verfahren „Prioritäten setzen" eignet sich für die gemeinsame Planung einer Klassenunternehmung, kann aber auch Lehrern allein als Raster für die Vorüberlegungen zu einer Klassenfahrt dienen. Darüber hinaus eignet es sich generell zur Klärung strittiger Fragen und zur Kompromissfindung.

Prioritäten setzen ab Klasse 5

Zeitbedarf: ca. 90 Minuten

Material: pro Schüler je ein Arbeitsbogen „Spielregeln" oder Overhead-Folie mit den Spielregeln; ein Satz „Wahl-Karten" (der Fragenkatalog kann natürlich ganz nach Bedarf erweitert werden); für das Auslosen der Gruppen z. B. in verschiedenfarbiges Papier eingewickelte Bonbons

---

Spielregeln

Erster Schritt: Lest die Karten durch und markiert diejenigen, die euch persönlich wichtig sind, indem ihr den linken Rand nachmalt. (Die anderen Karten vergesst ihr.) Erstellt nun eine persönliche „Hitliste", indem ihr die ausgewählten Karten mit Bleistift nummeriert. Füllt die Leerstellen aus bzw. entscheidet euch für eine der angegebenen Möglichkeiten. (Ihr habt hierfür 10 Minuten Zeit.)

Zweiter Schritt: Geht mit den zwei zugelosten Partnern zusammen und einigt euch auf die sieben wichtigsten Punkte. (Ihr habt dafür 5 Minuten Zeit.) Die anderen Punkte fallen weg. (Findet Kompromisse!)

Dritter Schritt: Geht mit einer anderen 3er-Gruppe zusammen und wiederholt die Entscheidungsfindung in der 6er-Gruppe: Einigt euch auf die sieben wichtigsten Punkte. (Ihr habt dafür 10 Minuten Zeit.)

Vierter Schritt: Stellt euer Ergebnis der ganzen Klasse vor und begründet es (zunächst ohne allgemeine Diskussion). Befestigt dabei die Karten in der Reihenfolge ihrer Gewichtung z. B. an der Pinnwand. Berichtet auch von den Schwierigkeiten.

Fünfter Schritt: In der ganzen Klasse wird das weitere Vorgehen zur Beschlussfassung diskutiert. Danach werden Planungsgruppen mit konkretem Auftrag eingerichtet.

Wahl-Karten – Thema „Klassenfahrt"

Ich möchte ein unbekanntes Ziel kennen lernen. Besteht schon eine Vorstellung? Wenn ja: Welche? _____ _____	Ich möchte (nicht) weit fahren. Zeitvorstellung: _____ _____
Ich möchte eine bestimmte Aktivität ausüben: ❏ Segeln ❏ Kajak fahren ❏ Wandern ❏ Reiterhof ❏ Fahrrad fahren anderes: _____	An unserem Ziel muss (nicht) viel los sein. Wenn ja: Was? _____ _____ _____
Wir sollten unser(e) Ziel(e) aus eigener Kraft erreichen.	Wir sollten ein Haus haben und möglichst alles selber machen: ❏ Kochen ❏ Putzen ❏ anderes: _____
Wir besichtigen: ❏ Klöster ❏ Burgen und Schlösser ❏ anderes: _____	Wir sollten zelten: ❏ an einem See mit Sportplatz ❏ am Bach ❏ anderswo: _____
Wir sollten uns in die Natur begeben.	Wir wollen die Unternehmungen am Ort selber planen.
Wir haben eine so schlechte Klassengemeinschaft, dass wir lieber zu Hause bleiben sollten.	Wir sollten vorher gut planen, um nachher Streit zu vermeiden, und viel unternehmen.

B Klassenfahrten 171

Mein Ziel liegt in der näheren Umgebung: *(Vorschläge aus der jeweiligen Region)* ❏ anderes: _____	Das ist wichtig: _____ _____
Statt der Klassenfahrt sollten wir gemeinsam eine Art Erkundung machen. Art: _____	Dabei mache ich nicht mit: _____ _____
Wir sollten ein Projekt oder eine Untersuchung durchführen: ❏ Bacherkundung ❏ Umweltschutz ❏ Dorfleben ❏ anderes: _____	Wir sollten in eine Jugendherberge fahren. *(Eine bestimmte?)* _____ _____
Ich möchte weit weg.	Sehr ungern und nur wegen der Klassengemeinschaft würde ich: _____ _____
Wir sollten dort viel Freiheit haben, etwas selbst zu unternehmen.	Ich möchte mich bewegen und Sport treiben.
Ich möchte etwas anschauen: ❏ Stadt ❏ Filmdrehorte ❏ Museum ❏ Kulturelles ❏ anderes: _____	Dies ist vergessen worden: _____ _____

5. Pädagogisch schwierige Situationen

Coaching in Konfliktsituationen

Entwicklung ereignet sich auf Klassenfahrt selten direkt aufgrund von gerichteter Handlung. Die erzieherische Qualität solcher Veranstaltungen liegt in dem netzartigen Geflecht von Begegnungen und Auseinandersetzungen in der selbst veranstalteten Reise und in der Selbsterziehung der Jugendlichen. Von vielen Konflikten wird der Lehrer gar nichts mitbekommen, bei den meisten nicht ihren Anlass und Ausgang erfahren. Dennoch darf man aber Vertrauen haben, dass es in der Gruppe selbst starke Kräfte zur Lösung von Konflikten gibt. Lediglich wo dies nicht befriedigend funktioniert oder wo der Lehrer zur Intervention aufgefordert wird, ist sein Eingreifen nötig.

Die stärkste präventive Einflussmöglichkeit des Lehrers liegt in dem Verständnis der Unternehmung, das die Schüler durch die Planung und Organisation der Reise gewonnen haben. Darüber hinausgehende direkte Interventionen des Lehrers wirken für die ganze Unternehmung stilbildend, auch da, wo sie nur an Einzelne gerichtet sind. Als Maxime für die Intervention kann gelten, „Störfälle" als Chancen zu begreifen und Konflikte nicht zu negieren, sondern neu zu definieren, so dass Fronten beweglich bleiben (s. Kapitel 4).

Bei den offenen Konflikten, die sich ergeben, spielt das Verhalten des Lehrers eine wichtige Rolle (vgl. Gordon 1981). Der Lehrer findet hier Zugang zum einzelnen Schüler, muss sein Verhalten aber immer auch gegenüber der Gruppe ausbalancieren. In dieser Rolle ist er wirklich als Vorbild gefordert.

Obwohl sie in Reinform heute teilweise schematisch wirken, sind die Überlegungen von Thomas Gordon (1981) zur Unterscheidung und Regelung von Konflikten immer noch hilfreich. Er betont vor allem das Ernstnehmen der Opponenten, die Authentizität des Vermittlers und die Echtheit des Interesses.

- Die Lokalisation des Konflikts (wer hat das Problem?) hilft bei der Eingrenzung und verhindert die Konfusion der Rollen.
- Seine Vorschläge zum Umgang mit annehmbaren bzw. nicht annehmbaren Verhaltensweisen können immer noch als Anregung für exemplarische Konfliktbearbeitung gelten.
- Sein Modell der wertungsfreien Beschreibung und noch mehr die Kennzeichnung unfruchtbarer Methoden bei der Lösung von Konflikten können eine wertvolle Vorbereitung für die *Mediation* (s. S. 130 ff.) bei Konflikten sein.

Über Gordon hinausgehend sollte man jedoch nicht nur auf die sprachliche „Vermittlung" setzen. Die Vernunft ist manchmal ein schwacher Lenker des Verhaltens. Szenische, symbolische und grafische Darstellungen sowie Spiele mit vertauschten Rollen können die fremde Perspektive und deren Verständnis wie das auf die Person bezogene Lernen fördern. Der Konflikt soll nicht abgewehrt oder verharmlost, sondern als Chance für das Aufbrechen von Stigmatisierungen, Rollengrenzen und Abgrenzungen umgedeutet und zur Bildung von Rücksichtnahme und Toleranz genutzt werden.

Eine Frage pädagogischen Fingerspitzengefühls und der richtigen Einschätzung bleibt es aber wohl immer, ob man auch latente Konflikte zur Sprache bringt und explizit bearbeitet.

Erfahrungsgemäß erreicht man auf Klassenfahrt schöne Erfolge im Zusammenleben von Schülern und Lehrern, die aber dem Routinedruck der Schule nicht automatisch standhalten. Deshalb sollte man wie auch bei den Formen selbstständigen Lernens immer an eine Fortführung des Erreichten denken. Eine rein inhaltliche Nacharbeitung gewährleistet keine Nachhaltigkeit der personalen Erfolge, die während einer Klassenfahrt erreicht wurden.

Beispiele für pädagogisch schwierige Situationen

Die folgenden keineswegs trivialen Beispiele für pädagogisch schwierige Situationen auf Klassenfahrten können dazu dienen, sich schon vorab über Strategien für das eigene Vorgehen klarer zu werden.

Nachdem sich im Schullandheim einer 7. Klasse schon Probleme zwischen dem Lehrer und der Klasse wegen der Durchführung des geplanten Programmes ergeben haben und die Atmosphäre deswegen gespannt ist, ereignet sich ein neuer Zwischenfall: Eine Schülerin überredet ihre Freundin, die nicht genug Geld dabei hat, den benötigten Labello-Stift im Supermarkt mitgehen zu lassen: „Meine Freundinnen machen das alle so". Die Schülerin wird erwischt und es kommt zur Strafanzeige.

Beim Landschulaufenthalt des 13. Jahrgangs auf einer abgelegenen Hütte mitten in einem Skigebiet betrinkt sich ein Schüler, der wohl weiß, dass er den erfolgreichen Abschluss nicht geschafft hat. Mitschüler warnen den Lehrer, dass der Schüler auf keinen Reiz mehr anspricht.

Am Tisch mäkelt die Klasse regelmäßig über das Essen, das von den Lehrern als „schmackhaft" angesehen wird. Ein Schüler äußert sich abfällig über die Suppe und spuckt in den gemeinsamen (vollen) Suppentopf.

Auf der Studienfahrt nach Rom wird der Zug an der italienischen Grenze von Beamten der Rauschgiftfahndung überprüft. Ohne dass etwas entdeckt wird, erkennen Sie an der Reaktion der Schüler, dass Ihre Schüler „Stoff" mit sich führen.

Ein Schüler „aus gutem Hause" mit Neigung zum Einzelgängertum beleidigt mehrmals und auch nach Verwarnung Personen, die freiwillig und ohne Bezahlung eine Führung für die Klasse übernehmen, indem er sie duzt und als „Kerl" tituliert.

Sie fahren auf der dreitägigen Klassenfahrt mit der 10. Klasse Kajak und zelten am Wasser. Bereits am ersten Tag regnet es und es wird kalt.

Zwei Schüler der 9. Klasse, die Sie von der Teilnahme an einer Wanderung befreit haben, sind alleine in der Unterkunft geblieben. Während Ihrer Abwesenheit haben sie sich vom Haus entfernt und sind an einer nahen Bergwand klettern gegangen. Ein Schüler hat sich so weit verstiegen, dass er von einem Hubschrauber, den sein Kamerad alarmiert hat, unterkühlt aus der Wand geholt werden muss.

Beim Belegen der Mehrbettzimmer (Bettenzahl war vorher nicht bekannt) stellen Sie fest, dass eine Schülerin ganz offensiv von allen weiblichen Gruppen ausgeschlossen wird. Auch Kameradinnen, denen das zu weit geht, trauen sich nicht, ihr zu helfen, weil sie fürchten, sonst ihrerseits von der dominanten Gruppe ausgeschlossen zu werden.

6. Navigationshilfe für die Organisation von Klassenfahrten

Planung

Durch die gemeinsame Planung werden wesentliche Züge der Unternehmung geprägt. Planungshilfen:

- Für die Entscheidungsfindung eignet sich das Verfahren „Prioritäten setzen" (s. S. 169 ff.).
- Möglich ist auch, dass ältere Schüler (Tutoren) für Schüler der Eingangsklassen planen. Schulfahrten werden so Teil einer guten Schulkultur.

Vorgehen

- In der Reihenfolge des planerischen Vorgehens liegt schon ein pädagogisches Credo: Beginnt die Planung mit der Elternkonferenz oder mit der Klasse?
- Wer ist für die Auswahl von Programmpunkten, Projekten, Unternehmungen, Erstellung von Wochen- und Tagesplanungen zuständig? Welche Vorbereitungen können auf die Schüler übertragen werden?
- Welche Alternativplanungen müssen wegen des Wetters vorgehalten werden?

Hinweis: Kommerzielle Schulreiseveranstalter können eine Menge Arbeit abnehmen im Hinblick auf das Organisatorische und die Gegebenheit vor Ort. Sie wissen auch oft, wie ländertypische Ermäßigungen zu erhalten sind.

Das leitende Team

Ein heikles Thema ist die Zahl der Begleitlehrer. In diesem Zusammenhang sollte daran gedacht werden, dass Klassenlehrer bei längeren Aufenthalten auch Erholungsphasen brauchen. Eltern als Begleiter? Folgen für das Kind? Zusammenarbeit? Beziehungsprobleme? Reicht *Goodwill* oder muss Professionalität sein?

Orte

Von Jugendherbergen, Zelten, Selbstversorgungshäusern bis zu Bauernhöfen ist alles denkbar. Die Vorauswahl lässt sich am besten mit Hilfe eines Brainstormings treffen. Überlegt werden muss in diesem Zusammenhang auch, welche Ausstattungen für die weiteren Unternehmungen benötigt werden.

Checkliste für das organisatorische Vorgehen in der Schule

- Beschluss der Gesamtlehrerkonferenz über das außerunterrichtliche Programm herbeiführen,
- Zustimmung der Elternvertreter sicherstellen,

- Genehmigung durch Schulleitung einholen,
- Absprachen mit Kollegen und Parallelklassen treffen, verfügbare Mittel eruieren,
- Termin klären,
- pädagogische Ziele bekannt geben (z. B. in der Klassenkonferenz),
- sich der Unterstützung erfahrener Kollegen versichern,
- Wünsche der Teilnehmer in konkrete Planung umsetzen, Realisierbarkeit prüfen
- konkrete Planungen und Aufgaben verteilen.

Checkliste für weitere organisatorische Details
- frühe Kostenabsprache mit den Eltern treffen,
- Zustimmung der Eltern einholen,
- Transportmittel klären,
- Dauer klären (sollen auch unterrichtsfreie Tage einbezogen werden?),
- sich in Bezug auf Rechtliches (Aufsichtspflicht) kundig machen,
- klären, ob Krankheiten von Schülern oder Ernährungsbesonderheiten zu berücksichtigen sind,
- Unterbringung organisieren (Mädchen, Jungen, Lehrer),
- Fragen der Zimmerverteilung klären (dies verhindert präventiv viele Konflikte).

C Weitere außerschulische Unternehmungen

1. Ideenbörse

Hier eine Auswahl möglicher Schwerpunkte und Ausrichtungen außerschulischer Veranstaltungen unterschiedlicher Dauer.

Lernen vor Ort

Methoden/Schüleraktivitäten:
- Erstellen eines Reiseführers,
- Stadterkundung als Spiel mit spezifischen Aufgaben (s. S. 179 f.),
- Erkunden eines Standorts mit vorbereitetem Material; z. B. geographisch-geologische Standortserschließung mit Themenbereichen wie Siedlungsformen, Stadtentwicklung, Landschaftsformen, Gewässer, Natur und „Kultur",
- Eröffnen kultureller Zugänge: Sozialstrukturen erforschen, Befragungen durchführen...,

- historische Standorterschließung, z. B. steinerne Zeugen, Klöster und Burgen aufsuchen, Architektur und Lebensformen in Zusammenhang bringen,
- Besuch in Institutionen: Leben im Altenheim, in Krankenhäusern...

Reisen

Unterwegs-sein, z. B.:
- wandernd, Rad fahrend, mit dem Planwagen, mit Stadtbahnen,
- subjektive Wahrnehmungseindrücke sammeln (Erlebensprotokoll) und kommunizieren, Reisetagebücher führen usw.

Sport und Spiel

- „Outdoor"-Sportarten: Kajak- oder Kanuwandern, Mountainbiking, Reiten, Fahrradfahren, Klettern, Skifahren, Orientierungslauf (s. S. 179f.),
- strukturierte Erfahrungsangebote: Segeln, Flößen,
- alternative Sport- und Bewegungstage,
- Aufenthalte mit Selbstversorgung,
- New Games, Interaktionsspiele

Kulturelles Schaffen

- ein Zirkusprojekt oder Zirkustage erarbeiten,
- Revuen (z. B. 20er-Jahre), Theaterszenen oder szenische Improvisationen erarbeiten und aufführen,
- eine Fotoausstellung zu einem Thema erstellen,
- Videofilme drehen (auch als Dokumentation der Reiseaktivitäten),
- Hörspiele oder Thriller schreiben und aufführen,
- produktive Gestaltung von Literatur an geeigneten Orten (Inszenieren von Texten an Originalorten), literarisches Event, Literatur er-fahren,
- künstlerische Gestaltungen: Arbeiten mit Ton oder anderen Materialien, Naturkunstwerke schaffen (Land-Art, Masken und andere Bildzeugnisse).

Aufgaben in Natur und Umwelt

- Ökosysteme: Kartierungen, Untersuchungen von Lebensräumen (Hecken, Bäche usw.),
- Untersuchungen zu Klima und Kleinwetterlage,
- Energie und Ökologie: z. B. Solarenergie (von einer technischen über eine künstlerische bis hin zur kulinarischen Bearbeitung des Themas).

Museen als Lernorte einbeziehen!

Musik, Theater, Tanzen

- Projekte evtl. in Zusammenarbeit mit Schauspielern und kleinen Kulturinstitutionen wie Musikschulen, Kleintheatern, Pantomimengruppen usw. durchführen.

2. Exkursionen

Es liegt nahe, dass Exkursionen oft von einem Anliegen des Fachunterrichts ausgehen. Experimentell, theoretisch oder über Medien erworbenes Wissen soll sich in der Wirklichkeit bewähren, sie aufschließen und durch sie erweitert werden. Es sollte aber keine Scheu bestehen zu zeigen, dass schulisch abstrahiertes Wissen nicht immer bruchlos in der größeren Komplexität wirklicher Zusammenhänge aufgeht. Das schulische Denken erweist sich dadurch nicht als wirklichkeitsfremdes Lernen, sondern es wird gezeigt, dass viele Zusammenhänge eben nicht beliebig didaktisch reduzierbar sind, dass schulisches Lernen vor allem Werkzeuge und nicht immer fertige Lösungen präsentieren kann (vgl. Dörner 1992).

Mögliche Ziele und Anliegen von Exkursionen

Allgemeines Ziel von Exkursionen ist es, fachverbindendes und fachüberschreitendes Vertiefen von Fachinhalten vor Ort zu ermöglichen.

- *Medienbranche:* Zeitungsredaktionen, Zeitung (in) der Schule, Verlage, Werbeateliers, Funkhäuser, Medienproduktionsstätten, Fotobearbeitungs-Werkstätten, Filmateliers, Multimedia- und Internetbranche (Beteiligung an Produktionen oder Eigenproduktion),
- *Theater* (Besuch einer Aufführung, Blick hinter die Kulissen),
- *Besuch demokratischer Institutionen:* Parlamente, Stadt- und Kreistage, (Jugend-)Gerichte (Verfolgen von Beschlussfassungen),
- *Verkehrseinrichtungen:* öffentlicher Nahverkehr (Verkehrsorganisation, Verkehrslenkung), Fahrradwege, Logistik,
- *technische Ausstellungen, Museen* (als arrangierte Wirklichkeit),
- *Ortstermine von lokaler Bedeutung:* z. B. Neubau einer Messe, Stadtplanungen im weiteren und engen Sinne,
- *Orte von historischer Bedeutung* (z. B. im Fächerverbund lokale Zeugnisse zur Wegmarke geschichtlichen Verständnisses gestalten)
- *Politik und Veranstaltungen öffentlichen Interesses,*
- *Kennenlernen von Institutionen:* Altenheime, Krankenhäuser,
- ...

3. Wandertage

Wenig gesagt werden muss über die wenigen Klassenstufen, bei denen das Wandern mit Grillwurst und Federballspiel im Rucksack ein fröhliches „Hurra" hervorruft. Ansonsten gilt für Wandertage vieles, was oben generell über außerunterrichtliche Unternehmungen gesagt wurde. Wandertage sind oft ein Ventil in angespannter Schulsituation und dienen auch schulorganisatorischen Zwecken (z. B. „Aktion ruhiges Schulhaus" während des mündlichen Abiturs). Umso schwerer ist es, sie sinnvoll zu füllen.

Besonders bei höheren Klassen ist es angebracht, das „Wandern" nicht zu wörtlich zu nehmen und nach kulturellen „Events" in der näheren Umgebung Ausschau zu halten. Auch der „Tag" kann z. B. beim Besuch einer Sternwarte zur „Nacht" werden. Es muss auch nicht immer hedonistischen Zielen gefrönt werden. Längst ist „fun" und Vergnügen nicht mehr das oberste Ziel, nach dem Jugendliche streben.

Generell kann hier der Rat gegeben werden, die Feuilletons und Veranstaltungskalender der größeren Tageszeitungen rechtzeitig zu durchforsten. Es lohnt sich auch, frühzeitig darüber nachzudenken, ob sich der Wandertag zusammen mit einem Kollegen nicht auch zu einer Exkursion umfunktionieren lässt.

Auch kann die klassische Organisationsform „klassengebundenes Wandern" durch ein interessengebundenes Angebot aufgelockert werden.

Eine alternative Organisationsform wäre z. B. eine *Schulreise,* für die die ganze Schule eine Museumsbahn bucht. Der Zustieg und Ausstieg wird dabei an verschiedenen Haltepunkten mit unterschiedlichen Programmpunkten für verschiedene Altersstufen vorgesehen. Eine solche Aktion fördert sowohl die Identifikation mit der ganzen Schule wie auch das Kennenlernen der Schüler untereinander.

Auf die gleiche Weise könnten im Winter so *Wintersporttage* mit allen möglichen Wintersportbetätigungen – vom Skifahren über Schlittschuhlaufen bis zum Saunieren in Erlebnisbädern – organisiert werden.

Und hier noch eine etwas abseitige Idee: Wie könnte eine *virtuelle Wanderung* aussehen?

4. Spiele – wichtiger Bestandteil außerschulischer Veranstaltungen

Sie sind ein zentraler Programmpunkt bei außerunterrichtlichen Veranstaltungen. Spiele können sich frei und spontan ereignen oder auch gezielt eingesetzt werden, manche brauchen einen Spielgestalter. Im „Rucksack" sollten unterschiedliche Spiele sein:

- Interaktionsspiele,
- Improvisationsspiele,
- Planspiele,

C Weitere außerschulische Unternehmungen

- Gesellschaftsspiele,
- Geländespiele,
- Stadtspiele,
- ...

Als Beispiel sei hier ein Orientierungslauf mit inhaltlichen Aufgaben skizziert:

Orientierungslauf/Stadtlauf alle Klassen

Material: Karten, Karten mit Aufgaben...
Dauer: etwa ein halber Tag

Als Beispiel wird nachfolgend ein knappes Planungsraster für einen Orientierungslauf/Stadtlauf mit inhaltlichen Aufgaben skizziert: Je nach der Qualität der Aufgaben kann diese Form der spielerischen Erkundung auf allen Stufen eingesetzt werden. Wichtig ist nur, dass die Schüler durch die Aufgaben ihre neue Umwelt aufmerksam und intensiv wahrnehmen. Während bei jüngeren Schülern evtl. einfache Suchaufgaben im zeitlichen Wettbewerb gewählt werden, können in der Oberstufe anspruchsvolle architektonische, soziale oder ökonomische Untersuchungen und Befragungen durchgeführt werden, wobei der Wettbewerb zugunsten von Kooperation in den Hintergrund tritt.

Die Grundstruktur des Orientierungslaufs/Stadtlaufs besteht einerseits naturgemäß in der Orientierung bzw. im Erschließen des fremden Raumes, andererseits aber auch in den Aufgaben, die an Stationen oder in Institutionen oder Plätzen zu erfüllen sind.

Wenn der Orientierungslauf in der Natur stattfindet, sind natürlich andere Themen bedeutsam als in der Stadt.

Entsprechend der Ausrichtung des Laufs müssen Vorentscheidungen getroffen werden über:

- die Sinnrichtung des Laufs,
- die Art der Gruppenbildung/Einstimmung,
- die Routenplanung/Routenwahl, die Orientierungsunterlagen (Karte, Kompass, Wegbeschreibungen, Notizen usw.),
- die zugelassenen Fortbewegungsarten (Verkehrsmittel, Laufarten),
- Wettspiel auf Zeit oder Spiel mit Belohnungen/Siegerehrung.

Einige Anregungen für Gestaltung der Stationen und Aufgabenwahl:

- Historische Stationen mit Aufgaben
- Einfühlung in vergangene Lebenswelten
- Sensorische Ratespiele
- Ökologische Zusammenhänge
- Sportliche Wettkämpfe
- Raten und schätzen
- Angewandte Mathematik

Für die weitergehende Beschäftigung sei auf die grundlegende Spiel-Literatur verwiesen. In den meisten Schulbibliotheken vorhanden und als vielseitige Anregung geeignet sind:

Friedrich Verlag (Hrsg.): Spielzeit. Spielräume in der Schulwirklichkeit. Jahresheft 8. Seelze 1995 (Hier finden sich weitere Literaturangaben zum Thema Spiel.)

Böttger, G., Reich, A.: Soziale Kompetenz und Kreativität fördern. Spiele und Übungen für die Sekundarstufe I. Berlin 1998

Vopel, K.: Interaktionsspiele für Jugendliche. (4 Bde.) Hamburg 1981

Literatur

Böhm, Th.: Der kleine Schulrechtsführer. Lichtenau 1994

Bundesministerium für Familie, Senioren, Frauen und Jugend: Zehnter Kinder- und Jugendbericht. Bonn 1998

Bundesverband der Unfallversicherungsträger der öffentlichen Hand e. V. (BAGUV) (Hrsg.): Mit der Schulklasse unterwegs. Sicherheitsratschläge für Unterrichtsgänge, Exkursionen, Wanderungen, Klassenfahrten und Heimaufenthalte. (Die Broschüre ist zu beziehen über den in den Bundesländern jeweils zuständigen Versicherungsträger.)

Deutsches Jugendherbergswerk (DJH) (Hrsg.): Klassen Mobil. (Jährlich erscheinende Broschüren mit Reiseangeboten, anzufordern beim DJH.)

Dörner, D.: Die Logik des Misslingens. Strategisches Denken in komplexen Situationen. Reinbek 1992

Fend, H.: Der Umgang mit Schule in der Adoleszenz. Aufbau und Verlust von Lernmotivation, Selbstachtung und Empathie. Bern u. a. 1997

Goleman, D.: Emotionale Intelligenz. München, Wien 1996

Gordon: Th: Lehrer-Schüler-Konferenz. Reinbek 1981

Gudjons, H.: Klassenfahrten. In: Pädagogischer Zeitschriftenverlag-Ratgeber 1998

Haffke, J. (Hrsg.): Klasse in Fahrt. DJH-Tipps für Schulfahrten. Detmold

Pröbstl, U.: Natur erleben – Natur bewahren. Pädagogische Fachbroschüre zur Gestaltung schulischer Skiwochen in den Alpen. Weilheim 1991

Themenheft: Anders lernen, Pädagogik 7-8/1998

Ulrich Abele

Kapitel 7
Mit Eltern arbeiten – Eltern arbeiten mit

Eltern und Lehrer messen in Umfragen der Zusammenarbeit zwischen Schule und Elternhaus eine wesentliche Bedeutung bei (vgl. Martin 1996). Zu dem Wunsch nach Zusammenarbeit gesellt sich aber oft die Skepsis, die jeweils andere Seite wolle zu viel Einfluss nehmen. Oft stehen daher Verhaltensstrategien im Vordergrund, die eine offene Auseinandersetzung vermeiden. Lehrer gehen z. B. einer Konfrontation mit den Eltern gerne aus dem Weg, weil sie Retourkutschen fürchten. Und Eltern scheuen den offenen Konflikt mit dem Lehrer, auch wenn sie sich über ihn geärgert haben, weil es sonst vielleicht das Kind auszubaden hat. Wenn es den Beteiligten aber gelingt, die Zusammenarbeit zu strukturieren, einen Interaktionsprozess in Gang zu bringen und dabei für Vertrauen und Respekt zu sorgen, werden sowohl Eltern als auch Lehrer von dieser Zusammenarbeit profitieren.

Wie kann ein Lehrer die Eltern zur Mitarbeit bewegen? Wie können Lehrer und Eltern ihren Anliegen auf demokratische Weise Gehör verschaffen? Wie kommt eine vernünftige und vertrauensvolle Zusammenarbeit zustande? Wie lässt sich verhindern, dass Inhalte der Elternabende ausufern? Auf diese Fragen soll im Folgenden eingegangen werden.

A Gestaltung eines Klassenelternabends

Flugzeuge und Supertanker brauchen den Löwenanteil der Energievorräte für den Start. Ähnliches gilt für die Beziehungen zwischen Eltern und Lehrern. Wenn es uns gelingt, die ersten Kontakte mit den Eltern gut zu gestalten, laufen die weiteren Aktivitäten und die Zusammenarbeit reibungsloser. Dies sollte für uns Lehrer Grund genug sein, Elternabende sehr genau vorzubereiten – als Investition in eine gute gemeinsame Zukunft.

1. Planung

Zur Vorbereitung eines Klassenelternabends kann der folgende Fragenkatalog (im Sinne der Themenzentrierten Interaktion nach Kroeger 1983) bearbeitet werden. Es empfiehlt sich, die Planungsschritte und -inhalte in Stichpunkten zu notieren.

Dies mag zunächst sehr aufwendig erscheinen. Wenn Sie die Planung in dieser Form aber öfter durchgeführt haben, reduziert sich der Zeitbedarf erheblich. Die Elternmitarbeit lässt sich am schnellsten verbessern, wenn wir die Routine-Elternabende genau planen und strukturieren. Mit genügend Erfahrung und etwas Fingerspitzengefühl sind wir dann auch schwierigeren Situationen gewachsen.

Nicht alle der folgenden Fragen haben in allen Jahrgangsstufen die gleiche Relevanz. Bei der Vorbereitung spielt es natürlich auch eine Rolle, ob wir die Eltern bereits kennen oder ob wir es mit einer neuen Klassenelternschaft zu tun haben.

1. Wann soll der Elternabend stattfinden, wie lange soll er dauern?

- Zeitumfang: empfehlenswert ist eine Dauer von anderthalb bis höchstens zwei Stunden.
- Zeitstruktur: mindestens 50 Prozent der Zeit sollten für Gespräche eingeplant werden, die restliche Zeit für Sammeln bzw. Weitergeben von Informationen.

Bedenken Sie, dass die Eltern am Abend genauso müde sind wie Sie. Lassen Sie sie deshalb möglichst nicht länger als zehn Minuten passiv zuhören. In dieser Zeit lässt sich meist über alles Wichtige informieren – mehr behalten die meisten Zuhörer ohnehin nicht. Größere Informationsmengen sollten schriftlich vorbereitet werden (s. u.).

2. Welche Informationen über meine Wahrnehmungen in der Klasse und andere Sachverhalte will ich an die Eltern weitergeben?

Diese Informationen können z. B. folgende Punkte betreffen:

- Bereitschaft zur Mitarbeit,
- Wissensstand,
- soziale Kontakte und Umgang miteinander, Gruppenbildungen,
- Geschlechterverhältnis,
- Pünktlichkeit, Ordnung im Klassenzimmer, Vergesslichkeit,
- Anfertigung der Hausaufgaben,
- Vorhaben und Termine (Wandertage, Klassenfahrten, Anschaffungen...).

Es empfiehlt sich, genau zwischen möglichst objektiver Wahrnehmung und eigener Interpretation zu unterscheiden. Allzu subjektive Bewertungen bewirken meist eine Emotionalisierung der Diskussion, vor allem wenn sie negativ gefärbt sind. Es ist auch sinnvoll, eine Unterscheidung vorzunehmen zwischen den Punkten, die Sie mitteilen wollen, und denen, die diskutiert werden sollen.

3. Welche Informationen möchte ich von den Eltern bekommen?

Dies können sein:

- Rückmeldungen über evtl. auftretende Symptome von Stress und Ängstlichkeit,
- Informationen darüber, wie sich die Schüler in der Schule und in der Klasse fühlen,

A Gestaltung eines Klassenelternabends 183

- Auskünfte zum Elternverhalten bei Hausaufgaben,
- Hinweise zu Medienkonsum, Spielverhalten, Freizeitgewohnheiten und zu Terminen am Nachmittag.

Achten Sie darauf, die persönlichen Intimgrenzen möglichst zu respektieren. Die Eltern kennen einander nur teilweise und legen keinen gesteigerten Wert darauf, über ihre Familiengewohnheiten (Fernsehen, ehrgeizige Sport- bzw. Musikambitionen usw.) haarklein zu berichten, geschweige denn sie zur Diskussion zu stellen. Auch bei etwaigen Spielen zum Kennenlernen (s. S. 16 ff.) müssen die persönlichen Grenzen und Hemmungen mitbedacht werden.

4. Wie kann eine effektive Informationsweitergabe stattfinden?

Hilfsmittel können hier sein:

- Tischvorlage,
- Folie mit wichtigen Terminen und Informationen zum Mitschreiben,
- schriftliche Informationen für alle Eltern,
- Fragebogen zur Vorinformation über Gesprächsbedarf der Eltern.

Dies spielt auch für die zeitliche Strukturierung des Abends eine große Rolle. Durch eine effektive Weiterleitung von Informationen und eine klare Themenstellung lässt sich Zeit einsparen für die späteren Diskussionen, Gespräche usw. Wenn Sie vorher eine Art Fragebogen zum Elternabend ausgeben, spüren die Teilnehmer zudem, dass ihr Beitrag Ihnen wichtig ist.

5. Was ist mir bei meinen Mitteilungen besonders wichtig, was bei den Mitteilungen der Eltern?

Dies kann sein:

- eigene Wünsche und Bedürfnisse, die mit den Informationen zusammenhängen,
- Weisungen, die ich als Lehrer erfülle,
- persönliches Interesse am Leben der Schüler.

Sie sollten bei Bedarf in der Lage sein, Ihr eigenes Interesse klar zu benennen. Es kann für Eltern ungemein beruhigend sein, wenn wir unser Interesse am Leben heranwachsender Schüler sachlich begründen.

Äußerst wichtig ist, den Eindruck zu vermeiden, die Schule wolle die Eltern kritisieren oder gar maßregeln. Da jeder versucht, in der Öffentlichkeit sein Gesicht zu wahren, erzeugt ein solcher Argwohn rasch eine gereizte Stimmung. Wenn wir Eltern kritisieren müssen (oder dies zumindest glauben), sollten wir das Einzelgespräch suchen.

6. Wie stehe ich zu den Schülern dieser Klasse?

Hierzu empfiehlt sich eine Imaginationsübung mit geschlossenen Augen:

- Vorstellen eines Schülers, zu dem ich eine sehr positive Einstellung habe.
- Vorstellen eines Schülers, zu dem ich eine neutrale Einstellung habe.
- Vorstellen eines Schülers, zu dem ich eine negative Einstellung habe.

Diese Imagination dient ausschließlich unserer eigenen Vorbereitung. Auf keinen Fall sollten wir davon etwas verlauten lassen. Interessanterweise hilft diese Imagination oft, Schüler besser zu verstehen und wahrzunehmen. Sie können dann objektiver über die Vorkommnisse in der Klasse berichten und einzelnen Schülern in der Diskussion gerechter werden.

7. Wie stehe ich zu den Eltern dieser Klasse?

Je besser Sie die Eltern schon kennen, desto konkreter können Ihre Vorstellungen werden. Aber auch bei noch Unbekannten sind einige Imaginationen möglich, z. B.: Wie stelle ich mir die Eltern von ... vor?

8. Wie stehen die Eltern zueinander?

Wenn Sie „Ihre" Eltern schon ein wenig kennen, können Sie sich auf möglicherweise auftretende Meinungsunterschiede, Koalitionen oder Bündnisse vorbereiten. Auch ein Blick in den Schülerbogen kann Ihnen hierzu Auskünfte geben: Welche Eltern wohnen räumlich nah beieinander, welche Kinder waren zusammen im Kindergarten, in der Grundschule usw.

9. In welchem Umfeld findet der Abend statt? Wie kann sich dies auswirken?

In der Regel finden Elternabende im Klassenraum statt. Manchmal gibt es Alternativen, z. B. Musiksaal, Versammlungsraum usw.

Folgende Vorbereitungen empfehlen sich:

- Aufstellen eines Stuhlkreises, so dass sich alle Teilnehmer beim Sprechen anschauen können. Auf Tische sollte möglichst verzichtet werden (Barrierenbildung).
- Schön wirkt eine große Vase mit einfachen Blumen oder Zweigen als Blickfang in der Mitte.
- Auch Dekorationen der Schüler können zu einer freundlichen Gestaltung des Raumes beitragen und zudem erste Gesprächsanlässe bieten.
- Wenn sich die Eltern noch nicht kennen, sollten Pappkärtchen und Filzstifte bereitgelegt werden.

Suchen Sie sich den heimeligsten Raum in der Schule, den Sie bekommen können. Wenn Sie aus bestimmten Gründen nicht auf Tische verzichten wollen, können Sie diese zugleich nutzen, um Getränke bereitzustellen (Tee, Wasser, Saft...). Alle fühlen sich bewirtet und dadurch friedlicher gestimmt. Sollten die Kosten drücken, kann ja um einen freiwilligen Obolus gebeten werden.

A Gestaltung eines Klassenelternabends

Bei allen Aktivitäten zur angenehmen Gestaltung des Umfeldes sollten Sie behutsam vorgehen und den gewohnten Rahmen Ihrer Schule (und der Eltern Ihrer Schüler) nicht allzu abrupt verlassen. So wäre vielleicht in einem nüchternen mathematisch-naturwissenschaftlichen Gymnasium ein Elternabend mit Blumen, Saft und Knabbergebäck so ungewöhnlich, dass Eltern und Kollegen eher argwöhnisch reagieren würden.

10. Wie könnten die Eltern zu meinen Mitteilungen stehen?

Um hierauf eingestellt zu sein, können Sie sich

- eine positive, eine neutrale und eine negative Meinung vorstellen,
- vorab überlegen: Wie kann ich auf negative Äußerungen akzeptierend reagieren und trotzdem klar Position beziehen?

Dazu ein Beispiel: Eine Klasse hatte sich eine Abschlussfahrt nach Hamburg gewünscht. Ein Vater, der arbeitslos war, hatte bereits seinen Widerstand angekündigt. Auch für mindestens drei weitere Familien – so ließ sich annehmen – wären die Kosten für diese Fahrt ein Problem. Es musste daher vorab überlegt werden, wie eine Lösung diskutiert werden konnte, die auch diesen Eltern gerecht würde.

11. Was könnte die Eltern besonders interessieren?

Dies lässt sich z. B. in Erfahrung bringen

- durch die Vorbereitung eines Fragebogens,
- indem zu Beginn in einer Runde die Erwartungen gesammelt und auf Tafel oder Flipchart notiert werden.

Wichtig ist, dazu eine Zeitplanung zu erstellen und Unwichtiges zuerst zu erledigen. Sorgen Sie hierbei für Transparenz und sagen Sie den Eltern, dass wichtige Themen viel Raum erhalten sollen und deshalb zuerst weniger Wichtiges erledigt wird.

Das richtige Setzen von Schwerpunkten erleichtert die Arbeit erheblich. Deshalb sollten die Interessen der Eltern möglichst genau erfragt werden.

12. Wie kann ich meine Ziele konkretisieren und strukturieren?

Wichtig ist in diesem Zusammenhang:

- Notieren der geplanten Ziele des Elternabends
- Überlegen: Ist ein Vortrag notwendig? Welche Informationen sollen in den Vortrag, welche in eine Tischvorlage bzw. in die Diskussion?
- Formulieren eines Themas für den Elternabend (Beispiele s. S. 190)
- Notieren der Strukturplanung auf Folie oder Flipchart

Als Gesprächsleiter sind Sie Hüter des Themas. Intervenieren Sie, wenn Beiträge das Thema verlassen. Das festgelegte Thema erlaubt ein diplomatisches Vorgehen ohne Abwürgen eines Beitrages.

Klarheit über die eigenen Bedürfnisse und Ziele erlaubt es, während des Elternabends ganz auf die Teilnehmer zu achten.

13. Wie kann ich den Ablauf so gestalten, dass wir in der verfügbaren Zeit fertig werden?

Wichtig ist hierfür,

- eine Zeitplanung vorzugeben und aufzuschreiben,
- die Zeitplanung von der Gruppe bestätigen zu lassen.

Als Gesprächsleiter sind Sie auch Hüter der Zeit. Wenn sich Zeitknappheit bemerkbar machen sollte, können Sie auf die getroffene Zeitvereinbarung hinweisen und vorschlagen, bei wirklichem Bedarf eine neue Zeitbegrenzung zu vereinbaren. Meist wird den Anwesenden die fortgeschrittene Stunde in diesem Moment bewusst und alle fassen sich deutlich kürzer.

14. Mit welchen Störungen und Schwierigkeiten ist evtl. zu rechnen?

Vorüberlegungen hierzu können sein:

- Welche sachlichen Bearbeitungsmöglichkeiten gibt es?
- Welche Möglichkeiten gibt es, widersprüchliche Ansichten zu verbinden?
- Wo sind meine Grenzen der Akzeptanz? Wann und wie muss ich mich klar abgrenzen?

Störungen und Konflikte machen Angst und jeder hat seine eigene Strategie, dieser Angst auszuweichen. Wer aber die Störungen schon gedanklich vorwegnimmt, kann sich im Vorfeld Lösungsstrategien überlegen und behält im Krisenfall den klaren Kopf.

2. Durchführung

Der mögliche Verlauf eines Elternabends soll am Beispiel eines Klassenelternabends der 5. Klasse eines Gymnasiums (Anfang Oktober) dargestellt werden. Das Thema dieses Abends kann z. B. lauten: *Erfahrungsaustausch zum Schulwechsel unseres Kindes*. Die Vorüberlegungen zu diesem Thema können sein: Welche Gefühle begleiten die Eltern nach den ersten vier Wochen ihrer Kinder am Gymnasium? Egal ob Ängste, Misstrauen oder zuversichtliches Abwarten: wir können davon ausgehen, dass sie primär Sicherheit und Vertrautheit gewinnen wollen.

Schon die Formulierung des Themas sollte auf die Wichtigkeit der Kommunikation miteinander hinweisen. Vielleicht lassen sich damit auch eventuelle Dauerredner unter den Eltern und Kollegen bremsen. Der erste Elternabend sollte die Basis der Zusammenarbeit zwischen Eltern und Schule werden. Geplante Dauer: ca. 90 Minuten.

A Gestaltung eines Klassenelternabends

1. Begrüßung und Miteinander-Bekanntmachen (ca. 5 Minuten)
- Die Eltern nehmen im Stuhlkreis Platz.
- Namensschilder können von den Eltern mit Filzstift beschriftet und vor den Füßen aufgestellt werden.
- Das Thema des Abends steht groß an der Tafel.

Gruppendynamische Kennenlernspiele würden einen höheren Zeitaufwand erfordern und vielleicht einige Teilnehmer eher abschrecken. Für gruppengewohnte Eltern finden Sie hierzu Vorschläge auf Seite 190 f.

2. Äußerungen zur Fragestellung: Was bringe ich mit an ersten Erfahrungen mit meinem Kind in der neuen Schule? Welche Themen möchte ich heute hier behandeln? (ca. 15 Minuten)

Hierzu sollten
- Äußerungen an der Tafel/Flipchart gesammelt werden (möglichst schon gegliedert nach Informationsbedarf/Diskussionsbedarf, s. u.),
- eine Aussprache oder Diskussion in dieser Phase verhindert werden.

Wichtig ist hierbei, dass jeder gehört wird und sich mit seinem Anliegen respektiert fühlen kann. Die oben genannte Fragestellung kann auch Bestandteil eines Fragebogens sein, der im Vorfeld an die Eltern weitergegeben wird. Dann kann die Themenliste im Vorhinein zusammengestellt werden. Aber auch in diesem Fall ist es wichtig, die Eltern noch einmal zu bitten die Themenliste ggf. zu ergänzen.

3. Strukturierungsvorschlag: Trennung der Themen nach Informationsbedarf und Diskussionsbedarf

Schätzen Sie bei dieser Strukturierung zugleich den etwaigen Zeitbedarf für ein Thema ab. Weisen Sie auf die zeitliche Begrenzung des Abends hin. Es sollten möglichst alle Themen in der vereinbarten Zeit behandelt werden. Falls Sie im Verlauf des Abends bemerken, dass die Wichtigkeit der Aussprache das Zeitlimit sprengt, können Sie unterbrechen, die Teilnehmer auf die ablaufende Zeit hinweisen und mit ihnen eine neue Vereinbarung treffen. Diese Intervention bewirkt oft eine erstaunliche Prägnanz der Beiträge! Und wenn die Eltern und Sie es für wichtig erachten, die Zeitstruktur zu überschreiten, können Sie dies neu vereinbaren.

4. Informations- und Diskussionsteil

Hierzu einige Tipps:
- Je kürzer Sie den Informationsteil halten, desto mehr Zeit bleibt zum eigentlichen Gespräch miteinander (und desto eher kommen alle Beteiligten nach Hause).
- Streichen Sie erledigte Themen auf der Liste durch. So behalten alle den Überblick.

- Prägnanz ist gut, Hektik schlecht. Vielleicht können manche Themen an diesem Abend noch gar nicht endgültig ausdiskutiert werden? Dann könnten Sie einen nächsten Elternabend vorschlagen, der diese spezifischen Themen behandelt. Sie können sich ja bei den Anwesenden rückversichern, dass ein reelles Interesse besteht und ggf. gleich einen Termin vereinbaren.

5. Schluss-Feedback

Hier zwei Vorschläge für abschließendes Feedback:

- *Blitzlicht:* Diese kurze Feedback-Runde kann etwa mit folgenden Worten eingeleitet werden: „Ich würde mir eine kleine Abschlussäußerung von jedem von Ihnen wünschen. Wie geht es Ihnen jetzt mit unseren Ergebnissen und dem heutigen Abend? Ein Wort, höchstens ein Satz genügt." Es empfiehlt sich, dabei einen Gegenstand (Holzkugel, Ball, Filzstift) von Hand zu Hand weiterzureichen. Wer den Gegenstand hat, kann „blitzen", wenn er ihn weitergibt, ist er fertig.
- *Feedback-Plakat:* Die Eltern kennzeichnen mit Klebepunkten ihre Einschätzung des Abends. Dazu wird an der Wand in der Nähe des Ausgangs ein Plakat aufgehängt, z. B. mit der Aufschrift:

Die wichtigen Themen sind behandelt worden: ausführlich – angemessen – nur teilweise – unzulänglich.

Die Atmosphäre war gut – angemessen – noch etwas zu distanziert – nicht zufriedenstellend.

Alle Eltern werden aufgefordert ihre Klebepunkte an den für sie zutreffenden Stellen zu platzieren, während Sie sich diskret abseits halten.

6. Nacharbeit

Es empfiehlt sich, mit den Klassenpflegschaften, Klassenelternsprechern oder sonstigen Verbindungspersonen ein kurzes (auch telefonisches) Nachgespräch nach zwei bis drei Tagen zu führen. Oft ergeben sich aus der Reflexion heraus noch wichtige Aspekte für die künftige Arbeit. Auch ein Nachgespräch mit Kollegen und Schulleitung kann sinnvoll sein. In diesen Fällen ist ein Kurzprotokoll ratsam.

3. Themen formulieren

Wenn wir ein neues Buch zur Hand nehmen, weckt der Titel meist erste Erwartungen, macht uns neugierig auf den Inhalt. Ähnliches geschieht, wenn wir dem Elternabend ein Thema geben. Gute Themen können bewirken, dass die Teilnehmer sich schon vorher Gedanken dazu machen und vielleicht sogar ein wenig gespannt sind auf den Abend.

Ein gut formuliertes Thema ist der Schlüssel zur inhaltlichen Arbeit. Dabei sollte sich das Thema möglichst umfassend darauf beziehen, wozu die Gruppe zusammenkommt oder was ihr bei ihrem Arbeitsprozess weiterhilft: Es sollte Sachauf-

A Gestaltung eines Klassenelternabends

gaben ebenso nennen wie die Bearbeitung von Kommunikationsschwierigkeiten, die Klärung von Beziehungen ebenso wie das Durcharbeiten von Lernstoffen vgl. Langmaack/Braune-Krickau 1989, S. 88f.). Das Thema lässt die einzelnen Personen miteinander ins Gespräch kommen und handeln.

Damit ein Thema wirken kann, bedarf es der Einführung durch den Gesprächsleiter, der es transparent macht und in Beziehung setzt zum Anliegen des Abends. Die Überlegungen zu diesem Einstieg können gar nicht wichtig genug genommen werden. Wenn das Thema und seine Einführung stimmt, gleicht es bald einem anfahrenden Zug, bei dem alle das Reiseziel zum Mitfahren reizt. Themen, die erst wie ein blockierender Zug angeschoben werden müssen und nicht in Gang kommen, stimmen aus irgendeinem Grund (noch) nicht. In diesem Fall sollte der Gesprächsleiter nachforschen, ob es wichtige Anliegen gibt, die noch nicht angesprochen wurden.

Themen formulieren ist eine kreative Tätigkeit, die aber auch Erfahrung und handwerkliches Können erfordert. Hier einige Gesichtspunkte, die bei der Formulierung des Themas berücksichtigt werden sollten und sich auf Grundgedanken der Themenzentrierten Interaktion (TZI) stützen.

Das Thema sollte

- persönliches Erleben ermöglichen oder an solches anknüpfen und es besprechbar sowie verständlich machen,
- auch bei „trockenen" Sachthemen möglichst den persönlichen Bezug herstellen,
- etwas Bekanntes (Anknüpfungspunkt) und etwas Neues, Herausforderndes enthalten,
- offen sein und nicht das Resultat vorwegnehmen,
- die Neugier wecken und kann deshalb auch eine kleine Provokation enthalten,
- zum Experimentieren anregen, zum Probehandeln und Probedenken,
- sprachlich einfach formuliert sein und damit rasch verständlich,
- Interaktion hervorrufen und nicht nur vorgestanzte Antworten, auch wenn es als Frage formuliert ist,
- positiv formuliert sein,
- auch gut zu merken sein,

Das Thema

- belebt, wenn es mehr Verben als Substantive enthält,
- bestimmt durch die Wortwahl, wie tief auf die Problematik eingegangen werden soll,
- ruft Fantasien und Abwehr hervor, wenn es zu schwergewichtig formuliert wird.

(nach Langmaack/Braune-Krickau 1989, Cohn/Farau 1984, Kroeger 1983)

Hier einige Beispiele möglicher Themen für Elternabende:
- Wie können und wollen wir uns kennen lernen?
- Wie helfen wir unseren Kindern leichter zu lernen?
- Unsere Vorstellungen einer Zusammenarbeit zwischen Elternhaus und Schule. Wo ergeben sich Berührungspunkte?
- Die „verflixte 7. Klasse": Wir suchen nach Verfahren, um sie gut zu meistern.

4. Kennenlernspiele

Vorsicht! Kennenlernspiele „müssen passen", d. h., sie sollten keine Irritationen auslösen. Muten Sie den Eltern also gerade am Anfang nicht zu viel zu. Versuchen Sie, Ihr Vorgehen an denjenigen Teilnehmern auszurichten, denen Sie die geringste Flexibilität zutrauen. Für erwartete „Kriseneltemabende" sind lockere Spiele eher ungeeignet, ebenso für sehr große Gruppen.

Am besten eignen sich Kennenlernspiele für themengerichtete „kleinere" Elternabende. Auch als Einstieg für freiwillige Arbeitsgruppen sind sie sinnvoll. Wichtig ist es, vorher den voraussichtlichen Zeitbedarf abzuschätzen.

Eingeführt werden kann ein Kennenlernspiel etwa mit den Worten: „Ich finde es sehr wichtig, dass wir uns möglichst rasch kennen lernen. Ich habe aber ein schlechtes Namensgedächtnis und kann mir Namen am besten merken, wenn ich damit Gesichter und Stimmen verbinde. Darum schlage ich Ihnen ein kleines Kennenlernspiel vor."

Im Folgenden werden drei Kennenlernspiele vorgestellt, die sich für themengerichtete Elternabende eignen.

Spinnennetz

Zeitbedarf: ca. 30 Minuten

Jeder Teilnehmer stellt sich mit drei Aussagen vor:
- mein Name,
- der Name meines Kindes,
- etwas, was mir mein Kind über die neue Schule erzählt hat und/oder eine andere persönliche Aussage.

Der Gesprächsleiter wirft ein großes Woll- oder Schnurknäuel zum ersten Teilnehmer und hält dabei das Fadenende fest. Jeder wirft das Knäuel nun einem anderen Teilnehmer zu und hält den Faden fest, wodurch ein Netz entsteht. Nach dem ersten Durchgang wird das Knäuel zurückgeworfen und der Faden wieder aufgerollt. Hierbei können die Namen wiederholt werden.

Partnerinterview

Zeitbedarf: 8-10 Minuten pro Teilnehmer

Zwei Teilnehmer, die einander möglichst noch nicht kennen, interviewen sich jeweils fünf Minuten zu ihren Namen und beliebigen anderen Punkten (Wohnort, Kinder, Hobbys). Danach stellt jeder in der Gruppe den Partner kurz vor.

Anmerkung: Dieses Spiel erfordert bereits etwas mehr Offenheit und Selbstsicherheit als das „Spinnennetz".

Lebenslauf

Vorbemerkung: Hier handelt es sich um ein Kennenlernspiel, das sich für die Anfangsphase einer Zusammenarbeit kleiner Gruppen vor allem bei pädagogisch-psychologischen Themen eignet, bzw. für Gruppen, die längerfristig an einem Thema arbeiten wollen.

Zeitbedarf: ca. 30 Minuten in Kleingruppen

Material: pro Kleingruppe ein vorbereiteter Spielplan mit so vielen Feldern wie der älteste Teilnehmer an Lebensjahren mitbringt (ungefähr), ein Würfel; pro Teilnehmer ein Setzstein und ein kleines Namensschild

Zunächst werden Kleingruppen zu je vier bis fünf Personen gebildet, die sich um einen Spielplan setzen. Die Spieler teilen sich zunächst mit, wie sie heißen und befestigen das Namensschild an der Kleidung.

Ziel ist es, durch Würfeln zu dem Feld zu gelangen, das dem persönlichen Lebensalter entspricht, und auf dem Weg dorthin auf Fragen zum eigenen Lebenslauf einzugehen. Zu Beginn des Spiels stehen alle Setzsteine auf dem Startfeld. Es wird reihum gewürfelt und die Spielsteine werden entsprechend vorwärts gezogen. Rauswerfen ist natürlich nicht gestattet. Auf jedem Feld – seine Zahl bezeichnet jeweils ein Lebensjahr – ist eine Frage oder ein Arbeitsauftrag notiert, worauf die Spieler nun eingehen können. Alle Tabus und jedes „Nein" zu einer gestellten Fragen werden ohne Kommentar und Nachfrage akzeptiert. Gespräche und Erläuterungen sind erwünscht.

Beispiele für Fragen/Arbeitsaufträge:

- (4 Jahre) Waren Sie im Kindergarten? Wenn ja, wo? An wen erinnern Sie sich noch?
- (5 Jahre) Wen aus Ihrer Kindheit möchten Sie heute einmal wiedersehen?
- (10 Jahre) Setzen Sie einen Ihrer Lehrer (in der Fantasie) auf einen freien Stuhl und sagen Sie ihm etwas, was Sie ihm schon immer sagen wollten.
- (15 Jahre) Was wollten Sie damals werden? Wie könnte es heute sein, wenn Sie diesen Beruf ergriffen hätten?

Anmerkung: Das Spiel erfordert sehr viel Offenheit und muss zum Thema des Abends passen. Gut ist es, wenn sich alle Teilnehmer schon ein bisschen kennen.

B Informieren und beraten

1. Elternsprechtag: Der Nächste bitte!

Welchen Sinn haben Elternsprechtage? Pädagogischer Nahkampf, Massenabfertigung, leidige Pflichtübung in Unverbindlichkeit oder die Chance, auch all jene zu sehen, die sonst nie in die Sprechstunden kommen? Der größte Nachteil von Elternsprechtagen ist die knappe Sprechzeit pro Teilnehmer. Wie sich die Vorteile des Sprechtages nutzen und die Nachteile gering halten lassen, soll Thema dieses Teilkapitels sein. Hierbei geht es z. B. um die Frage: Wie kann der Elternsprechtag ohne lange Wartezeiten der Eltern bzw. Überstunden der Lehrkräfte ablaufen? Vielleicht hilft es, in der Vorstellung einmal die Perspektive zu wechseln. – Falls Sie schulpflichtige Kinder haben, kennen Sie die Sprechtagsituation auch von der anderen Seite. Andernfalls können Sie sich bei den Eltern schulpflichtiger Kinder nach ihren positiven und negativen Erfahrungen erkundigen. Sie können auch versuchen einmal in die Elternrolle zu schlüpfen, indem Sie sich in der Fantasie selbst als Elternteil in Ihrer eigenen Sprechstunde vorstellen.

Eine wertvolle Strukturierungshilfe – das Klassen-Infobuch

Zur Vorbereitung von Elterngesprächen erweist sich das Anlegen eines Klassen-Infobuches als hilfreich, in dem Beobachtungen zu einzelnen Schülern eingetragen werden. Für jeden Ihrer Schüler ist dazu eine bestimmte Anzahl von Seiten vorgesehen. Mit der Zeit ergeben sich Kürzel für immer wiederkehrende Begriffe. Es empfiehlt sich, die Angaben in zwei Rubriken zu unterteilen: wahrnehmbares Verhalten und subjektive Bewertung. So lassen sich Äußerungen gegenüber den Eltern vermeiden wie: „Markus muss sich unbedingt die Grammatikregeln genauer einprägen!"

Dazu ein Beispiel aus der Tagebuchseite für Markus: Mehrfach tauchen gleichlautende Einträge auf, etwa: „M meldet sich und liest HA vor. – M hat HA nur teilweise richtig, weil er die Grammatikregeln noch nicht verstanden hat."

Die Information für die Eltern kann jetzt z. B. lauten: „Ich habe beobachtet, dass sich Markus sehr häufig meldet, um die Hausaufgaben vorzulesen. Das hat mich sehr gefreut. Mir ist aufgefallen, dass er die Grammatikregeln dabei noch nicht sicher beherrscht. Hier könnten wir überlegen, was Sie und ich tun könnten."

Tipps für die Vorbereitung des Elternsprechtages

- Informieren Sie die Eltern darüber, dass der Elternsprechtag in erster Linie für einen allgemeinen Austausch da ist, nicht aber für diffizile Probleme, die längere Zeit erfordern.
- Geben Sie vorher in der Klasse einen Rückmeldebogen aus, aus dem hervorgehen soll, wie viele Eltern kommen. Außerdem sollte die Möglichkeit auf dem Zettel verzeichnet sein, einen ausführlicheren Beratungstermin zu avisieren, da der allgemeine Elternsprechtag nur wenig Zeit für Einzelthemen lässt.

- Hängen Sie eine Besucherliste an die Tür, in die sich Ihre Gesprächspartner der Reihe nach eintragen. Wenn Sie sich an die vereinbarten Gesprächszeiten halten, brauchen die Eltern nicht die ganze Zeit vor der Türe zu warten, sondern können zur vereinbarten Zeit wiederkommen.
- Bitten Sie auf einem Zettel an der Tür, dass Sie von den nächsten Eltern durch Klopfen „erinnert" werden, falls Sie (bzw. Ihre Gesprächspartner) die Gesprächszeit überziehen.
- Sorgen Sie für Sitzgelegenheiten im Abstand von etwas mehr als einer Armeslänge. Dieser natürliche Sicherheitsabstand signalisiert seit jeher: Ich kann mich sicher fühlen. Setzen Sie sich in einem leicht abweichenden Winkel entspannt den Eltern gegenüber.
- Legen Sie sich Ihre Unterlagen zurecht, bauen Sie aber keine „Mauer" vor sich auf! Zu diesen Unterlagen können gehören: Notenbuch, Abwesenheitsliste (Krankmeldungen), Klassenbuch, Ergebnislisten der Klassenarbeiten (evtl. auch diese selbst), Schulbücher, Klassen-Infobuch, Titellisten von Selbstlernhilfen und Lernprogrammen, Adressen von Nachhilfelehrern, Terminkalender und kleine Merkzettel (falls Gesprächstermine vereinbart werden), Schulordnung und ggf. weitere Rechtsvorschriften (z. B. für Klassenfahrten, Skikurse usw.).
- Falls der Elternsprechtag in Ihrem Klassenzimmer stattfinden muss: Zwei zusammengerückte Schultische, eine Tischdecke und evtl. eine Blumenvase schaffen eine angenehmere Atmosphäre und zeigen den Eltern, dass sie willkommen sind.

Tipps für die Gesprächsführung bei Elternsprechtagen

- Achten Sie auf die ersten Sekunden! Freundlichkeit, direkter Blickkontakt, vielleicht ein klein wenig Smalltalk, um das Eis zu brechen... Im Grunde genügt, wenn wir mit Eltern so umgehen wie mit Unbekannten, die wir auf einer Party kennen lernen. Wir müssen weder vor Liebenswürdigkeit zerschmelzen noch kühl-distanziert unser Notenbuch hypnotisieren. Irgendwo zwischen diesen Extremen ist unser Verhalten gleichzeitig echt und achtsam.
- Meist wollen die Eltern wissen, wie sich ihr Sprößling in der Schule verhält. Dies verführt leicht dazu, ein Lehrer-Statement abzugeben, in dem sich Beobachtungen, Bewertungen und Befürchtungen abwechseln. Stattdessen erscheint es günstiger, mit einem Türöffner zu beginnen und die Eltern sprechen zu lassen. Dann können Sie eigene Beobachtungen und Bewertungen ergänzen oder entgegensetzen. Ein solcher Einstieg kann z. B. sein: „Herr X/Frau X, guten Tag. Schön, dass Sie gekommen sind! Welchen Eindruck haben Sie denn im Moment, wie es Petra mit der Schule geht?"
- Versuchen Sie, sachlich, klar und fair zu informieren. Dazu gehört zunächst die möglichst neutrale Beschreibung von schulischem Verhalten und Leistungsmotivation („Petra hat seit Ostern insgesamt dreimal die schriftliche Hausaufgabe nicht angefertigt"). Als Nächstes können die möglichen Folgen für den Schüler bzw. Eltern oder Lehrer benannt werden („Weil ich noch keinen Übungsaufsatz von Heinz gelesen habe, kann ich ihm – und Ihnen – gar nicht sagen, ob er fit

für die Klassenarbeit ist"). Und schließlich sollten auch die eigenen Gedanken und Gefühle zum Ausdruck kommen („Dass Paul immer neue Begründungen dafür liefert, keine Hausaufgaben zu haben, fängt an mich zu ärgern!"). Folgen und Gedanken/Gefühle können sich auch in einer Befürchtung äußern („Wenn Beate die Vokabeln von Lektion 7 nicht genauer lernt, befürchte ich, dass sie bei der Klassenarbeit viele Fehler machen wird").

- Beenden Sie das Gespräch rechtzeitig, z. B. indem Sie weitere Möglichkeiten des Kontaktes anbieten, etwa so: „Die vereinbarte Gesprächszeit ist ja nun leider schon vorüber. Wir könnten so verbleiben, dass wir einen nächsten Gesprächstermin in etwa ... Tagen/Wochen vereinbaren." Oder, falls es aktuell keinen weiteren Gesprächsbedarf gibt: „Unsere vereinbarte Gesprächszeit ist ja leider schon vorbei. Ich bedanke mich für Ihr Kommen."

2. Beratende Elterngespräche

Auch wenn Beratungslehrer und Schulpsychologen als kompetente Profis zur Verfügung stehen, sind Klassenlehrer die ersten Ansprechpartner bei Problemen von Schülern und Eltern. Als Klassenlehrer haben wir für die Eltern eine besondere Bedeutung. Oft sollen wir an ihrer Stelle handeln. Eine unserer Hauptaufgaben bei Elterngesprächen ist es daher, genau zu analysieren, wer in einer bestimmten Situation Verantwortung übernehmen und aktiv handeln muss.

Tipps für die Kontaktaufnahme

- Wenn Sie den Kontakt aufnehmen, um mit den Eltern zu reden, sollten Sie klar und sachlich den Grund nennen, ohne den Eltern unnötige Angst zu machen, aber auch ohne etwas zu verharmlosen.
- Die persönliche Kontaktaufnahme geschieht meist per Telefon. Verzichten Sie aber auch dann nicht auf ein kurzes persönliches Gespräch mit den Eltern, wenn die Schüler vorgeschickt werden, um mit Ihnen einen Termin auszumachen. Bei persönlicher Kontaktaufnahme lässt sich am besten absehen, wie das vereinbarte Gespräch ablaufen wird.
- Wenn Eltern ihrerseits den Kontakt aufnehmen, klären Sie zunächst, wo das Problem liegt und wer davon betroffen ist. Sind Sie selbst die Zielscheibe von Kritik? Ist es ein Kollege? Oder geht es um eine Beratung zu einem Problem, bei dem nur das Kind und die Eltern beteiligt sind?
- Sorgen Sie nach Möglichkeit dafür, dass alle Beteiligten an einen Tisch kommen und gemeinsam über die Sache sprechen. Meist sind auch die Väter in der Lage, sich für ein solches Gespräch freizunehmen. Wenn z. B. schwache Schulleistungen des Kindes häusliche Konsequenzen haben sollen, ist die Anwesenheit von Eltern und Kind fast unabdingbar.
- Beim Erstgespräch lässt sich manchmal noch nicht absehen, welche Tiefen die Problemlage besitzt. Wenn sich herausstellt, dass Nichtanwesende (z. B. Kollegen, Schüler usw.) betroffen sind, vereinbaren Sie am besten ein zweites

Gespräch zusammen mit den Betroffenen. Denn es sollte möglichst wenig über die Beteiligten und viel mit ihnen gesprochen werden.

■ Sie sollten beachten und erklären, welche Themen und Ziele ein Gespräch für Sie hat. Dies kann für Eltern ganz anders aussehen als für Sie.

Kommunikationsfördernde Verhaltensweisen

Professionelle Gesprächsführung (vgl. Weisbach 1992) ist nicht nur in Wirtschaftsetagen von großer Bedeutung. Viele Gesprächstipps aus dem Managementtraining lassen sich auch auf unser Schulleben übertragen (vgl. Tusche 1993, S. 173 ff.).

1. Vor jedem Gespräch überlegen, wo es am besten stattfindet

Für ein reines Informationsgespräch kann der Klassenraum ein guter Rahmen sein. Anders ist es vielleicht bei Konfliktgesprächen (wenn es um Klärung von Positionen geht), Problemgesprächen (wenn es um die Beratung bei Sorgen und Nöten geht) oder bei vertraulichen Beratungsgesprächen. Dann kann ein intimerer Rahmen dem Gespräch förderlich sein.

2. Genügend Zeit einplanen und den Zeitrahmen vereinbaren

Ein Gespräch unter Zeitdruck ist unbefriedigend und kann kaum solide Ergebnisse bringen. Meist können sich die Teilnehmer nicht in Ruhe äußern, oft fühlen sie sich nach dem Gesprächsende überfahren. Nennen Sie deshalb bei vereinbarten Gesprächen immer den Zeitrahmen. Weisen Sie bei Sprechzeiten zwischen Schulstunden darauf hin, dass Sie die nächste Unterrichtsstunde pünktlich beginnen wollen und müssen. Ziehen Sie bei Elterngesprächen am Nachmittag stets zehn Minuten ab, wenn Sie das Ende nennen. Oft sind die „Gespräche auf der Schwelle" bedeutsam. Und selbst wenn Eltern kein Ende finden, können Sie noch ruhig und höflich bleiben.

3. Alle Beteiligten ernst nehmen und dies auch vermitteln

Denken Sie z. B. daran, dass auch Ausreden u. Ä. einen Grund haben. Der Gedanke: „Jeder Mensch tut in jeder Situation das Beste, was ihm gerade möglich ist" hilft oft, das Gegenüber zu respektieren. Bleiben Sie sachlich, vermeiden Sie vor allem jede Art von Ironie. Sie wird oft gar nicht verstanden. Eine Atmosphäre der Sicherheit und des Vertrauens hilft Ihnen am meisten.

4. Mit allen Beteiligten möglichst unvoreingenommen reden

Wenn Sie mit Schülern oder deren Eltern bereits negative Erfahrungen gemacht haben, halten Sie sich zurück mit Vorwürfen. Seien Sie nicht nachtragend. Denken Sie daran, dass jeder mal einen Fehler macht. Wenn ein Beteiligter nicht einsichtig ist, verbinden Sie Festigkeit und Geduld. Hören Sie genau hin, was Ihr Gegenüber jetzt gerade, in diesem Moment sagt und verknüpfen Sie es nicht mit früheren Äußerungen.

5. Das Selbstwertgefühl des Gegenübers durch Signale aufmerksamen Zuhörens stabilisieren

Dies gilt nicht nur für Schüler, sondern auch für Eltern. Es geht nicht darum, dem anderen etwas vorzumachen, sondern lediglich um das Bewusstwerden der ausgesandten Signale. Zeigen Sie z. B., welche Bemühungen Sie anerkennen. Gehen Sie möglichst sparsam um mit Signalen, die andeuten, dass Sie anderer Meinung sind. Achten Sie auch bei Ihren Gesprächspartnern auf solche Signale. Durch eine verbale und nonverbale Verstärkung der Äußerungen des Gegenübers lässt sich auch ohne zu „spielen" eine vertrauensvolle Atmosphäre schaffen.

Die folgende Übersicht zeigt einige entsprechende Verhaltensweisen (nach Schwäbisch/Siems 1974, S. 111):

Signale, die die Bereitschaft ausdrücken zuzuhören und zu verstehen	*Signale, die ein Nichtverstehen oder Andersdenken anzeigen*
■ Kopfnicken ■ zugewandter, freundlicher Blick ■ den Körper jemandem zuneigen ■ Äußerungen wie „Ja", „Hm", „Genau", „Aha" usw.	■ Kopfschütteln ■ Blick abwenden ■ sich zurücksetzen ■ Arme verschränken ■ Äußerungen wie „Nein", „Aber", „Ach was" usw.

6. Dem Gegenüber gut zuhören

Versuchen Sie sich in Ihr Gegenüber hineinzudenken und einzufühlen. Lassen Sie Ihren Gesprächspartner am Anfang reden und verstärken Sie nur nonverbal oder durch ein „Hm", solange er etwas Wichtiges zu sagen hat. Versuchen Sie zunächst möglichst wenig Fragen zu stellen, ersetzen Sie diese durch ein „Feedback": Sagen Sie, was Sie vom Gegenüber zusammenfassend wahrgenommen haben, welchen Eindruck das auf Sie macht bzw. welche Gefühle es auslöst. *Beispiel:* „Ich habe von Ihnen gehört, dass Sie den ganzen Tag hart arbeiten müssen und Jonas deswegen am Nachmittag alleine sein muss. Dass Sie dafür viel Kraft brauchen, kann ich wirklich verstehen. Sie würden sich sicher wünschen, dass Jonas seine Hausaufgaben erledigt hat, wenn Sie nach Hause kommen, aber das scheint nicht zu klappen. Hier sehe ich ein Problem."

7. Nicht die eigene Autorität betonen

Egal ob Ihr Gegenüber Sie als kompetenten Gesprächspartner anerkennt oder nicht, es ändert nichts an Ihrer realen Kompetenz. Wenn Sie aber versuchen, mit Wissen, Erfahrung oder „gesundem Menschenverstand" die Oberhand zu gewinnen, schaltet Ihr Gegenüber wahrscheinlich auf Abwehr. Vermeiden Sie alles, was ihren Gegenüber hindern kann, seine Meinung frei zu äußern. *Beispiel:* Mutter: „Die Englischlehrerin sollte viel mehr übersetzen lassen statt dieser Einsetzübungen." Klassenlehrer: „Sie meinen, Karin könnte durch Übersetzungsübungen leichter lernen?"

8. Auf das Wesentliche konzentriert bleiben

Wenn Ihnen Beispiele aus Ihrer eigenen Erfahrung einfallen, die dem Gesprächsgegenstand zu entsprechen scheinen, überlegen Sie mindestens dreimal, ob Ihre Beispiele das Gespräch eher konzentrieren oder auffächern. Das soll nicht heißen, dass es *immer* besser ist, nichts „aus dem eigenen Nähkästchen" zu erzählen. Meist weitet es aber das Gespräch aus statt es zu konzentrieren. Wenn Ihr Gesprächspartner zu weit abschweift, führen Sie ihn wieder zurück zum eigentlichen Thema.

Mokieren Sie sich auch nicht über die Pannen und Angewohnheiten anderer Kollegen, Schüler usw., die sie dann zum Besten geben. Wenn jemand zu Ihnen kommt, um sich über Kollegen zu beschweren, bleiben Sie sachlich und neutral. Versuchen Sie zu unterscheiden, was objektive Wahrnehmung und subjektives Gefühl der Beteiligten ist. Fragen Sie nach, was Sie dabei tun können und klären Sie, wozu Sie bereit sind und wozu nicht. *Beispiel:* Mutter: „Eva hat so eine leise Stimme und wird deshalb vom Herrn X nachgeäfft. Das grenzt schon an Mobbing." Lehrer: „Sie sagen, Eva fühle sich benachteiligt?" Mutter: „Sie getraut sich schon gar nicht mehr sich zu melden. Ihre Freundinnen sagen auch, dass sie gemobbt wird." Lehrer: „Haben Sie eine Idee, was ich für Eva tun kann?"

9. Sich verständlich ausdrücken

Dies gilt vor allem, wenn das Gegenüber einen niedrigeren Bildungsstand hat, geringere Fachkompetenz besitzt oder Deutsch nicht die Muttersprache ist. Querverweise in die Wissenschaft tragen zum Gespräch meist nichts Positives bei. *Beispiel:* Einer Mutter wird geantwortet: „Das, was Sie gerade von Manuel erzählen, nennt man in der Psychologie ‚Erlernte Hilflosigkeit', ein sehr bekanntes Phänomen!". Dieser Gesprächsbeitrag verdient wohl das Adjektiv „oberlehrerhaft". Eine Alternative dazu könnte lauten: „Ich kann mir gut vorstellen, wie hilflos sich Manuel in dem Moment gefühlt hat, als ihm nichts mehr einfiel."

10. Nicht voreilig Stellung nehmen

Warten Sie geduldig ab, bis Sie wirklich genügend Informationen erhalten haben. Fragen Sie ggf. nach – oder besser: Versuchen Sie durch Zusammenfassung der Informationen und ein Feedback (vgl. Punkt 6) die nötigen Informationen zu erhalten, ohne den Gesprächsfluss zu stoppen. Voreilige Fragen und Stellungnahmen bewirken gleichermaßen eine unbewusste Blockade („Ich bin nicht klar verstanden worden"). Wenn Sie dann aber Stellung nehmen, tun Sie es klar und konsequent, damit jeder weiß woran er ist.

11. Das Gespräch rechtzeitig beenden mit einer freundlichen, aufmunternden Bemerkung

Möglichst vermieden werden sollten Missklänge am Ende der Unterredung – ohne zu harmonisieren. Wenn Differenzen nicht beigelegt werden können, so lässt sich das sachlich feststellen und respektieren. *Beispiel:* „Ich finde es schade, dass wir uns heute nicht weiter annähern konnten. Trotzdem war es ein wichtiges Gespräch und vielleicht sehen Sie es ähnlich."

12. Bedenken, dass sich fast jeder als Experte für die Schule fühlt, weil er sie selbst besucht hat

Die Beiträge des Gegenübers spiegeln immer auch die subjektiven Schulerfahrungen wider. Manche Eltern werden uns bedauern oder beneiden, böser Dinge bezichtigen oder als Autorität hofieren. Und wir müssen uns viele, mehr oder weniger sachkundige Meinungen zum Thema Schule anhören. Das lässt sich akzeptieren, wir sollten uns dadurch aber nicht provozieren oder zu Sachdiskussionen verleiten lassen.

Wann empfiehlt sich ein Hausbesuch?

Hausbesuche sind in anderen Ländern wesentlich üblicher als in Deutschland, von einigen hiesigen Privatschulen einmal abgesehen. Gegen Hausbesuche spricht wohl vor allem der chronische Zeitmangel der Lehrkräfte bei vollen Klassen. Einige Gründe können aber auch bei uns für den Hausbesuch sprechen:

1. Bedingungen, unter denen Hausbesuche sinnvoll erscheinen:

a) Eltern haben nicht die Gelegenheit, gemeinsam zu einem Gespräch in die Schule zu kommen. Dies ist vergleichsweise häufig der Fall bei Landwirten und Selbstständigen.

b) Schüler bzw. Eltern wünschen ausdrücklich den Hausbesuch. Er sollte dann aber stets aus schulischen und nicht aus privaten Gründen stattfinden.

c) Hausbesuche sind an der Schule üblich.

2. Motive, bei denen der Hausbesuch sinnvoll erscheint:

a) Längere Erkrankung des Kindes. Krankenbesuche erfordern jedoch sehr viel Fingerspitzengefühl. Vielen Kindern und Jugendlichen ist es alles andere als angenehm, den Klassenlehrer vor dem Krankenbett zu sehen.

b) Entscheidungen, die die ganze Familie betreffen. Beispiel: Ein türkisches Mädchen könnte das Gymnasium besuchen, die Eltern sind dagegen, die älteren Geschwister dafür.

c) Entscheidungen, bei denen das häusliche Umfeld mit einbezogen wird, z. B. beim Schüleraustausch, wenn Lehrer ausländische Schüler über ihre Gastfamilien informieren müssen.

d) Wenn der Verdacht besteht, dass das häusliche Umfeld die Schulleistungen beeinträchtigt. *Beispiel:* Überfüllung in der elterlichen Wohnung während der Prüfungsvorbereitungen durch Aufnahme von verwandten Kriegsflüchtlingen.

C Eltern arbeiten in der Schule mit

In der Regel sind mehr Eltern bereit, aktiv am Schulleben mitzuarbeiten, als man gemeinhin glaubt. In vielen Fällen können Eltern bei der Durchführung oder Verbesserung der Rahmenbedingungen des Unterrichts helfen. Gemeinsame Projekte von Eltern, Lehrern und Schülern lassen sich in allen Jahrgangsstufen und Fächern durchführen. Bei manchen sind Spezialisten gefragt, bei anderen möglichst viele teilnehmende Eltern. In allen Fällen sind auch das Kennenlernen und der Aufbau von Vertrauen wesentliche Ziele. Denn Eltern, Lehrer und Schüler erfahren bei der Zusammenarbeit eine Menge voneinander und viele Irritationen oder Ressentiments können so verhindert werden.

Eine Auswahl erprobter Projektideen für Eltern, Schüler und Lehrer

1. Projekte innerhalb der Schule

- Klassenraumrenovierung und -gestaltung durch Eltern, Schüler und Lehrer (in Folge der leeren öffentlichen Kassen leider schon sehr häufig eine Notwendigkeit),
- Lehrer-Schüler-Eltern-Café in der Mittagspause mit oder ohne Kuchenbüffet,
- Eltern berichten im Rahmen der beruflichen Orientierung über ihre Berufserfahrungen,
- Fachreferate von Eltern (z. B. Physiker, Biologen, Journalisten, Ingenieure),
- gemeinsamer Bau eines Schulteiches,
- Gründung eines Vereins zur Mittagsbetreuung,
- Projekttag: Erstellen eines Kochbuchs „Partyküche" mit häuslicher Vorbereitung in Kleingruppen und Fertigstellung in der Schule,
- Arbeitsgruppe von Eltern und Lehrern zur Herstellung von Freiarbeitsmaterial.

2. Projekte außerhalb der Schule

- „Zu Gast bei..." – Eltern vermitteln Betriebsbesuche,
- Betreuung von Kleingruppen bei Besuchen von Betrieben, Institutionen usw.,
- Familienwanderung am Samstag,
- Grillparty mit den Eltern am Ende des Klassenausflugs,
- Spieleabend für Schüler und Eltern (Gesellschaftsspiele, Kartenspiele, Computerspiele),
- Eltern führen Kleingruppen durch ein Museum,
- Elternstammtisch,
- Leserunde: Gemeinsames Lesen und Diskutieren pädagogischer und psychologischer Bücher.

Beispielprojekt: Offene Unterrichtsplanung mit Eltern

Vorüberlegungen: In einigen Fächern soll der Unterricht von den Eltern mitgeplant werden. Gegen eine Mitsprache der Eltern bei der Unterrichtsplanung werden oft von Lehrerseite Bedenken geäußert: Eltern würden die Lerninhalte und deren didaktische Aufbereitung nicht überblicken; es würden sich immer nur dieselben, sehr engagierten Eltern beteiligen; eine solche Unterrichtsplanung dauere zu lang usw. Demgegenüber stehen aber auch einige Vorteile, wie z. B.:

- Eltern können Mitverantwortung übernehmen.
- Eltern lernen die Situation des Lehrers, den Zeitdruck, die Klassensituation usw. verstehen.
- Die allgemeine Unterstützung der Lehrer durch die Eltern kann wachsen.
- Lehrer bekommen Informationen über die Wünsche und Bedürfnisse der Eltern.
- Das Verständnis füreinander kann wachsen.

Zeitbedarf: ca. 90 Minuten

Material für die Kleingruppenarbeit:

Blatt 1: Angaben zur Zahl der zur Verfügung stehenden Unterrichtsstunden (abzüglich 20 Prozent für unerwartete Ausfälle und pädagogischen Spielraum), am besten als Kalendarium.

Blatt 2: Lerninhalte laut Lehrplan in Kopie

Blatt 3: Vorschlag zur Stundenverteilung

Stunde Nr.	Inhalte	Arbeitsformen	Hausaufgabe

Durchführung: An allen Schulen ist der *Klassenelternabend* obligatorisch. Oft wird bei solchen Elternabenden – vor allem an weiterführenden Schulen – Kritik laut wie: Die Lehrer gehen zu schnell im Lehrstoff voran, kümmern sich zu wenig um Einzelne, geben zu viele Hausaufgaben usw.

Der Klassenlehrer bietet für eine nächste Unterrichtssequenz eine offene Eltern-Planungsrunde an, die an einem Nachmittag stattfinden soll. Alle interessierten Eltern sind dazu eingeladen. Fachkenntnisse sind nicht erforderlich. Ziel ist es, für ein Fach oder – falls sich Kollegen zur Verfügung stellen – für mehrere Fächer in Kleingruppen Unterricht zu planen, der möglichst viele Bedürfnisse und Interessen der Schüler und der Eltern aufnehmen soll und die Vorgaben der Lehrpläne berücksichtigt. Mit den Eltern, die sich melden, wird ein konkreter Termin vereinbart. Schulbücher sollen mitgebracht werden.

Kleingruppenarbeit: In Kleingruppen sollen nun Vorschläge für die Durchführung einer nächsten Unterrichtssequenz erarbeitet werden. Zur Vorbereitung bekommt jede Gruppe Material (s. o.). Findet die offene Planung nur für ein Fach statt, kann der Lehrer an der Arbeit einer Gruppe teilnehmen und dort vor allem seine eigenen Interessen und Bedürfnisse vertreten. Beteiligen sich mehrere Lehrer an der offenen Planung, können sie fächerspezifische Kleingruppen anbieten. Jede Kleingruppe sollte aus mindestens drei und höchstens fünf Personen bestehen.

Plenum: Vergleich der Vorschläge, Diskussion und Planung.

Anmerkung: Meist ist das Erstaunen der Eltern groß, was alles bedacht werden muss, bis der Unterricht steht. Eltern und Lehrer, die sich sonst eher vorsichtig-distanziert gegenüberstehen, bilden einmal ein Team mit einem gemeinsamen Ziel – der Kontakt kann sich spürbar verbessern.

D Juristische und formale Grundlagen zur Elternarbeit

Die Gesetze und Schulordnungen der Bundesländer sind sehr verschieden. In der Regel sehen sie Elternsprechstunden, Elternsprechtage, Klassenelternversammlungen sowie Elternversammlungen vor, außerdem sollte jede Lehrkraft in Sonderfällen auch außerhalb von Sprechstunden zu vereinbarten Terminen den Eltern zur Aussprache zur Verfügung stehen.

1. Elternsprechstunden

Verhalten des Lehrers in der Sprechstunde

Obwohl kaum rechtliche Vorschriften bestehen, ist es ratsam, sich bei wichtigen Vorgängen genau vorzubereiten bzw. abzusichern. Der größte Teil unserer Lehrer-Eltern-Interaktionen wird wohl ohne Konflikte ablaufen. Um aber eventuellen Widersprüchen oder Beschwerden vorzubeugen, ist eine Dokumentation in bestimmten Situationen ratsam (z. B. in Form eines Stichwortprotokolls). Wenn Informationen über das Gespräch weitergegeben werden sollen (Schulleiter, Beratungslehrer, Schulpsychologe), empfiehlt sich ein etwas umfangreicheres Gedächtnisprotokoll. Bei juristisch relevanten Vorgängen kann man Zeugen (Kollegen, Direktor) hinzuziehen bzw. ankündigen, dass die verbindlichen Aussagen schriftlich nachgereicht werden sollen.

Themen der Elternsprechstunde

Häufig auftretende Fragen der Eltern sind:
a) Leistungsstand, Abwesenheit
b) Verhalten der Schüler im Unterricht
c) Stellung in der Klassengemeinschaft
d) Verhältnis des Schülers zum Lehrer
e) Hausaufgaben
f) Möglichkeiten, Leistungsrückstände aufzuholen
g) erzieherische Ratschläge
h) Schullaufbahnberatung, Wahlmöglichkeiten in der Kollegstufe und Studien- bzw. Berufswahl

Bei der Beantwortung ist grundsätzlich zu beachten:

a) Über den Leistungsstand müssen die Eltern klar und eindeutig informiert werden. Es empfiehlt sich, Noten stets mit Datum ins Notenverzeichnis einzutragen. Besonders bei älteren Schülern ist auch der Überblick über die Abwesenheit wichtig.

b) Bemerkungen zum Verhalten des Schülers sollten sachlich und möglichst ohne Bewertung vorgetragen werden. Zu pädagogischen Bemerkungen ist der Klassenlehrer berechtigt bzw. sogar verpflichtet. Diese sollten aber auch belegbar sein.

c) Die Stellung von Schülern in der Klassengemeinschaft kann mit Notizen (z. B. über Tätigkeiten in der Klasse, aber auch über besondere Vorkommnisse) belegt werden.

d) Das Verhältnis vom Schüler zum Lehrer sollte möglichst objektiv beschrieben werden. Der Lehrer ist zur Gleichbehandlung im Unterricht verpflichtet.

e) Hausaufgaben gehören zum Lernen und ihre Anfertigung ist Teil des Kontrakts zwischen Lehrer, Eltern und Schüler. Sie sollten die Eltern darüber informieren, dass Hausaufgaben nicht benotet werden, dass sie aber trotzdem zuverlässig angefertigt werden sollen. Wichtig ist in diesem Zusammenhang, dass Schüler ihre Hausaufgaben grundsätzlich alleine anfertigen sollen. Eltern sollten bestenfalls als sporadische Ratgeber fungieren, keinesfalls aber danebensitzen. Andernfalls erzeugen Eltern bei ihren Kindern leicht einen Teufelskreis der Prüfungsblockade. Das Kind fühlt sich ohne die stützende Anwesenheit des Elternteils der Prüfungssituation (z. B. einer Klassenarbeit) nicht gewachsen.

f) Um Leistungsrückstände aufzuholen, kann auch Nachhilfe empfohlen werden. Hier kann der Klassenlehrer Hinweise dazu geben, ob Nachhilfeinstitute empfehlenswert sind und eigene Erfahrungen mit Nachhilfelehrern sowie -instituten äußern. – Dass kein Lehrer Zuwendungen von Nachhilfeinstituten annehmen darf, sollte selbstverständlich sein.

g) Mit erzieherischen Ratschlägen sollten Sie vorsichtig umgehen; die Beratung sollte auf den Bereich Schule-Elternhaus-Schüler beschränkt bleiben. Bei Erziehungs- oder Persönlichkeitsproblemen, die über diesen Bereich hinausgehen, sollten Sie den Besuch beim Beratungslehrer, Schulpsychologen oder bei einer Familien- und Erziehungsberatungsstelle anregen.

h) Ähnliches gilt für die Schullaufbahnberatung. Klassenlehrer bieten eine Art Grundberatung, für weitere Auskünfte stehen Spezialisten zur Verfügung: Schulleitung, staatliche Schulberatungsstellen, Beratungslehrer bzw. Schulberater, Schulpsychologen, Kollegstufenbetreuer bzw. Tutoren usw.

2. Sorgerecht und Volljährigkeit

Besondere Vorsicht ist bei Auskünften über volljährige Schüler an die Eltern geboten. Informieren Sie anfangs beide Seiten, dass volljährige Schüler entweder den Eltern eine Vollmacht mitgeben oder – viel einfacher – diese in die Sprechstunde begleiten sollen.

Ähnlich vorsichtig ist auch bei geschiedenen Eltern zu verfahren. Selbst nach der neueren Rechtslage, bei der das Sorgerecht in der Regel beiden Elternteilen zugesprochen wird, gibt es Ausnahmen. Besorgen Sie sich am besten in jedem Fall von den Eltern eine Bescheinigung, aus der das Sorgerecht eindeutig hervorgeht (Scheidungsurteil o. ä.). Weisen Sie darauf hin, dass der nicht sorgeberechtigte Elternteil ohne Vollmacht keine Auskunft erhalten darf.

Für Stiefkinder ist nach bisherigem Recht der nichtleibliche (Stief-)Elternteil ebenfalls nicht zu informieren. Der Gesetzgeber ist momentan dabei, Stiefkinder und Stiefeltern rechtlich an leibliche Eltern-Kind-Verhältnisse anzupassen. Beachten Sie die künftigen Gesetzesänderungen.

Um unangenehme Situationen zu vermeiden, kann zu Schuljahresbeginn in einem Rundschreiben auf die Rechtslage hingewiesen werden. Auf einem abzutrennenden Abschnitt werden die Möglichkeiten zum Ankreuzen angegeben, ein Vordruck für eine Vollmacht wird angeheftet.

3. Vorsprechen von Eltern gegen Schuljahresende

Dies hat leider häufig den Zweck, die Notengebung für das Jahreszeugnis zu beeinflussen. Ähnliches gilt auch für das Übertrittszeugnis in eine weiterführende Schule. An vielen Schulen werden deshalb ab Ende Juni keine regulären Sprechstunden mehr abgehalten.

Im Übrigen gilt: Über den jeweiligen Stand der schriftlichen und mündlichen Leistungen muss Auskunft erteilt werden, dagegen nicht über bevorstehende Zeugnisnoten, das Bestehen der Klasse oder das Erfüllen der Übertrittskriterien in eine weiterführende Schule. Bis zur entsprechenden Konferenz ist eine Entscheidung des Lehrerrats bzw. der Fachlehrer noch nicht gegeben, der Klassenlehrer deswegen zur Verschwiegenheit verpflichtet.

4. Probleme im Elternhaus

Meist erhalten Lehrer anfangs keine direkten Informationen über Probleme im Elternhaus. Sie lassen sich oft nur vermuten durch plötzliche oder allmähliche Änderungen im Verhalten bzw. Leistungsstand eines Schülers. Ursachen von Verhaltensänderungen sind häufig:

- elterlicher Leistungsdruck und elterliche Einmischung in die Hausaufgaben,
- anhaltender Streit in der Familie, vor allem zwischen Vater und Mutter,
- Veränderungen in der Familienstruktur: Geburt eines Geschwisters, Krankheit eines Familienmitglieds, Tod, Scheidung usw.
- Tabuthemen in der Familie: Alkoholismus und andere Suchterkrankungen, sexueller Missbrauch, lebensgefährliche Erkrankungen, Schulden, Arbeitslosigkeit, Inhaftierung, Suizid, außereheliche Beziehungen der Eltern usw.

Was tun bei vermuteten Problemen im Elternhaus?

1. Vertrauen herstellen

Gespräche nicht durch „Nachbohren" erzwingen! Es ist viel wichtiger, Vertrauen herzustellen und mit Geduld abzuwarten. Wenn Schüler es verlangen, sichern Sie absolute Verschwiegenheit zu. Halten Sie sich in jedem Fall an Ihre Versprechen, auch wenn es Sie quält. „Türöffner" erleichtern den Gesprächsbeginn.

2. „Aktiv zuhören"

Einfühlsames Zuhören erleichtert den Kontakt. Dazu gehört unter anderem: das Gegenüber ausreden lassen (möglichst dazu schweigen bzw. nonverbal bestärken); nicht interpretieren, sondern zusammenfassen, was an Emotionen beschrieben wurde oder dahinter steckt („Das macht dich traurig, wütend, ärgerlich..."). Halten Sie sich unbedingt mit eigenen Stellungnahmen und Bewertungen zurück!

3. Problemlösungen sammeln

Alle möglichen oder unmöglichen Problemlösungen, die Ihr Gegenüber ausspricht, werden unkommentiert gesammelt. Erst anschließend wird beurteilt, welche Lösungen bzw. Teillösungen erfolgversprechend sind. In dieser Phase neigen alle Beteiligten dazu, rasch nach der nächstbesten Lösung zu greifen bzw. die Lösung von Ihnen zu erwarten. Bleiben Sie geduldig und gelassen!

4. Problemlösungen auswählen

Beispiele für Interventionen: „Wo, bei welcher Problemlösung spürst du am stärksten dein Gefühl? Welches?... Was bräuchtest du, um diese Lösung wirklich umzusetzen?"

Weitere Beratungsangebote vermitteln

Nicht immer gelingt es, einen praktikablen Ansatz zu finden für einen ersten Lösungsschritt. In vielen Fällen kann die Problemlösung darin bestehen, eine Beratung aufzusuchen: psychologische Beratungsstelle, Seelsorger, Sozialarbeiter am Jugendamt usw.

Literatur

Bachmair, S. u. a.: Beraten will gelernt sein. Ein praktisches Lehrbuch für Anfänger und Fortgeschrittene. Weinheim 1989

Bundesministerium für Familie, Senioren, Frauen und Jugend: Keine Gewalt gegen Kinder. Signale sehen – Hilferufe hören. Medienpaket zur Aus- und Fortbildung für pädagogische Fachkräfte. Bonn/Berlin 1996. Bestelladresse: Bundesministerium für Familie, Senioren, Frauen und Jugend. Postfach 20 15 51, 53145 Bonn

Cohn, R. C., Farau, A.: Gelebte Geschichte der Psychotherapie. Zwei Perspektiven. Stuttgart 1984

Gugel, G.: Methoden-Manual I: „Neues Lernen". Weinheim 1997

Kroeger, M.: Themenzentrierte Seelsorge. Stuttgart u. a. 1983

Langmaack, B., Braune-Krickau, M.: Wie die Gruppe laufen lernt. Anregungen zum Planen und Leiten von Gruppen. Weinheim 1989

Martin, L. R.: Klassenlehrer- und Tutor/innen. Aufgaben, Tätigkeiten, Leistungen, Konzeptionen. Bad Heilbrunn 1996

Schulz von Thun, F.: Miteinander reden. 3 Bde. Reinbek 1981, 1989, 1998

Schwäbisch, L., Siems, M.: Anleitung zum sozialen Lernen für Paare, Gruppen und Erzieher. Kommunikations- und Verhaltenstraining. Reinbek 1974

Tusche, W.: Reden und überzeugen. Rhetorik im Alltag. Köln 1993

Vopel, K.: Anfangsphase. Teil I und II. Experimente für Lern- und Arbeitsgruppen. Hamburg 1995

Weisbach, Ch.-R.: Professionelle Gesprächsführung. Ein praxisnahes Lese- und Übungsbuch. München 1992

Dieter Enkhardt

Kapitel 8
Meine Rolle als Klassenlehrer

„Die hat ihre Klasse aber gut im Griff!" – „Kein Wunder, bei dem Klassenlehrer…!" So oder ähnlich wird das Erscheinungsbild einer Klasse, ihr Leistungsstand und ihr Sozialverhalten oft mit der Person des Klassenlehrers in Verbindung gebracht. Solche Aussagen zeigen, dass dem Klassenlehrer eine bestimmte Rolle zugeschrieben wird. Doch wie sehe ich mich selbst in dieser besonderen Funktion?

Nachdem in den vorigen Kapiteln die vielfältigen Aufgaben und Ziele des Klassenlehrers beschrieben wurden, sollen in diesem letzten Kapitel noch einmal Möglichkeiten aufgezeigt werden, wie Klassenlehrer den Blick auf sich selbst richten können, um sich selbstkritisch mit dem Verständnis der eigenen Rolle auseinander zu setzen.

A Das Bild von meiner Klasse

Meine Rolle als Klassenlehrer ist überwiegend vom pädagogischen Handeln gegenüber einer festen Lerngruppe – meiner Klasse – geprägt. Um für diese pädagogische Arbeit optimale Voraussetzungen zu schaffen, ist es wichtig, mir ein Bild von jedem einzelnen Schüler und von der Klasse als Gruppe zu machen.

Viele Informationen hierzu erhalte ich nebenbei, denn in meiner Klassenlehrerfunktion bin ich für die Schüler in vielen Belangen ein wichtiger Ansprechpartner. Aber ich kann auch von mir aus informellen Kontakt zu meinen Schülern außerhalb der Unterrichtszeit suchen, indem ich z. B. in Pausen auf sie zugehe. Die Frage nach dem Fußballspiel am Wochenende kann dem Schüler zeigen, dass mir nicht nur seine schulischen Leistungen wichtig sind, sondern dass ich ihn in seiner Gesamtheit wahrnehme. Oft erfahre ich aber auch in Gesprächen am Rande des Unterrichts etwas über das private Umfeld der Schüler („Ich habe heute die Entschuldigung nicht dabei, weil meine Mutter spät von der Arbeit kam und heute morgen noch schlief"). Je nach gegenseitiger Vertrauensbasis können sich weiterführende Gespräche ergeben. Sie können sich auf die Familie, das Freizeitverhalten oder die Freundschaftsgruppen in und außerhalb der Schule beziehen.

1. Mind Map „Meine Klasse"

Mit Hilfe einer Mind Map können wichtige Bereiche des Umfeldes, in dem sich die Klasse befindet, in seinem Beziehungsgeflecht visualisiert werden. Dabei geht es darum, sich die Komplexität eines Ist-Zustandes zu verdeutlichen. Es können

A Das Bild von meiner Klasse

Punkte herausgefiltert werden, an denen ich als Klassenlehrer ansetzen kann, um unter bestimmten Zielsetzungen auf die Entwicklung meiner Klasse Einfluss zu nehmen, ohne dabei den Kontext, der diesen Punkt bestimmt, aus den Augen zu verlieren.

Wenn die Mind Map recht großflächig angelegt wird und die Hauptäste ausdifferenziert werden, lassen sich Zusammenhänge, Beziehungen oder auch Polarisationen durch Verbindungslinien gut verdeutlichen. Oberbegriffe können dabei z. B. sein: Arbeitsverhalten, Leistungsstand, Schwierigkeiten, Eltern, Kollegen, Klassenraum, Schüler... (Allgemeine Hinweise zum Mind Mappig s. S. 85 f.)

Bei der Auswertung der Mind Map wird von der Prämisse ausgegangen, dass alle Sachverhalte, mit denen ich mich auseinander setzen muss, kontextgebunden sind. Sofern möglich werden *Verknüpfungen* vorgenommen (z. B. räumliche Bedingungen, Konfliktsituationen). Hieraus können dann *Fragestellungen* entwickelt werden (z. B.: Inwieweit beeinflusst die Sitzordnung das Sozialverhalten in der Klasse?). Auf diese Weise lassen sich *Schlussfolgerungen* für die Weiterentwicklung der Klassensituation ziehen (z. B.: Die Sitzordnung erschwert den freien Zugang zur Tafel für manche Schüler. Sie begünstigt die Arbeit mit Wenigen. Die Sitzordnung hat zur Folge, dass Schülertaschen im Weg stehen. Dies fördert die Aggression verschiedener Schüler untereinander...). Aufgrund solcher Einschätzungen können dann Veränderungen vorgenommen und deren Auswirkungen hinsichtlich der eigenen Erwartungshaltung beobachtet werden.

2. Wie nehme ich das Klima in meiner Klasse wahr?

In Pausengesprächen hören wir immer wieder Kommentare, die einzelne Kollegen zu unserer Klasse abgeben. Dabei wird häufig vom Klima gesprochen, das in der Klasse herrscht. „In deiner Klasse ist eine gute Arbeitsatmosphäre. Ich gehe richtig gern in die Klasse." „Was ist bloß mit Ihrer Klasse los? Da herrscht ein Klima – die giften sich nur noch an."

Um von solchen allgemeinen Äußerungen zu einer differenzierteren Einschätzung zu kommen, ist es sinnvoll, konkreter nach dem zu fragen, was das Klima meiner Klasse ausmacht. Dazu kann die folgende Klimaskala eine Hilfe sein. Mit ihr lässt sich das Klassenklima aus der eigenen Sicht anhand bestimmter Kriterien genauer beschreiben.

Zunächst wird zu jedem Begriff eine Einschätzung notiert. Anschließend werden die Wertungen verbunden. Der Verlauf der Linie spiegelt die eigene spezifizierte Einschätzung zum Klassenklima wider. Extremwerte machen Auffälligkeiten bewusst und können Grundlage für eine weitere Problembearbeitung sein.

Um von undifferenzierten „Pausen-Statements" über die Klasse wegzukommen, empfiehlt es sich, auch andere Kollegen anzuregen, eine solche Klimaskala zu entwickeln. Damit wächst das Interesse, sich über die Erfahrungen in der Klasse differenzierter auszutauschen. Diese Einschätzung kann in bestimmten Intervallen wiederholt werden, um die Entwicklung der Klasse bewusst wahrzunehmen und zu begleiten.

Klimaskala

	Werteskala nicht ausgeprägt — sehr ausgeprägt						
	0	1	2	3	4	5	6
Mitbestimmungsanspruch							
Gerechtigkeitsempfinden							
Destruktivität							
Normorientierung							
Lernbereitschaft							
Individualisierungstendenzen							
Konkurrenz							
Leistungsdenken							
Gemeinschaftsgefühl							
Cliquenbildung							
Verantwortungsbewusstsein							
Kritikfähigkeit							
Störanfälligkeit							
Ausgrenzungstendenzen							
.....							

Eine solche Skala kann auch dazu genutzt werden, mit den Schülern über das Klassenklima ins Gespräch kommen. In diesem Fall werden die Begriffe, die das Klima beschreiben, gemeinsam mit der Klasse zusammengestellt. Jeder Schüler erstellt dann seine Klimaskala, anschließend werden die Ergebnisse besprochen.

3. Schüler geben dem Klassenlehrer Feedback

Zum guten Kennenlernen der Klasse gehört auch das Wissen darüber, wie ich von meiner Klasse wahrgenommen werde. Dazu kann ich mir das Feedback der Schüler holen, wobei sie mir Informationen darüber geben, wie mein Verhalten von ihnen wahrgenommen, erlebt und verstanden wird. Gleichzeitig üben sie sich in konstruktiver Kritik (s. S. 123 f.). Meine Selbstwahrnehmung wird so einer Fremdwahrnehmung gegenübergestellt. Durch die Reflexion über Gemeinsamkeiten und Unterschiede wird mir deutlich, welches Verhalten meinerseits zum Klassenklima beiträgt.

A Das Bild von meiner Klasse

Ein Feedback-Bogen ist ein geeignetes Mittel zur Erhebung der Fremdwahrnehmung. Voraussetzung ist ein Vertrauensverhältnis und ein Gespräch über den Sinn der Sache. Es ist wichtig, den Zeitpunkt bewusst festzusetzen, zu dem ein solches Feedback eingeholt wird. Wenn eine Klasse neu übernommen wurde, sollte zunächst sicherlich ein halbes Jahr verstreichen. Außerdem muss entschieden werden, ob die Stellungnahmen in offener oder geschlossener Form abgegeben werden sollen.

Die *offene Form* gibt Fragen oder Satzanfänge vor, die von den Schülern beantwortet bzw. ergänzt werden. Diese Form ist leicht zu erstellen, bereitet aber bei der Auswertung Schwierigkeiten, da Auswertungskategorien oft fehlen.

Bei der *geschlossenen Form* können die Schüler anhand einer vorgegebenen Skala ihre Einschätzung vornehmen. Die geschlossene Form ermöglicht eine statistische Auswertung und schafft eine nachvollziehbare Diskussionsbasis. Berücksichtigt werden muss aber auch, dass Schüler einen Feedback-Bogen evtl. benutzen, um „einmal so richtig Dampf abzulassen". Bei der geschlossenen Form kann ein vorgefertigter oder ein selbst konzipierter Feedback-Bogen eingesetzt werden, der Bogen kann aber auch von den Schülern erarbeitet werden. Bei allen drei Möglichkeiten müssen die Vorgaben

- so formuliert sein, dass die Schüler genau wissen, wozu sie Stellung nehmen sollen,
- an die Klasse und ihren Entwicklungsstand angepasst sein,
- präzise und zielgerichtet formuliert sein,
- ohne Nachfragen verstehbar sein (altersangemessene Sprache, eindeutige Formulierungen),
- so formuliert und angeordnet sein, dass keine Beeinflussung erfolgt,
- im Umfang angemessen sein.

Hier ein Beispiel für einen solchen Feedback-Bogen:

Wie siehst du deinen Klassenlehrer?

Liebe Schülerin, lieber Schüler!
Ich bin nun schon ein halbes Jahr dein Klassenlehrer. In dieser Zeit hast du mich sicher schon gut kennen gelernt. Ich bitte dich nun, mir durch deine Antworten mitzuteilen, wie du mich erlebst. Deine ehrliche Meinung ist für mich eine wichtige Hilfe, um meine Klassenlehreraufgabe so gut wie möglich ausüben zu können. Entscheide, welche Aussage für dich zutrifft und mache dort dein Kreuz. Deine Aussagen bleiben selbstverständlich anonym.

Herr/Frau…	Trifft zu: nie	selten	manchmal	häufig	immer
…hat immer für uns Zeit.					
…hat Verständnis für uns.					
…macht uns Mut.					
…tut viel für unsere Klassengemeinschaft					
…setzt sich für uns gegenüber anderen Schülern/Lehrern usw. ein.					
…bemerkt alles, was in der Klasse vor sich geht.					
…greift bei Koflikten/Störungen gleich ein.					
…behandelt uns gerecht.					
…kann sich durchsetzen.					
…ist konsequent.					
…lässt uns mitbestimmen.					
…lässt uns selbst entscheiden.					
…sagt, was er/sie von uns erwartet.					
…bringt uns viel bei.					
…kann gut erklären.					
…gestaltet den Unterricht interessant.					
…hilft bei Lernschwierigkeiten.					
…kontrolliert unsere Arbeiten.					
…ist offen und ehrlich.					
…hält Versprechen ein.					
…kann auch eigene Fehler zugeben.					
…hat Humor.					
…kann über sich selbst lachen.					
…ist gerne in unserer Klasse.					

Bevor die Schüler den Bogen ausfüllen, erfahren sie, dass ich sie über die Ergebnisse ihrer Rückmeldung informieren werde, ich aber darüber entscheide, in welcher Form und in welcher Vollständigkeit dies geschieht.

Die Feedback-Bögen geben subjektive Einschätzungen vieler Individuen zu meiner Person wieder. In ihrer Gesamtheit zeigen sie das Bild, das die Klasse von mir hat. Folgende Leitfragen können die Auswertung unterstützen:

- Welche Gefühle begleiten mich bei der Auswertung?
- Habe ich das Ergebnis erwartet?
- Was überrascht mich (positiv/negativ)?
- Inwieweit kann ich die einzelnen Rückmeldungen annehmen?
- Welche Rückmeldungen sind für mich Anlass, mein Verhalten zu überdenken?
- Über welche Rückmeldungen will ich mit der Klasse ins Gespräch kommen?

B Mit Fachlehrern zusammenarbeiten

Als Klassenlehrer stehe ich täglich in einer Zusammenarbeit mit den anderen Lehrern meiner Klasse – sei es aus formalen Anlässen oder unmittelbar in allen Lern- und Arbeitsbereichen.

Ziel der Zusammenarbeit aus meiner Perspektive als Klassenlehrer ist eine Optimierung der Ausgangsbedingungen, damit für effektive Arbeits- und Lernprozesse ein Rahmen geschaffen wird, in dem sich alle Beteiligten wohl fühlen. Die folgenden Vorschläge können dazu dienen, diesem Ziel näher zu kommen und die eigene Rolle in diesem Prozess zu erfassen.

1. Das Bild, das ich von mir habe

Der Blick auf mich selbst ist eine wichtige Voraussetzung, um meine grundlegenden pädagogischen Kompetenzen zu erkennen und mich kreativ mit ihnen auseinander setzen zu können. Dies bedeutet, die Merkmale meiner Lehrerpersönlichkeit aufzudecken und zu begreifen. Dabei kann das Modell „Grundtendenzen der Persönlichkeit" von Herbert Gudjons eine Hilfe sein (vgl. 1997, S. 13). Gudjons unterscheidet bei der Bestimmung der Persönlichkeit vier Grundtendenzen, die sich polar gegenüberstehen:

- *Nähe* versus *Distanz,*
- *Ordnung/System* versus *Freiheit/Spontaneität.*

Übersetzt heißt dies: Ich suche einerseits die Nähe zu einer Person oder Sache. Dabei will ich mich aber auch nicht vereinnahmen lassen. Ich suche also andererseits auch nach Möglichkeiten, Distanz zu halten. Zugleich suche ich einerseits meine Freiheit. Ich möchte unabhängig sein, um spontan und kreativ bleiben zu können. Andererseits suche ich aber auch die Ordnung. Sie soll mir Halt geben und auf Verlässliches hinweisen.

Das Spannungsfeld dieses Modells ist Ausgangspunkt für die Wahrnehmung weiterer Polaritäten meines pädagogischen Fühlens, Denkens und Handelns:

- Sehe ich mich eher als *Autoritätsperson* oder als *Partner?*
- Sehe ich mich eher als *Vermittler* von Fachwissen oder als *Sozialpädagoge?*
- Habe ich verstärkt den *Schüler als Individuum* im Blick oder die *ganze Klasse?*
- Gehe ich mit meinen Orientierungspunkten eher *dogmatisch* oder *flexibel* um?
- Werden meine Reaktionen eher von der *Beziehungsebene* oder von der *Sachebene* bestimmt?
- Verhalte ich mich bei Lernprozessen eher *steuernd* oder *begleitend?*

(Diese Polaritäten haben exemplarischen Charakter.)

Die Polaritäten dieses Modells können als Stern dargestellt werden. Dabei kann die „Stärke" des jeweiligen Strahls auf der Werteskala eines jeden Strahls von der Mitte ausgehend eingetragen werden.

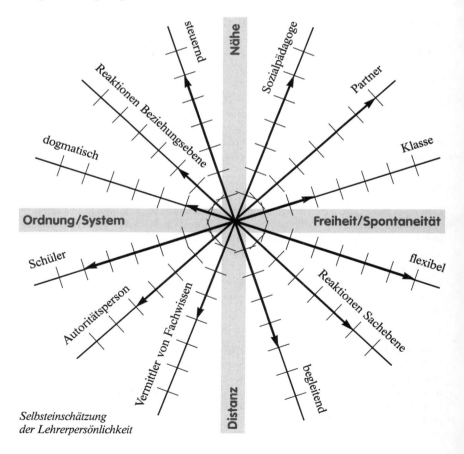

Selbsteinschätzung der Lehrerpersönlichkeit

Durch die gedankliche Auseinandersetzung mit den ausgewählten Polaritäten und die daraus resultierende Visualisierung erkenne ich die Ausprägung meines pädagogischen Selbstbildes.

In einem zweiten Schritt kann dieser Stern dazu genutzt werden, die eigenen Wunschbilder bewusst zu machen. Aus der Auseinandersetzung mit Selbsteinschätzung und Wunsch entwickeln sich konkrete Utopien: Ich erkenne meine Stärken und sehe, in welchen Bereichen ich mich weiterentwickeln möchte.

2. Stärken und Schwächen analysieren

Um Einfluss darauf zu nehmen, dass sich die Zusammenarbeit mit den Lehrern meiner Klasse so optimal wie möglich gestaltet, muss ich mir darüber klar werden, wie ich meine augenblickliche Arbeitssituation erlebe, welche Fähigkeiten und Fertigkeiten ich in eine Zusammenarbeit einbringen kann und wo ich auf Hilfe und Unterstützung hoffe.

Lust-Frust-Bilanz

Durch eine Auflistung positiver und negativer Emotionen im Zusammenhang mit meinen Kollegen kann ich einschätzen, wie ich die augenblickliche Zusammenarbeit erlebe und mir die Faktoren bewusster machen, die Einfluss auf meine Arbeitszufriedenheit bzw. -unzufriedenheit haben.

Lust-Frust-Bilanz

Was macht mir bei der Zusammenarbeit Spaß?	*Wo reagiere ich mit Frustration?*

Stärken-Schwächen-Analyse

Als Klassenlehrer sammle ich in verschiedenen Bereichen Erfahrungen in der Zusammenarbeit mit Kollegen – sei es die Terminabsprache über Klassenarbeiten, das Gespräch über einen auffälligen Schüler oder die Suche nach einer Begleitperson für die Klassenfahrt.

Will ich neue Formen der Zusammenarbeit entwickeln, ist es sinnvoll, zunächst einmal eine Liste von Ereignissen zusammenzustellen, bei denen ich mit Kollegen kommunizieren und kooperieren muss. Bei genauer Betrachtung der aufgelisteten Beispiele erkenne ich Dinge, die mir leicht fallen, nehme aber auch schwächere Seiten an mir wahr.

Zur Strukturierung der Selbsteinschätzung benennt Karl-Oswald Bauer fünf Dimensionen, denen sich die Handlungskompetenzen des Lehrers zuordnen lassen (Bauer 1997, S. 22–26):

- *Soziale Strukturbildung:* Wie greife ich aktiv ein und wie setze ich soziale Strukturen?
- *Interagieren:* Wie bringe ich Emotionalität ein und wie gehe ich mit ihr um?
- *Kommunizieren:* Wie moderiere ich Gespräche, wie stelle ich Fragen oder wie halte ich Kurzvorträge?
- *Gestalten:* Wie gestalte ich die Lernumgebung? Wie gehe ich mit der Körpersprache um?
- *Hintergrundarbeit:* Wie gestalte ich die Planungs- und Produktionsarbeit, die schulischen Aktivitäten vorgelagert ist?

Diesen Dimensionen lassen sich nun meine persönlichen Stärken und Schwächen zuordnen. Dabei sollte ich nicht bei der präzisen Benennung stehen bleiben, sondern auch gleichzeitig nach ihren Auswirkungen fragen und Vorstellungen für den weiteren Umgang entwickeln.

Stärken-Schwächen-Analyse

Was kann ich gut?	*Welches sind die Auswirkungen?*	*Wie kann/will ich in Zukunft damit umgehen?*
Soziale Strukturbildung		
Interagieren		

Was fällt mir schwer?	*Welches sind die Auswirkungen?*	*Wie kann/will ich in Zukunft damit umgehen?*
Soziale Strukturbildung		

3. Die Arbeit im Team

In dem Wissen um unsere Unterschiedlichkeit liegt unsere Einheit.

Bei der Zusammenarbeit der Lehrer einer Klasse geht es um das Erkennen unterschiedlicher Probleme, die Suche nach Gemeinsamkeiten und um Möglichkeiten der Hilfe und Unterstützung.

Eine effektive Zusammenarbeit aller in einer Klasse unterrichtenden Lehrer

- erleichtert die Arbeit jedes Einzelnen sowohl mit dem einzelnen Schüler als auch mit dem Klassenverband,

- wirkt sich positiv aus auf die Atmosphäre und die Beziehung der Lehrer untereinander,
- entlastet den Einzelnen bei kleinen und größeren Problemen,
- führt beim Lehrer zu einer Erweiterung verschiedener Kompetenzen hinsichtlich seiner Kooperations- und Kommunikationsfähigkeit, seiner Kritikfähigkeit und seiner Selbstreflexion und
- erweitert den Horizont durch die Einsichten, Ansichten und Absichten der anderen.

Jeder Lehrer fühlt sich einzeln und gemeinsam mit den anderen Lehrern für die Klasse verantwortlich. Und jeder hat seine subjektive Wahrnehmung. Diese kann im Austausch anregend und aufregend für andere sein und muss nicht in eine einheitliche Sichtweise münden.

SOFT-Analyse

Die im Folgenden vorgestellte SOFT-Analyse (vgl. Eck 1990) ist eine Evaluationsmethode, mit deren Hilfe ein Lehrerteam eine eigene Standortbestimmung (Ist-Zustand) und Zielvorgabe (Soll-Zustand) entwickeln kann. Ziel ist der konstruktive Austausch über eine gemeinsam erfahrene Realität, den Schulalltag, eine Konsensbildung hinsichtlich der Ziele und die Zusammenstellung von Maßnahmen, mit deren Hilfe Entwicklungsprozesse hinsichtlich der Zielvorgabe gesteuert werden sollen.

SOFT steht dabei für:

S atisfactions – zufrieden stellende Ergebnisse,
O pportunities – Möglichkeiten, Chancen, Herausforderungen,
F aults – Probleme, Fehler, Unzulänglichkeiten,
T hreats – Gefahren, Bedrohungen.

In einer gemeinsamen Sitzung erstellt jedes Teammitglied zunächst eine SOFT-Analyse (s. S. 216). Anschließend tauscht sich jedes Mitglied mit seinem Nachbarn aus (Tandemdiskussion). Zum Schluss werden im Plenum gemeinsame Positionen entwickelt.

So entstehen für das Team Ziele und Aufgaben für konkret zu benennende Vorhaben, aus denen sich Aufträge für das Team ergeben. In einer anschließenden Planungsphase werden Arbeitsschritte und Arbeitsmethoden benannt. Dabei werden auch Zuständigkeiten geklärt, aus denen sich konkrete Aufträge für jedes Teammitglied zur Umsetzung des Vorhabens ergeben.

Das Team sollte die Planungsphase vorbereiten, indem es einen Fragenkatalog zur Unterstützung dieser Phase erstellt. Hier einige Anregungen für diesen Fragenkatalog:

- Auf welche Leitziele wollen wir uns verständigen?
- Welche Leistungen sollen erbracht werden?

Die SOFT-Analyse

Was läuft in der Klasse, die wir alle gemeinsam unterrichten, schon gut? Was läuft in unserem Team gut? Was sind die Stärken unserer Teammitglieder? **S IST**	Welche Möglichkeiten haben wir? Wo können welche Ressourcen eingesetzt weren? Wo liegen gute Ansätze? **SOLL O**
Hier haben wir Probleme. Das behindert die Arbeit. Das ist in der Klasse/ in unserem Team zu verändern. **F ZUSTAND**	Dies kann sich ereignen, wenn… Wir müssen darauf achten, dass… Welche Faktoren können unsere Arbeit beeinträchtigen? **ZUSTAND T**

- Welche Zeitvorgaben sind vorhanden?
- Wie sind die Rahmenbedingungen?
- Welche Aufgaben können in welcher Zeit von wem übernommen werden?
- Welche Belastungen kommen auf uns zu?
- Wie muss der Informationsfluss organisiert werden?
- Wodurch wird unsere Arbeit behindert?
- Welche Hilfen können in Anspruch genommen werden?
- Wie können wir die Ergebnisse sichern und kontrollieren?

Die anschließende Kontrollphase gibt Aufschluss über das Erreichte. Es können auch in vorher festgesetzten Zeitabständen Zwischenkontrollen stattfinden. Die SOFT-Methode kann auch hier dem Team wichtige Einsichten vermitteln.

4. Supervision und kollegiale Beratung

Zu Beginn ein Erfahrungsbericht einer Lehrerin:

„Vor einigen Jahren entschied ich mich, an einer Supervision teilzunehmen, die in einem regionalen Fortbildungsprogramm von zwei Schulpsychologen ausgeschrieben war. Ich meldete mich zu diesem Kurs, weil sich in der letzten Zeit bei mir das Gefühl gefestigt hatte, dass der allgemeine Austausch über schulische Fragen und Probleme –

B Mit Fachlehrern zusammenarbeiten

die sogenannten Pausengespräche – für mich lediglich die Funktion des Dampfablassens hatte. Von einer Supervision erhoffte ich mir Hilfe, Anregungen und Zuspruch. Als Arbeitsform wurde das „Reflecting Team" (s. S. 219f.) eingesetzt, eine Supervisionsmethode, bei der ein Teilnehmer mit dem Gruppenmitglied, das ein Anliegen/ Problem vorträgt, ein Gespräch führt. Die anderen Gruppenmitglieder hören dem Gespräch zu und „reflektieren" anschließend über das Gespräch. Aus dieser „Reflexion" ergeben sich für die Person, die das Anliegen vorgebracht hat, andere Sichtweisen und sie kann eigene festgefahrene Ansichten hinterfragen. Dadurch können neue Lösungswege entdeckt werden.

Als ich mich das erste Mal traute, in dieser Supervisionsgruppe ein Problem einzubringen, fand ich das schon aufregend. Gedanken wie: „Hoffentlich finden die anderen mein Problem nicht lächerlich oder banal. Wie werde ich hinterher gesehen?" schossen mir durch den Kopf. Ich spürte auch eine diffuse Angst vor einer Situation, in der ich auf dem Präsentierteller sitzen und etwas sehr Persönliches von mir preisgeben würde. Die Erfahrungen aus den ersten Sitzungen und das Gefühl, in der Gruppe angenommen zu sein, machten mir jedoch Mut, meinen Ärger über eine Kollegin auszusprechen, die mit mir in denselben Klassen unterrichtete. Diese Kollegin – sie war auch die Beratungslehrerin unserer Schule – sagte grundsätzlich, wenn ich ihr etwas über Verhaltensauffälligkeiten bei Schülern in meinem Unterricht erzählte: „Bei mir machen sie das nicht." Diese Aussage machte mich wütend, ich fühlte mich pädagogisch und menschlich abgewertet.

Durch das einfühlsame Nachfragen des gesprächsführenden Teilnehmers unter der Leitung der Supervisorin gelang es mir, meine Ängste abzubauen und mich frei zu äußern. Ich fühlte mich in meinem Denken, Fühlen und Handeln ernst genommen. Im weiteren Verlauf der Supervisionssitzung erkannte ich durch die Rückmeldungen aus der Gruppe andere Zusammenhänge und fand neue Zugangsmöglichkeiten zu dem Problem. So wurde mir klar, dass ich diesen Konflikt als eine Situation erlebt hatte, in der ich von einer „Autorität" (Beratungslehrerin) abgewiesen wurde, der ich mich gerade mit einer „Schwäche" anvertraut hatte. Lebensstiltypische Elemente wurden mir bewusst, Kindheitsgefühle tauchten wieder auf: Das Gefühl, etwas nicht richtig zu machen, „nicht richtig" und deshalb auch wenig wert zu sein. Diese Auseinandersetzung bestärkte mich darin, eine für mich angemessene Lösung für den weiteren Umgang mit dieser Kollegin zu entwickeln.

Im Verlauf weiterer Supervisionssitzungen entstand bei mir der Wunsch, Probleme aus meinem Schulalltag mit meinen Kollegen in einer Supervision zu besprechen, dazu gehört auch der Umgang unter uns Lehrern."

Dieser Bericht weist zunächst auf zwei wesentliche Aspekte hin.

1. Lehrer suchen nach einer adäquaten Form einer beruflichen Praxisbegleitung.
2. Es fällt Lehrern nicht leicht, sich auf eine berufliche Begleitung und Betreuung einzulassen, weil sie Beratung vorwiegend unter dem Aspekt der Kontrolle, Beurteilung und Bevormundung sehen.

Doch gerade als Klassenlehrer suche ich das Gespräch mit Kollegen, suche ich den Austausch, Hilfe und Beratung. Dabei will ich nicht bloßgestellt oder belehrt werden. Ich suche einen Rahmen, der auf der einen Seite zum Arbeitsplatz Schule gehört, mir aber gleichzeitig Schutz gewährt und so die Möglichkeit gibt, mich angstfrei zu öffnen und Hilfe zu akzeptieren.

Der Bericht über die ersten Erfahrungen mit Supervision will Mut machen, sich auf den Weg zu begeben, Formen der kollegialen Beratung zu entwickeln, die diesen Erwartungshaltungen gerecht werden können.

Was ist Supervision?

Supervision ist eine geregelte, berufsbegleitende Beratungsform, in der berufliche Situationen und berufliches Handeln reflektiert werden (keine Therapie).

Was will Supervision?

- Mut machen, ein Problem oder einen Konflikt mit anderen/neuen Augen, aus einer anderen Perspektive zu sehen und zu verstehen.
- Helfen, die Handlungsmuster und deren Auswirkungen zu erkennen, um ggf. Wege der Veränderung zu finden.
- Helfen, persönliche Ressourcen zur Bewältigung beruflicher Anforderungen zu verbessern.
- Hilfe zur Selbstprofessionalisierung geben.

Wie verläuft eine Supervisionssitzung?

Eingangsblitzlicht: Teilnehmer äußern sich zu ihrem Befinden.

Präsentationsphase: Teilnehmer stellen ihre Anliegen vor und entscheiden, bzw. erstellen eine Reihenfolge.

Bearbeitungsphase:

- Fallbericht: Ratsuchender beschreibt und erläutert sein Problem.
- Rückmeldung: Teilnehmer beschreiben ihre Wahrnehmungen und Deutungen.
- Vertiefung: Methodische Aufarbeitung durch Standbilder, Rollenspiele, Metaplanarbeit u. a.
- Lösungen: Handlungsalternativen als Hilfe zur Selbsthilfe.

Abschlussblitzlicht: Teilnehmer äußern sich zu ihrem Befinden und nennen Eindrücke, die sie „mitnehmen".

Was leistet der Supervisor?

Er ist für den Ablauf der Sitzung und den Schutz des Ratsuchenden verantwortlich, leitet das Gespräch an und bietet Bearbeitungsmethoden an.

Da jede Form kollegialer Beratung auch Elemente der Supervision aufweist, soll hier auf eine genaue wissenschaftliche Abgrenzung verzichtet werden. Die im Folgenden vorgestellten Verfahren sind Hilfen für die Praxis und müssen von jeder Lehrergruppe, die sich auf den Weg machen will, den Erwartungshaltungen der Gruppenmitglieder entsprechend verifiziert werden. Wichtig ist für jede Gruppe, dass die Verfahren konsensfähig sind, in „Form" gebracht werden und schließlich auch eine ritualisierte Anwendung finden. Voraussetzung, um sich auf eine Beratung „einlassen" zu können, ist ein Klima der gegenseitigen Wertschätzung.

Supervisionsmethode „Reflecting Team"

Bei der von Tom Andersen entwickelten Supervisionsmethode wird folgendermaßen vorgegangen (Andersen 1996):

1. Einzelne Gruppenmitglieder stellen ihr Problem vor. Die Gruppe entscheidet, welches Problem bearbeitet werden soll.

2. Der so ausgewählte Ratsuchende benennt einen Interviewer, der mit ihm ein Gespräch über das Problem führen soll.

3. Die restliche Gruppe teilt sich in zwei Gruppen auf: *zuhörende Berater* und das *reflektierende Team*. Die zuhörenden Berater setzen sich mit dem Interviewer zusammen und legen eine Fragestrategie fest. Es werden Leitfragen zusammengestellt, die dem Ratsuchenden Anstöße geben sollen, das dargestellte Problem aus einem anderen Blickwinkel zu betrachten. Die Fragen können dabei sehr ungewöhnlich sein, sie müssen aber dem Problem angemessen bleiben (z. B. Was würde passieren, wenn...? Was müsste passieren, damit das Problem beseitigt ist? Wie würdest du das Problem auf einer Werteskala 1–10 einordnen?). Die Mitglieder des reflektierenden Teams verständigen sich über ihre Funktion (siehe Punkt 6).

4. Für die sich nun anschließende Gesprächsrunde bilden Ratsuchender, Interviewer und die zuhörenden Berater einen Innenkreis, das zuhörende reflektierende Team sitzt außerhalb des Kreises.

5. Der Interviewer führt nun mit dem Ratsuchenden das Gespräch. Dabei stellt er Fragen entsprechend der vorher mit den zuhörenden Beratern festgelegten Strategie (siehe Punkt 3).

6. Anschließend bildet das reflektierende Team den Innenkreis. Ratsuchender, Interviewer und die zuhörenden Berater sitzen nun außerhalb des Kreises. Das reflektierende Team äußert sich nun zu dem Gehörten. Dabei werden die positiven Elemente, die in den Aussagen des Ratsuchenden enthalten sind, verstärkt. Die Aussagen des Ratsuchenden werden gespiegelt, indem das reflektierende Team subjektive Eindrücke, Ideen und Assoziationen (keine Kritik, Vorwürfe oder Ratschläge) formuliert. Es geht um eine Vielfalt von Ansichten, nicht um Konsensbildung.

7. Abschließend kann sich der Ratsuchende noch einmal zu dem Gehörten äußern.

Die ersten Sitzungen können unter Anleitung eines Supervisors (evtl. auch des Beratungslehrers) durchgeführt werden. Er achtet auf die Form und die Einhaltung der „Spielregeln" und unterstützt den Interviewer. Er kann auch mit der Gruppe einen Fragenkatalog als Orientierungshilfe entwickeln.

Unterrichtshospitation als Beratung

Für die gegenseitige Unterrichtshospitation gilt das Prinzip der Freiwilligkeit. Voraussetzung ist eine verlässliche Vertrauensbasis.

Kollegen geben sich bei dieser Form der kollegialen Beratung aus ihrem subjektiven Blickwinkel Rückmeldungen über Beobachtungen, Beschreibungen und Spiegelungen. Diese Rückmeldungen sind keine Kritik, sondern sollen entlasten, Sicherheit geben und die Professionalität fördern. Wichtig ist die Wahrung der Subjektivität. Es geht nicht um eine Unterrichtsreflexion nach objektiven Kriterien und es gibt daher auch kein Richtig oder Falsch.

Der Unterrichtende gibt seinem „Berater" gezielte *Beobachtungsaufträge* (umfangreiche Gesamteindrücke helfen nicht weiter). Je eindeutiger die Vorabsprachen sind, desto klarer kann beobachtet werden und desto gezielter kann ein Beratungsgespräch geführt werden.

Das *Beratungsgespräch* nach dem Unterricht beginnt, indem der Hospitierende seine Eindrücke wiedergibt (Ich-Form: „Ich habe gesehen... Mir fiel auf... Dies kam bei mir so an..."). Es gibt keine Vorwürfe, also sind auch keine Rechtfertigungen notwendig. Danach werden die Beobachtungen gemeinsam reflektiert. Es werden Zusammenhänge erstellt und Einschätzungen vorgenommen. Abschließend zieht der Hospitant aus dem Besprochenen seine Schlussfolgerung und benennt mögliche Verhaltensänderungen.

C Leistungen beurteilen und zensieren

Als Klassenlehrer kommt mir bei der schwierigen Aufgabe des Beurteilens und Zensierens von Schülerleistungen eine besondere Verantwortung zu. Ich habe zu meinen Schülern einen besonders engen Kontakt, da ich meist einen recht hohen Unterrichtsanteil in meiner Klasse habe und sie über einen längeren Zeitraum (es sollten mindestens zwei Jahre sein) begleite. Dadurch lerne ich die Schülerpersönlichkeiten sehr intensiv kennen und verfolge ihre Entwicklungen sorgfältig. So erhalte ich von meinen Schülern ein sehr differenziertes Bild, kenne ihre Stärken und Schwächen, aber auch ihre Sorgen und Nöte.

Deshalb sollte ich gerade als Klassenlehrer den beiden Aufgaben Beurteilen und Zensieren noch eine dritte Aufgabe hinzufügen, die sich aus einer folgerichtigen Erwartungshaltung der Schüler ergibt: Ein Schüler, dessen Leistungen beurteilt und zensiert wird, möchte auch beraten werden. Über diese beratende Tätigkeit des Klassenlehrers können Schüler in ihrer Selbsteinschätzung gefördert werden und aus ihren Leistungen vernünftige Rückschlüsse hinsichtlich ihrer Vorstellung einer schulischen und beruflichen Laufbahn entwickeln. Damit stehe ich als Klassenlehrer auch in der Pflicht, die Komplexität des Beurteilungs- und Zensierungsverfahrens für die Schüler durchsichtig zu machen.

Dabei gehe ich auf folgende Problembereiche ein:

- Warum wird beurteilt und zensiert?
- Was kann beurteilt und zensiert werden?
- Welches sind die Bezugsnormen von Beurteilung und Zensierung?
- Wie kann durch Leistungsbeurteilung „Gerechtigkeit" erfahrbar gemacht werden?
- Welche Möglichkeiten haben Schüler, sich selbst zu kontrollieren und zu beurteilen?
- Wie kann eine Beurteilung zu einer Beratung erweitert werden?

Bei der Behandlung dieser Fragen muss ich aber auch beachten, dass ich in das System Schule eingebunden bin. Es gibt einen gesetzlichen Rahmen und die Notwendigkeit, den Austausch mit den Kollegen zu suchen, um den Bereich Beurteilung und Beratung auf eine sinnvolle pädagogische Basis zu stellen.

1. Die Funktion von Beurteilung und Bewertung

Als Lehrer befinde ich mich in einem Spannungsfeld zwischen dem Bedürfnis, die Autonomie der Schülerpersönlichkeiten zu wahren und der Notwendigkeit, ihr Verhalten und ihre Leistungen zu beurteilen. Ich erlebe mich in einer Situation, in der mein pädagogischer Auftrag und die gesellschaftliche Funktion der Vorbereitung auf die Berufs- und Lebenswelt bei jedem Schüler unterschiedlich aufeinander prallen. Den daraus resultierenden Konflikten kann ich nicht entgehen: Aber ich kann lernen, mit ihnen selbstkritisch und verantwortungsvoll umzugehen.

Die Zielvorstellungen, die der Beurteilung von Schülerleistungen zugrunde liegen, werden in den Rahmenrichtlinien der einzelnen Fächer konkretisiert. So wird z. B. *Handlungskompetenz* als Schlüsselqualifikation begriffen, die wiederum die Fach- und Methodenkompetenz und die Personal- und Sozialkompetenz umfasst (vgl. Niedersächsisches Kultusministerium 1995, S. 13f.). Um den Leistungsstand eines Schülers zu analysieren und zu beschreiben, muss ich insbesondere als Klassenlehrer der ganzen Schülerpersönlichkeit gerecht werden. Ich muss für die selektiven Betrachtungsweisen der Fachkollegen ein Fundamentum und die verbindenden Träger analysieren und beschreiben, auf dem sich für alle – Schüler und Lehrer – nachvollziehbar der Leistungsstand aufbaut.

Damit macht sich der Klassenlehrer zum „Anwalt" des Schülers. Aufgrund seines umfassenderen Bildes vom jeweiligen Schüler kann und muss er in Beratungen mit den Fachlehrern darauf drängen, dass der herkömmliche Leistungsbegriff ausgeweitet wird und Erkenntnisse aus offenen Unterrichtsformen in die Leistungsfeststellung und -beurteilung einbezogen werden.

Auf neuere Aspekte der Leistungsfeststellung und -beurteilung verweist u. a. Manfred Bönsch (1998). Leitfragen, die auf einen erweiterten Leistungsbegriff zielen, sind:

- Welche Lern- und Arbeitstechniken werden beherrscht?
- Wie flexibel und kreativ zeigt sich der Schüler?
- Wie werden Probleme erkannt und Lösungs-/Entscheidungsstrategien entwickelt?
- Wie werden Arbeiten organisiert und durchgeführt?
- Wie wird kommuniziert und kooperiert?
- Wie ausgeprägt sind Selbstständigkeit und Eigeninitiative?

(vgl. Vaupel 1995, S. 50)

Ein weiterer Schwerpunkt meiner Beurteilungs- und Bewertungsaufgaben liegt in dem Zusammentragen einzelner Bewertungen und Beurteilungen aus den jeweiligen Fächern, um daraus *prognostische Einschätzungen* zu erstellen, wie beim Übergang von einer Schulstufe bzw. Schulform zur anderen und besonders bei der Vergabe von Abschlüssen.

Die Aufgabe des Klassenlehrers, prognostische Einschätzungen zu geben, wird auch deshalb immer relevanter – aber auch komplizierter –, weil angesichts der sich ständig wandelnden Berufsinhalte und der Umstrukturierung von Arbeitsprozessen zentrale, berufsübergreifende Schlüsselqualifikationen eingeklagt werden. „Aufgabenorientierung des Arbeitsprozesses und Einstellen auf technische Neuerungen am Arbeitsplatz verlangen die Aneignung von Schlüsselqualifikationen: Selbstständigkeit, kognitive Kompetenz, Teamorientierung, Institutionenkompetenz, Reflexivität." (Kaiser/Kaiser 1994, S. 196)

C Leistungen beurteilen und zensieren

Je komplexer die Anforderungen an eine Leistungsbeurteilung werden, umso notwendiger wird die Interpretation der Beurteilung. Die Schüler wenden sich in einer für sie unklaren Situation möglichst an eine Person ihres Vertrauens – und eben auch an den Klassenlehrer. Mit ihm wollen sie über eine ungerechte Note sprechen, bei ihm beschweren sie sich über die Beurteilung durch einen Fachlehrer, von ihm wollen sie wissen: „Wie stehe ich? Was muss ich noch tun, damit ich ein gutes Zeugnis bekomme?" Damit wird signalisiert: Ich will nicht nur eine Information, sondern ich brauche auch Hilfe, ich brauche eine Beratung.

Die Funktion dieser Beratung ist dabei je nach Situation sehr unterschiedlich. Sie kann eine Einzelfallhilfe oder eine Schullaufbahnberatung sein.

Bei der *Einzelfallhilfe* versuche ich den Schüler zu befähigen,

a) die Qualität seiner Leistung personenbezogen zu erfassen,

b) Ursachenforschung zu betreiben und

c) Strategien zur Einflussnahme auf weiterhin zu erbringende Leistungen zu entwickeln. (Kapitel 3 gibt hierzu Anregungen.)

Die „objektive Leistungsmessung" wird durch die Beratung in einen anderen Kontext gestellt. Der Schüler lernt, seine Leistungen auch vor dem Hintergrund seiner psychosozialen Situation in der Schule oder im Elternhaus, vor dem Hintergrund seines Lernverhaltens (das auch Lernstörungen enthalten kann), seiner Emotionalität und seiner Motivation zu betrachten und einzuschätzen.

Die Notwendigkeit der *Schullaufbahnberatung* ergibt sich aus der Tatsache, dass ich als Klassenlehrer am besten über das Zustandekommen eines Zeugnisses oder eines Gutachtens informiert bin. Die Bedeutung dieses Aspekts wird durch Umfragen sehr eindeutig dokumentiert und von Schülern eingeklagt (vgl. Martin 1996, S. 51 ff.). Lothar Martin führt das ausgeprägte Informationsbedürfnis über Bildungs- und Ausbildungsmöglichkeiten darauf zurück, dass sich die Schüler in einer unsicheren Lage befinden, die dadurch gekennzeichnet ist, dass sie sich „im notwendigerweise hochdifferenzierten System der Bildungsinstitutionen, Lernangebote, Schullaufbahnen und Abschlüsse auf eine komplexe, sich schnell wandelnde, risikoreiche Welt vorbereiten müssen." Sie wissen nicht, „ob das, was sie lernen müssen, ihnen wirklich helfen wird, ihr Leben zu gestalten" (Martin 1996, S. 65 f.).

Diese Einschätzung bedeutet für mich in meiner Rolle als Klassenlehrer eine große Herausforderung. Von mir werden differenzierte Einschätzungen und individuelle Orientierungs- und Entscheidungshilfen erwartet. Ziel ist in beiden Fällen immer die Förderung der reflexiven Kompetenzen und der Entscheidungskompetenzen der Schüler.

Bei allen Beratungsanlässen ist es aber auch wichtig, die eigenen Grenzen zu erkennen: Was kann ich leisten? Wo benötige ich externe Hilfe? Die für mich und die Schüler wichtigen Gesprächspartner können die Eltern, der Fachkollege, der Beratungslehrer, der Schulpsychologe oder die Berufsberatung sein.

2. Möglichkeiten der Selbsteinschätzung und -beurteilung durch Schüler

Wenn oben die Bedeutung der reflexiven Kompetenz für Schüler betont wird, erhebt sich natürlich die Frage nach dem Warum und nach dem Wie.

Die Antwort auf das Warum ist leichter zu finden. Dass Ausbildung und Erziehung auch auf Förderung der Eigenständigkeit abzielen, wird heute sicher niemand mehr bestreiten. Jeder Mensch braucht ein positives Selbstkonzept, wenn er später für sein eigenes Handeln und seine Haltung Verantwortung übernehmen soll. Dazu benötigt er Selbstsicherheit und die Fähigkeit, eigene Lernerfahrungen einzuschätzen und zu beurteilen. Dies wiederum ist die Voraussetzung, um seine Leistungsmöglichkeiten eigenverantwortlich zu verstärken und zu entwickeln.

Die Antwort auf das Wie fällt da schon schwerer. Gerade dem Klassenlehrer eröffnen sich aber durch seine Beratungsfunktion wichtige Ansätze.

Mit Schülern über Leistung reden

In einem Gespräch kann ich den Schüler ermutigen, die eigene erbrachte Leistung bei einem Test oder einem anderen Arbeitsprodukt zu reflektieren. Die folgenden Leitfragen können dabei hilfreich sein.

Leitfragen für ein Gespräch zum Leistungsstand

- Welche Leistung wolltest/solltest du erbringen?
- Unter welchen Bedingungen ist deine Leistung zustande gekommen? (Wie hast du dich vorbereitet? Wie hast du dich bei der Arbeit gefühlt? Wodurch fühltest du dich abgelenkt? Was war dir bei der Arbeit eine Hilfe?)
- Wie schätzt du die erbrachte Leistung im Vergleich zu deiner bisherigen Entwicklung ein? (Wo hast du Fortschritte/Rückschritte gemacht?)
- Was weißt/kannst du jetzt besser als vorher?
- Welche Lücken/Probleme siehst du?
- Worauf könntest du dich in nächster Zeit konzentrieren, um diese Probleme zu bewältigen?
- Was möchtest du weiter erreichen?
- Was kannst du in deinem Umfeld ändern, um dieses Ziel zu schaffen?

Dieses Gespräch macht nicht nur dem Schüler seinen Leistungsstand und dessen Rahmenbedingungen deutlich, sondern die Antworten geben auch mir wichtige Hinweise, um den Prozess der Selbsteinschätzung zu unterstützen.

Ziel-Mittel-Analyse
(nach Köster 1982, S. 156 ff.)

Die Ziel-Mittel-Analyse ist in der hier vorgestellten Form nur für operationalisierbare Lernziele geeignet. Das Verfahren sollte mit den Schülern gemeinsam erarbeitet werden, um zu verdeutlichen: Bevor ich ein Problem lösen kann, muss ich eine genaue Problemanalyse vornehmen, aus der sich die weiteren Lernschritte ergeben. Bei diesem Verfahren geben Leitfragen den Schülern Orientierung, um ihren eigenen Lernprozess bewusster zu steuern.

Ziel-Mittel-Analyse

- Welches Ergebnis soll ich erreichen?
- Wodurch unterscheidet sich das mir Bekannte bzw. das Gegebene von dem gesuchten Ergebnis?
- Was muss ich jetzt im Einzelnen tun, um zu der Lösung zu kommen?
- Welche Hilfsmittel kenne ich?
- Wie muss ich vorgehen? In welcher Reihenfolge muss ich arbeiten?
- Welches Vorwissen/welche Kenntnisse können mir dabei helfen?
- Warum komme ich nicht weiter?
- Was könnte ich falsch gemacht haben?
- Erinnere ich mich an vergleichbare Aufgaben?
- Wie bin ich damals vorgegangen?

Selbsttätiges Lernen und Selbstbewertung

Um für die Schüler die Möglichkeiten der Selbstbewertung und -beurteilung auf eine möglichst breite Basis zu stellen, versuche ich als Klassenlehrer in Zusammenarbeit mit den Fachkollegen in den Bereichen des offenen Unterrichts Verfahren einzusetzen, bei denen Schüler immer wieder dazu angeregt werden, neu über ihre Leistungen nachzudenken. Ziel ist es dabei auch, diesen Prozess in unterschiedliche Sozialformen des Unterrichts (Partnerarbeit, Gruppenarbeit, Kreisgespräche) einzubinden. Jedes Fach kann hier seinen Beitrag leisten. Wichtig ist, dass ich als Klassenlehrer über die unterschiedlichen Ansätze informiert bin, die sich ergebenden Erkenntnisse sammle und mit dem einzelnen Schüler, der Klasse oder dem Lehrerteam auswerte. Dazu kann gemeinsam mit der Klasse und den Lehrern eine *Einsatzliste* erstellt werden. Hier einige Anregungen:

Schreibkonferenzen: Die Schüler setzen sich kritisch mit den Entwürfen zu Aufsätzen anderer auseinander. Dadurch, dass sie einander beraten, entwickeln sie Beurteilungskriterien, geben Feedback und erhalten Aufschlüsse über ihre eigenen Zielsetzungen.

Lernkarteien: Die Schüler entwickeln eine eigenverantwortliche Arbeitsdisziplin, lernen verantwortungsvollen Umgang mit Selbstkontrollen und bestimmen eigenständig über stützende oder zusätzliche Arbeitsaufträge.

Wochenplanarbeit: Die Schüler kommen zu einer Selbsteinschätzung hinsichtlich ihres Arbeitstempos, ihrer Arbeitsaufteilung und setzen sich mit den eigenen Ansprüchen auseinander. Durch den Gebrauch von Lernhilfen erkennen sie bereits vorhandenes Wissen und „Lücken".

Das gemeinsame Gespräch darüber, was die einzelnen Verfahren leisten können und wie sich die Schüler bei der Arbeit verhalten haben, ist wesentlich für die Entwicklung der Selbsteinschätzung und -bewertung.

Wenn ich bei meiner Unterrichtsgestaltung nach Möglichkeiten suche, die Selbsteinschätzung und -beurteilung der Schüler zu fördern, muss ich auch sehen, dass mir hierbei Grenzen gesetzt sind. Es können nicht alle Lerninhalte mit Selbsteinschätzungsstrategien verbunden werden. Die Fähigkeit der Selbsteinschätzung ist altersabhängig und kann nur über Jahre hinweg gelernt werden. Der Umfang der Lernfortschritte, die Schüler hierbei machen können, ist unterschiedlich.

3. Gerechtigkeit bei Schülerbeurteilungen

Wenn Schüler zur Selbsteinschätzung lernen müssen, ihren Blick auf sich zu richten, so muss ich als Verantwortlicher für die Art der Leistungsmessung auch überprüfen, inwieweit meine Beurteilungen „gerecht" sind und ob sie der individuellen Lernleistung des Schülers tatsächlich gerecht werden.

Als Klassenlehrer sehe ich sicherlich mehr als die Fachlehrer neben der Schülerleistung auch die Schülerpersönlichkeit und die ihn prägenden Rahmenbedingungen. Gerade bei der Vergabe von schlechten Zensuren denke ich vielleicht daran, dass der Schüler zu Hause nicht ungestört üben konnte oder eine Außenseiterposition in der Klasse hat und neige deshalb zu einer milderen Beurteilung. Ein anderer „nervt" mich ständig durch seine Gespräche mit dem Nachbarn und ich meine, durch besondere Strenge Einfluss auf sein Verhalten nehmen zu können. Aus meiner Klassenlehrer-Schüler-Beziehung kann sich eine Beurteilungspraxis entwickeln, die von folgenden Tendenzen geprägt ist (vgl. Sacher 1996, S. 40 f.):

- Tendenz zur Milde,
- Tendenz zur Mitte,
- Tendenz zur Strenge,
- Tendenz zu Extremurteilen.

Bei der Suche nach „Gerechtigkeit" können sich je nach Bezugsnormen noch weitere Voreingenommenheiten einschleichen:

Reihungsfehler: Ich beurteile eine Schülerleistung im Zusammenhang mit unmittelbar vorangegangenen Leistungen. Nach einer guten Leistung empfinde ich eine durchschnittliche Leistung nicht als durchschnittlich, sondern sehe das „schlechtere" und berücksichtige diese Teile bei der Beurteilung besonders. Nach einer schwachen Leistung kann dementsprechend der umgekehrte Effekt eintreten.

Logische Fehler: Gute Rückmeldungen aus anderen Fächern beeinflussen mich bei der Einschätzung des entsprechenden Schülers.

Halo-Effekt (Überstrahlungseffekt): Die äußere Gesamterscheinung beeinflusst meine Urteilsfindung.

Erwartungseffekt: Ich sehe in einer erbrachten Leistung eine Bestätigung meiner Erwartung/Hypothese.

Reaktivierungseffekt: Ich erwarte von einem Schüler eine gleich bleibende Leistungsbereitschaft und unterscheide nicht zwischen Lernsituationen, in denen er sich in seiner Leistungsbereitschaft angesprochen bzw. nicht angesprochen fühlt und entsprechend auch unterschiedliche Leistungen erbringt (vgl. Sacher 1996, 43 f.).

Inwieweit ich diese möglichen Fehlerquellen bei der Beurteilung für die Klasse transparent mache, hängt sicherlich von der Jahrgangsstufe, dem Entwicklungsstand der Klasse und meiner Beziehung zu dieser ab.

D Verwaltungsaufgaben des Klassenlehrers

Der Schulalltag beginnt für Klassenlehrer oft mit einer Überraschung. Im Fach liegt ein Rundbrief der Schulleitung an alle Eltern oder es warten vor dem Lehrerzimmer bereits Eltern, die Auskunft darüber haben wollen, ob ihre Tochter für den nächsten Tag vom Unterricht befreit werden kann.

So haben Klassenlehrer neben der besonderen pädagogischen Funktion und der Unterrichtstätigkeit viele außerunterrichtliche Aufgaben zu erfüllen. Sie betreffen auf der einen Seite Bereiche wie Aufsicht, Kontrolle, Verwaltung und Informationsvermittlung, auf der anderen Seite die Pflicht zur Zusammenarbeit mit anderen Personengruppen, insbesondere den Eltern. Zwar fallen durch die Kulturhoheit der Länder die Dienstordnungen, Erlasse, Ausbildungsordnungen und Schulgesetze nicht einheitlich aus, eine generelle Übereinstimmung dieser genannten Aufgabenfelder lässt sich aber feststellen.

Auch wenn eine Liste der außerunterrichtlichen Tätigkeiten exemplarischen Charakter hat, so macht sie doch das gesamte Spektrum im Detail noch einmal deutlich und verschafft einen klärenden Überblick. Sie hilft einzuschätzen, welche Ansprüche (evtl. auch welche Belastungen) in diesen Punkten enthalten sind, und darüber zu reflektieren, wie diese Aufgaben gehandhabt werden können.

Wichtige außerunterrichtliche Aufgaben des Klassenlehrers:

- Einberufung und Leitung der Klassenkonferenzen
- Verantwortung für die Umsetzung von Konferenzbeschlüssen
- Zusammenarbeit mit den Erziehungsberechtigten
- Zusammenarbeit mit der Schülervertretung
- Beratung von Schülern und Eltern

- Zusammenwirken von Klassenlehrer und Fachlehrkräften
- Koordination des Umgangs mit Hausaufgaben
- Hinwirken auf die Anwendung von Erziehungsmitteln und Ordnungsmaßnahmen
- Zusammenarbeit mit der Schulleitung
- Vertrauensperson für die Klasse
- Anwesenheitskontrolle
- Klassen- und Notenbuchführung
- Beurteilung des Gesamtverhaltens von Schülern
- Erstellen von Gutachten und Zeugnissen
- Planung und Durchführung von außerunterrichtlichen bzw. außerschulischen Aktivitäten (Theaterbesuche, Klassenfahrten ...)
- Bekanntgabe notwendiger Belehrungen (Feueralarm, Schulbesuch bei Unwetter wie z. B. Glatteis...)
- Verteilung von Klassenämtern
- Klassenraumgestaltung
- Mitwirkung bei der Pflege der Einrichtung

Aus dieser nicht vollständigen Auflistung wird ersichtlich, dass Klassenlehrer immer dann in irgendeiner Form gefordert sind, wenn die Schule als Institution agiert, insbesondere wenn Verordnungen, Dienstvorschriften, administrative Regelungen oder Konferenzbeschlüsse umgesetzt werden müssen.

Aber gerade in den Verwaltungsaufgaben wird häufig auch ein Ärgernis gesehen, sie werden als Einengung der erzieherischen Tätigkeit oder als Bevormundung empfunden. Ich kann in der Ausübung dieser Tätigkeiten aber auch einen Zuwachs meiner Einflussmöglichkeiten, meiner Autorität sehen. Und darin liegt nicht nur eine „Mehrarbeit", sondern auch eine große Chance: weg vom selektiven Wahrnehmen und Handeln, hin zu einer ganzheitlichen Betrachtungsweise von Schule mit ganzheitlich handelndem Personal. Doch was heißt das konkret?

Chancen nutzen heißt Einfluss nehmen.

Durch eine sinnvolle Verzahnung meiner Möglichkeiten habe ich als Klassenlehrer wesentlichen Anteil daran,
- wie sich die Arbeitshaltung der Klasse entwickelt,
- wie sich die Arbeitszufriedenheit zwischen den Schülern meiner Klasse und den sie unterrichtenden Lehrern entwickelt,
- wie sich soziale Beziehungen entwickeln,
- wie die Lehrer miteinander kooperieren (s. hierzu auch Kapitel 2),
- welches Werte- und Normensystem sich entwickelt und Anerkennung findet,

- wie sich das Leben und Lernen in der Schule gestaltet,
- welche personellen, räumlichen, zeitlichen und materiellen Ressourcen genutzt werden können,
- wie sich meine/unsere Schule entwickelt,
- usw.

Dieser Überblick kann abschreckend wirken, denn aus ihm ergibt sich eine große Fülle von Arbeitsaufträgen, die geplante Aktivitäten auch wieder hemmen kann. Deshalb ist es wichtig, Ziele zu klären und Prioritäten zu setzen.

Hier schließt sich der Themenkreis der Kapitel. Sie alle wollen Klassenlehrern Hilfe und Anregung sein, aus ihrer besonderen Betroffenheit und Sicht heraus den allgemeinen Bildungs- und Erziehungsauftrag lebendig werden zu lassen. Dabei schließt das Bemühen um einen positiven Entwicklungsprozess der Klasse (s. Kapitel 1) auch den Umgang mit den Verwaltungsaufgaben ein. Jedes Kapitel will dazu ermutigen, im täglichen Umgang mit den Schülern und Kollegen Lebens- und Lernräume zu schaffen, die die Schule zum „Haus des Lebens und Lernens" werden lassen und das Klassenzimmer zu einen wichtigen Raum, in dem dies erfahrbar wird.

Literatur

Andersen, T. (Hrsg.): Das Reflektierende Team. Dortmund 1996

Bartnitzky, H., Christiani, R. (Hrsg.): Umgang mit Zensuren in allen Fächern. Frankfurt/M. 1989

Bauer, K.-O.: Pädagogische Professionalität und Lehrerarbeit. In: Pädagogik 4/97

Bönsch, M.: Didaktisches Minimum. Neuwied 1996

ders.: Didaktisches Additum. Neuwied 1998

Eck, C. D.: Rollencoaching als Supervision. In: Fatzer, G., Eck, C. D. (Hrsg.): Supervision und Beratung. Köln 1990

Gudjons, H.: Didaktik zum Anfassen. Bad Heilbrunn 1997

Kaiser, A., Kaiser, R.: Studienbuch Pädagogik. Berlin 1994

Köster, E.: Wie fördern Kontroll- und Bewertungshandlungen die Ausbildung der bewussten Lerntätigkeit? In: Pädagogik 2/1982

Martin, L. R.: Klassenlehrer- und Tutor/innen. Bad Heilbrunn 1996

Niedersächsisches Kultusministerium: Rahmenrichtlinien für die Realschule. Geschichtlich-soziale Weltkunde. Hannover 1995

Sacher, W.: Prüfen-Beurteilen-Benoten. Bad Heilbrunn 1996

Schimunek, F.-P.: Lehrer schreiben Wortgutachten. München 1991

Vaupel, D.: Das Wochenplanbuch für Sekundarstufe. Weinheim 1995

Siga Diepold

Stichwortverzeichnis

Abschied 22, 29 f., 47
Ämter 36 ff., 58 f.
Anfangsfeier, thematische 15
Arbeitspläne 61

Begrüßungsfeier 13 ff.
Behinderte 68 ff.
Beratung, kollegiale 216 ff.
– von Eltern 195 ff.
Beurteilen 221 ff.

Checkliste zur Integration behinderter Mitschüler 70
– zur Integration neuer Mitschüler 72
– zur interkulturellen Erziehung 67 f.
– zur reflexiven Koedukation 64 f.

Dienste 36 ff., 58 f.
Du-Botschaften 139 ff.

Eisberg-Modell 21, 23
Elternabend 181 ff.
Elternberatung 195 ff.
Elterngespräche 194 ff.
Elternhaus, Probleme im 204 f.
Elternmitarbeit in der Schule 199 ff.
Elternsprechstunden 201 ff.
Elternsprechtag 192 ff.
Entspannungsübungen 94 ff.
Exkursionen 177

Fantasiereise 78 ff., 101 ff., 113 ff.
Fasching 43 f.
Feedback 28 f., 123 f.
– für den Klassenlehrer 208 ff.
Feste 42 ff.
– der ganzen Schule 48 f.
– mit ausländischen Gästen 47
– mit Rückblick-Charakter 47
– zu besonderen Anlässen 46 f.
– zum Kennenlernen 46

Gehirnhälften, Leistungen der 75 ff.
Gesprächsführung 195 ff.
Gesprächskultur 29 ff.

Gruppe, erfolgreiche 20 ff.
Gruppenarbeit, Kommunikationshilfe für 34 f.
Gruppenentwicklung 20 ff.

Hausbesuche 198
Hemisphären des Gehirns 77 f.

Ich-Botschaften 140 ff.
Integration 51 ff.
– ausländischer Mitschüler 65 ff.
– behinderter Mitschüler 68 ff.
– neuer Mitschüler 70 ff.
– von Jungen und Mädchen 52 ff.
Interaktionsspiele 16 ff.
Interkulturelle Erziehung 65 ff.

Karneval 43 f.
Kennenlernen der Schule 18 f.
– in der Klasse 16 ff.
Kennenlernfest 46 f.
Kennenlernspiele 16 ff.
– für Elternabende 190 f.
Kennenlerntage 11 ff.
Klassenbuch 38
Klassendienste 36 ff., 58 f.
Klassenelternabend 181 ff.
Klassenfahrten 163 f., 166 ff.
–, Konfliktsituationen bei 172 ff.
–, Organisation von 174 f.
–, Planung von 169 f.
Klassenfeste 42 ff.
Klassengemeinschaft 20 ff., 27, 37
Klassenklima 207 f.
Klassenleitungsteam 59 f.
Klassenrat 38 f., 54
Klassenraumgestaltung 36, 39 ff., 54 ff.
Klassensprecher 37 f.
Klassenstufenfahrt 164
Koedukation 52 ff.
Kommunikationshilfen 29 ff.
– für Gruppenarbeit 34 f.
Kommunikationsmodell 31 ff.
Konfliktanalyse 119 ff.
Konfliktbearbeitung 104 ff., 144 f.
Konfliktbegriff 105 ff.
Konfliktschlichtung unter Schülern 133 f.

Konfliktsituationen
  bei Klassenfahrten 172 ff.
Konzentrationsübungen 94 ff.
Körpersprache 124 ff.
Kritik, konstruktive 123 f.
–, Umgang mit 28

Landschulheim 163
Lehrerpersönlichkeit 211 ff.
Lehrer-Schüler-Konferenz 146 ff.
Leistungsbeurteilung 221 ff.
Lernen, außerschulisches 158 ff.
–, ganzheitliches 75, 158
Lernkontrollen,
  Vorbereitung von 88 ff.
Lernmenge 90 f.
Lernplakate 90 f.
Lernprozesse 74 ff.
Lernstrategien 84 ff.
Lerntypen 74 f., 80 ff.
Lesen, systematisches 87 f.
Lesenacht 47 f.

Mediation 130 ff., 172
Merkhilfen 88 ff.
Merksprüche zur Entspannung 99 f.
Mind Map 85 f., 206 f.

Nachtwanderung 48

Ordnungsmaßnahmen 154 ff.

Patenschaft für neue Mitschüler 70 f.
Peer-Mediation 133 f.
Premierenfeste 48
Profilbildung der Schule 165

Rückmeldungen 28 f., 123 f.

Schlüsselqualifikationen 222
Schüleraustausch 163
Schülervertretung 37
Schulfahrten 162 ff.
Schulfest, Klassenbeiträge zum 48 f.
Schullandheim 163
Schullaufbahnberatung 202 f., 223
Selbsteinschätzung
– der Lehrerpersönlichkeit 211 ff.
– des Leistungsstands 224 ff.

Sitzordnung 54 ff.
SOFT-Analyse 215 f.
Sorgerecht 203
Spickzettel als Merkhilfe 88 ff.
Spiele für außerschulische
  Veranstaltungen 178 ff.
– zum Kennenlernen 16 ff.
Spielnachmittage 43
Stärken-Schwächen-Analyse 213 f.
Störungen 34 f., 136 ff.
–, Kommunikationshilfen bei 34 f.
Störungsanalyse 137 ff.
Störungsbearbeitung 139 ff.
Strafen 155 f.
Studienfahrten 164
Supervision 216 ff.

Teamarbeit 59 f., 214 ff.
Toleranz 65 ff.

Übung zum Konflikttraining 108 ff.
– zum systematischen Lesen 87 f.
Übungen zum konstruktiven
  Konfliktverhalten 113
– zum positiven Feedback 28 f.
– zum Lerntyp 81 ff.
– zur Empathiefähigkeit 116 ff.
– zur erfolgreichen
  Kommunikation 29 ff.
– zur Gruppenentwicklung 23 ff.
– zur Konfliktanalyse 119 ff.
– zur Konzentration
  und Entspannung 98 ff.
– zur Körpersprache 127 ff.

Veranstaltungen,
  außerschulische 158 ff.
Verwaltungsaufgaben 227 ff.
Volljährigkeit 203

Wandbilder 39 ff.
Wandertage 178
Weihnachtsfeier 45 f.
Wettkampfspiele 44 f.

Zensieren 221 ff.
Zuhören, Regeln fürs 30
Zusammenarbeit
  mit Fachlehrern 211 ff.

Fundgruben für Ihren Unterricht
Nachschlagewerke für jeden Tag

Udo Quak (Hrsg.)
Die Fundgrube für den Mathematik-Unterricht
1998. 288 S., Paperback
ISBN 3-589-21105-9

Walter Kleesattel (Hrsg.)
Die Fundgrube für den Biologie-Unterricht
1997. 248 S. mit vielen Abb., Paperback
ISBN 3-589-21104-0

Andreas Dilger
Die Fundgrube für den Politik-Unterricht
1997. 272 S. mit Abb., Paperback
ISBN 3-589-21127-X

Heinrich Brinkmöller-Becker (Hrsg.)
Die Fundgrube für Medienerziehung in der Sekundarstufe I und II
1997. 280 S. mit Abb., Paperback
ISBN 3-589-21102-4

Bernward Hoffmann
Michael Dorn
Die Fundgrube für den Musik-Unterricht
1997. 240 S. mit CD und Abb., Paperback
ISBN 3-589-21128-8

Jürgen Trabant (Hrsg.)
Die Fundgrube für den Kunst-Unterricht
1997. 240 S. mit vielen Abb., Paperback
ISBN 3-589-21129-6

V. Beyer-Kessling / H. Decke-Cornill
L. MacDevitt / R. Wandel
Die Fundgrube für den handlungsorientierten Englisch-Unterricht
1998. 272 S., Paperback
ISBN 3-589-21174-1

Fragen Sie bitte
in Ihrer Buchhandlung!